Abenteuer Mensch sein

2

Herausgeber/in
Dr. Roland Wolfgang Henke, Bonn
Dr. Eva-Maria Sewing, Bonn

Autorinnen/Autoren
Manfred Berg, Kaiserslautern und Otterberg
Maria Eischeid, Köln
Dr. Andreas Fincke, Berlin
Maria Greifenberg, Euskirchen und Köln
Bernhard Koreng, Bad-Dürkheim und Wachenheim
Petra Lenz, Potsdam und Linthe
Dr. Petra Moritz, Berlin und Ludwigsfelde
Meike Roth-Beck, Eisenach
Heidrun Schliebner, Mahlow
Dr. Eva-Maria Sewing, Bonn
Dr. Ursula Wilke, Zeuthen

Berater/innen
Simone Dürbeck, Neumark
Eva-Maria Krause, Meuselwitz/Altenburg
Peter Kurz, Schulpforte und Bad Kösen
Renate Pölk, Worbis und Ferna

Abenteuer Mensch sein

Ethik / LER
Werte und Normen

Band 2

Inhalt

Erstes Kapitel

Zweites Kapitel

Drittes Kapitel

Viertes Kapitel

Fünftes Kapitel

Inhalt

Neuntes Kapitel

Zehntes Kapitel

Anhang

Manchmal reden die Erwachsenen davon, wie schön es war,
ein Kind zu sein.
Sie träumen sogar davon, wieder eins zu sein.
Aber wovon haben sie geträumt, als sie Kinder waren?
Weißt du es?
Ich glaube, sie träumten davon, endlich erwachsen zu sein.
Cornelia Funke: Herr der Diebe

Erstes Kapitel

Ich werde erwachsen

Fallen dir noch andere Wörter zur Wortfamilie »wachsen« ein? Sie alle haben als gemeinsame Wurzel das altgermanische Wort »wahs« (Bienenwachs).
Was finden Erwachsene an ihrer Kindheit und Jugend anziehend – und ihr am Erwachsensein?

1 Stellt euch vor, ihr sitzt auf dem Zauberkarussell. Mit jeder Umdrehung werdet ihr einen Monat älter: Welche Phase(n) eures zukünftigen Lebens würdet ihr lieber auf diese Weise – im Zeitraffer – erleben? Erzählt, warum.

2 Wenn ihr die Wahl hättet: Wie würdet ihr eure nahe Zukunft – im Alter von 16 – erleben wollen: als Karussell-Passagiere »ohne Rückfahrschein«, als »normale« 16-Jährige oder als Zeitreisende, die mit einer Zeitmaschine in die eigene Zukunft reisen können?

3 Diskutiert, ob es auch gute Argumente dagegen gibt, das Zauberkarussell zu benutzen: Klärt in diesem Zusammenhang, was es für euch bedeutet, erwachsen zu werden.

Neugierig auf's Leben

Nicht aufgenommen

Tom ist begeisterter und talentierter Sportler. Viele Sportarten hat er schon ausprobiert. Seit kurzem ist er Stammspieler in der C-Jugendmannschaft des erfolgreichsten Fußballvereins im Kreis. Er träumt davon, an eine Sportschule zu wechseln – und wird tatsächlich zu einem Unterrichtstraining eingeladen. Alles läuft super.
Doch dann passiert etwas Unglaubliches. Trotz seiner sportlichen Leistungen nimmt ihn die Schule nicht auf: Sein letztes Zeugnis sei zu schlecht, heißt es. Tom kommt auf die Warteliste. Ihm wird angeboten, sich das nächste Jahr noch einmal zu bewerben. Tom ist wütend und enttäuscht. Er kann nicht verstehen, warum seine Vier in Mathe ihm alles vermasselt haben soll. Jetzt hat er erst Recht »keinen Bock mehr auf Schule«. Sogar das Fußball-Training erscheint ihm sinnlos.
Wochen später blättert Tom lustlos in einer Fußballzeitschrift und überfliegt ein Interview mit Oliver Bierhoff. Erstaunt bleibt er an einem Satz hängen:. »Bierhoff hat in seiner Zeit als Profispieler ein Studium der Betriebswirtschaft absolviert.«

»Beachte, dass große Liebe und großer Erfolg immer mit großem Risiko verbunden sind.«
Dalai Lama*

»Ob eine Sache gelingt, erfährst du nicht, wenn du darüber nachdenkst, sondern wenn du es ausprobierst.«
Werner Bethmann

Schillers »Empfehlungen«

- Vorhaben zu Ende bringen;
- Zusammenhänge verstehen;
- Fragen auf den Grund gehen.

An welchen Stellen hat SCHILLER diese »Tipps« in seinem Gedicht versteckt – vor mehr als 200 Jahren?

Würdet ihr SCHILLERS Lebensphilosophie in eurem Freundeskreis weiterempfehlen?

SCHILLER-Porträt (1800)

[...] Rastlos

vorwärts musst du streben,
Nie ermüdet stille stehn,
Willst du die Vollendung sehn,
Musst ins Weite dich entfalten,
Mit allfassendem Gefühl,
Soll sich dir die Welt gestalten,
In die Tiefe musst du steigen,
Soll sich dir das Wesen zeigen,
Nur Beharrung führt zum Ziel,
Nur die Fülle führt zur Klarheit
Und im Abgrund wohnt die Wahrheit.

Q FRIEDRICH SCHILLER: Spruch des Konfuzius 2

1 Denkt die Geschichte von Tom ein Jahr weiter: Wie könnte er seinen Misserfolg in einen Erfolg verwandeln? Berichtet über ähnliche Situationen und Erfahrungen.

2 Kann Erfolg in Misserfolg umschlagen? Überlegt, wie sich die Art und Weise des Umgangs mit (Miss-) Erfolgen auf das Alltagsleben auswirken kann.

3 Stellt euch einen 14-jährigen Jugendlichen vor, in dessen Leben es keinen Misserfolg gab: Versucht ihn oder sie zu beschreiben.

Seite 22 ◄ Shell-Jugendstudie

4 Erzähle: Was ist für dein Leben wichtig? Beziehe die Graffitis von Seite 10 ein.

→← Ein Leben ohne Anstrengungen erscheint auf den ersten Blick reizvoll. Aber ginge dabei nicht auch vieles verloren? Manchmal braucht man Glück, damit die Anstrengung belohnt wird.
Lebenswege verlaufen selten gradlinig. Hindernisse, die sich in den Weg stellen, zwingen zur Entscheidung: Will ich mich dem Problem stellen? Erkenne ich mich selbst als Teil des Problems? Menschen, die Misserfolge als Anreiz verstehen, etwas (auch über sich selbst) dazu zu lernen, sammeln wertvolle Erfahrungen. Nicht jedem gelingt es immer sofort, lieb gewonnene Überzeugungen aufzugeben, die Blickrichtung (Perspektive) zu wechseln oder unbequeme Wege einzuschlagen. Niemand kommt »fertig« auf die Welt.

Von Freundschaft und Liebe

Den Weg des Erwachsenwerdens geht ihr nicht allein. Freundinnen und Freunde begleiten euch. Der französische Schriftsteller VICTOR HUGO hat einmal einen alten Mantel mit langjährigen Freunden verglichen – Mantel wie Freunde würden ihn wärmen. Und wenn man Leute befragt, so gibt es tatsächlich zahlreiche unterschiedliche Vorstellungen darüber, was Freundschaft für sie bedeutet. Wie kommt das?

»Wenn du einen Freund willst ...«

»Zähmen, das ist eine in Vergessenheit geratene Sache«, sagte der Fuchs. »Es bedeutet: sich ›vertraut machen‹ [...]. Noch bist du für mich nichts als ein kleiner Junge, der hunderttausend kleinen Jungen völlig gleicht. Ich brauche dich nicht und du brauchst mich ebenso wenig. Ich bin für dich nur ein Fuchs, der hunderttausend Füchsen gleicht. Aber wenn du mich zähmst, werden wir einander brauchen. Du wirst für mich einzig sein in der Welt. Ich werde für dich einzig sein in der Welt [...]. Ich werde den Klang deines Schrittes kennen, der sich von allen andern unterscheidet [...]. Der deine wird mich wie Musik aus dem Bau locken. [...] du hast weizenblondes Haar. Oh es wird wunderbar sein, wenn du mich gezähmt hast. Das Gold der Weizenfelder wird mich an dich erinnern. Und ich werde das Rauschen des Windes im Getreide lieb gewinnen!« [...] »Man kennt nur die Dinge, die man zähmt«, sagte der Fuchs [...] Du musst sehr geduldig sein« [...]. So machte denn der kleine Prinz den Fuchs mit sich vertraut. Und als die Stunde des Abschieds nahe war: »Ach!«, sagte der Fuchs, »ich werde weinen. [...] Hier mein Geheimnis [...]: Man sieht nur mit dem Herzen gut. Das Wesentliche ist für die Augen unsichtbar. [...] Du bist zeitlebens für das verantwortlich, was du dir vertraut gemacht hast.«

Q ANTOINE DE SAINT-EXUPÉRY: Der kleine Prinz

Was ist Freundschaft? Ein Philosoph fragt nach

Sokrates *Sage mir also, wenn einer einen anderen gern hat, wer ist dann der Freund? Ist derjenige der Freund, der den anderen gern hat, oder der eine, der von dem anderen gern gehabt wird? Oder macht das keinen Unterschied?*

Menexenos Mir wenigstens scheint es kein Unterschied zu sein.

Sokrates *Wie kann das sein? Du meinst also, sie sind beide Freunde, auch wenn nur einer von den beiden den anderen gern hat?*

Menexenos Mir scheint es so.

Sokrates *Wie denn? Könnte es nicht sein, dass jemand einen Freund gern hat, obwohl er von diesem gehasst wird?*

Menexenos Das wäre möglich.

Sokrates *Wer ist dann der Freund? Ist es der, der den anderen gern hat? Oder ist es der andere, der zwar vom ersten gern gehabt wird, aber diesen hasst? Oder sind es beide? Oder ist keiner der beiden ein Freund?*

Menexenos Ich habe jetzt meine Meinung geändert. Freundschaft ist gegenseitig. Keiner von beiden ist ein Freund. Man ist Freund von einem anderen nur dann, wenn man den anderen gern hat und auch von ihm gern gehabt wird.

Sokrates *Jetzt bist du also der Meinung, dass Gernhaben völlig gegenseitig sein müsse. Sonst gäbe es keine Freundschaft. Gibt es denn aber keine Freunde der Weisheit, also keine Philosophen, oder keine Freunde der Natur? Menschen können sicher die Weisheit gern haben oder die Natur, aber umgekehrt geht es nicht. Weder die Weisheit noch die Natur kann den Menschen gern haben.*

Q Nach PLATONS* Dialog Lysis

Ein freundschaftliches Gespräch im Sinne des Philosophen Platon*

PLATON*, fasziniert von der geschickten Gesprächsführung seines Freundes SOKRATES, hat zahlreiche sokratische Dialoge aufgeschrieben: SOKRATES' geistige „Hebammenkunst" hilft, ohne eigene Zutaten das zu »gebären«, was der oder die Befragte bereits in sich trägt. Im Wissen um das eigene Nichtwissen ging es SOKRATES in den Dialogen darum, zu logisch konsequentem Selbstdenken anzuregen.

1 Schreibt auf Kärtchen, was »Freundschaft« für euch bedeutet. Ordnet die Ideen an der Tafel.

2 Erklärt, was der Fuchs mit dem Wort »zähmen« meint. Versucht den Begriff durch andere Worte zu ersetzen.

3 Entscheide dich für einen Ausspruch des Fuchses, den du am wichtigsten findest. Könnt ihr euch auf eine Rangfolge einigen?

4 Ist – wie Menexenos sagt – Freundschaft nur dann »echt« wenn sie gegenseitig ist? Diskutiert, ob nicht trotzdem ein Tier, ein Buch oder die Umwelt »Freunde« von euch sein können.

5 Kann Freundschaft dich und deine Mitwelt verändern? Was würde vermutlich der Fuchs darauf antworten?

Landschaften der Liebe

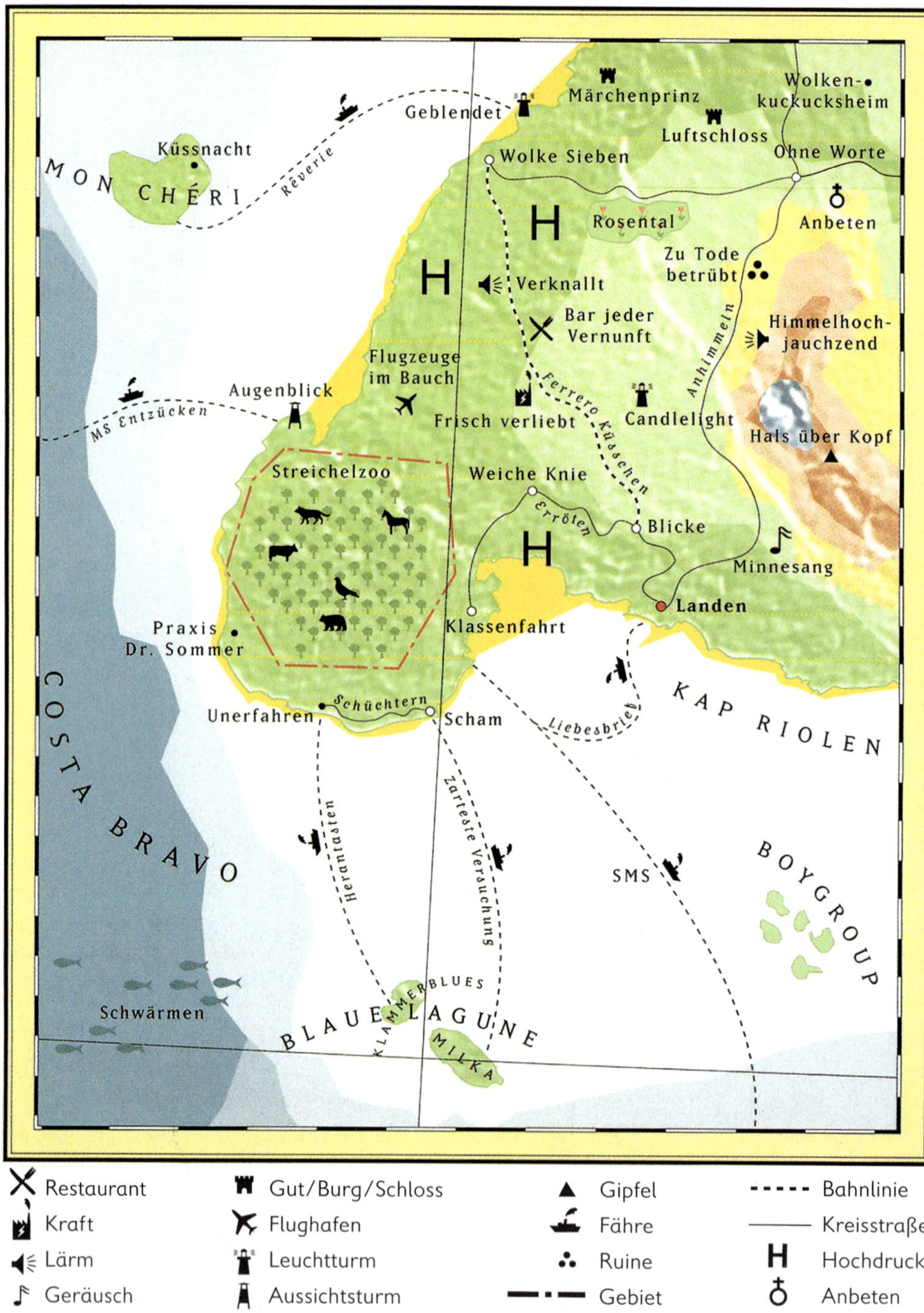

Kennt ihr eine Stadt »Wolke Sieben«? Oder Fährverbindungen mit den Bezeichnungen »Liebesbrief« und »SMS«? Auf der abgebildeten Karte findet ihr sogar einen Aussichtspunkt »Zu Tode betrübt« und ein Gebirge »Himmelhochjauchzend«. Wie ihr euch denken könnt, gibt es diese »Orte« nicht in der Wirklichkeit – jedenfalls nicht so, wie sie hier auf einer Karte dargestellt sind. Oder etwa doch? In Gedanken und Empfindungen? Die Legende hilft euch, die »Fantasie-Landschaften der Liebe« zu erkunden.

Aus Freundschaften können Liebesbeziehungen werden – und umgekehrt. Was passiert da eigentlich?

Was ist es?

Es ist Unsinn
sagt die Vernunft
Es ist was es ist
sagt die Liebe

Es ist Unglück
sagt die Berechnung
Es ist nichts als Schmerz
sagt die Angst
Es ist aussichtslos
sagt die Einsicht
Es ist was es ist
sagt die Liebe

Es ist lächerlich
sagt der Stolz
Es ist leichtsinnig
sagt die Vorsicht
Es ist unmöglich
sagt die Erfahrung
Es ist was es ist
sagt die Liebe

Q ERICH FRIED: Es ist was es ist

»FREUNDSCHAFT IST LIEBE OHNE IHRE FLÜGEL«
LORD BYRON, ENGLISCHER DICHTER

ALTE LIEBE ROSTET NICHT.
LIEBE MACHT BLIND.
WAS SICH LIEBT, DAS NECKT SICH.
DER LIEBENDEN STREIT DIE LIEBE ERNEUT.
AUS DEN AUGEN, AUS DEM SINN.

1 An welchen Punkten der Fantasie-Landkarte bist du schon gewesen? Wie würdest du sie weitermalen?

2 Nenne die »Orte«, die du gern kennen lernen oder »Wege«, die du gern beschreiten würdest. Du kannst dich darüber mit einer oder einem Vertrauten austauschen.

3 ERICH FRIED lässt in seinem Gedicht die Liebe antreten, um sich gegenüber der Vernunft, der Berechnung, der Angst usw. zu rechtfertigen: Diskutiert, ob sich die Liebe behaupten kann.

4 Wer kennt das schönste Liebesgedicht? Es kann auch ein Lied sein. Stellt eure Favoriten einander vor.

Sexualität: Was nun? ◀

Es gibt verschiedene Möglichkeiten, mit der eigenen Sexualität umzugehen. Jeder Mensch muss es für sich selbst und in Verantwortung für den möglichen Partner oder die Partnerin herausfinden. Hier einige Informationsstellen, die jeweils unterschiedliche Standpunkte vertreten:
www.laralove.de
www.gib-aids-keine-chance.de
www.wahreliebewartet.de
www.asexuality.org/de

Liebes Tagebuch

Heute habe ich mich mal wieder in meinem Zimmer verkrochen. Ich war wieder in so einer komischen Stimmung, in der ich nur allein sein will. Selbst das Handy habe ich ausgeschaltet. Habe meine Lieblingsmusik eingelegt und mir alte Fotos angeschaut. Es ist schon faszinierend, wie ein Mensch sich von seiner Geburt an verändert. Meine Augen haben noch immer die hellblaue Farbe. Ich war ein süßes Baby. – Und jetzt?
Wenn ich morgens in den Spiegel schaue, grinst mich zuerst so ein blöder Pickel an und der Tag ist versaut. Was tun? Ich würde mich ja gern schminken. Aber meine Mutter will nicht, dass ich geschminkt zur Schule gehe. Dass ich mir die Achselhaare rasiere, hat sie noch nicht gemerkt. Machen doch alle so – auch die, bei denen noch gar nichts wächst! Ist schon komisch: Auf den Fotos von der Einschulung sehen wir alle irgendwie gleich aus. Jetzt bin ich fast das größte Mädchen in der Klasse. Beim Laufen ziehe ich schon immer den Kopf ein, damit es nicht so auffällt. Und wenn wir nach dem Sport duschen gehen, ist mir das echt unangenehm. Ich habe das Gefühl, mein Körper wird immer schwerer und manchmal weiß ich nicht, wie ich mich bewegen soll. Auf dem Schulhof spüre ich die Blicke der älteren Jungen. Die schauen mich ganz anders an als früher, manche grüßen mich sogar. Das ist toll. Blöd finde ich, dass ich jetzt hin und wieder mit »Sie« angesprochen werde, so wie gestern beim Friseur. Das bringt mich völlig durcheinander.

Wenn ich so an die Jungs in meiner Klasse denke

[…] wie sie Mutproben machen im Hof;
wie sie Stinkbomben basteln
und rauchen auf' m Klo
und schreiben: Wer das liest ist doof!
Wenn du 15 bist und dir das Herz
fast überläuft,
aber keiner scheint das zu sehn,
bleibt dir manchmal nur das Tagebuch,
um nicht völlig durchzudrehn.
GERHARD SCHÖNE:
Du hast es nur noch nicht probiert

Ein bisschen über dem Boden schweben …

… und das Gefühl, als wachsen einem Flügel, sind typische Anzeichen dafür, dass man sich verliebt hat. Den alten Griechen war dieses Gefühl nicht fremd – sie schrieben dem Liebesbegehren sogar eine göttliche Kraft zu und nannten es »Eros«. Der Philosoph PLATON* verwendet ein Bild, um zu veranschaulichen, wie der Eros die menschliche Seele verändert: das Gefieder:

[…] was die Zahnenden an ihren Zähnen empfinden, wenn sie eben ausbrechen, Jucken und Reiz im Zahnfleisch, eben das empfindet auch die Seele dessen, dem das Gefieder hervorzubrechen anfängt, es gärt in ihr [der Seele] und juckt sie und kitzelt sie, wenn sie das Gefieder austreibt. Wenn sie also nun die Schönheit des [Geliebten] sehend und die davon ausströmenden […] Reize in sich aufnehmend, befruchtet und erwärmt wird: so hat sie Linderung der Schmerzen und ist froh […]. Außer ihrer Verehrung hat sie […] in dem [Geliebten] den einzigen Arzt gefunden für die unerträglichsten Schmerzen. Diesen Zustand nun nennen die Menschen Liebe.

Q PLATON*: PHAIDROS

1 Welche Veränderungen habt ihr an euch im letzten Jahr bemerkt? Unterscheidet zwischen äußeren und inneren Veränderungen.

2 Inwieweit reagieren eure Eltern, Freunde und Bekannte auf diese Veränderungen? Was findet ihr gut, was ist euch eher unangenehm?

3 Schreibt PLATON* einen fiktiven Brief: Teilt ihm mit, was ihr über »die Liebe« denkt, die er beschreibt. Dieser Brief kann geheim bleiben.

4 Meint ihr, der Tagebucheintrag trifft auf alle Mädchen zu? Sind »die Jungen« tatsächlich so drauf wie GERHARD SCHÖNE sie beschreibt? Ihr könnt Gegendarstellungen verfassen.

→← Nur wenige Menschen können auf Dauer ohne Freundschaft und Liebe auskommen. Einige glauben an die Liebe als eine Kraft, die dem Verstand weit überlegen ist. Liebe wird im Laufe des Lebens unterschiedlich erlebt. Wenn ihr in den Spiegel schaut, seht ihr, wie sich euer Äußeres verändert. Eure innere Entwicklung scheint da manchmal nicht Schritt zu halten oder umgekehrt. Dann ist es schwer, die Balance zu halten. Psychologen bezeichnen deshalb diesen Prozess als »zweite Geburt«. Es ist nicht immer leicht, erwachsen zu werden. Oft hilft es, sich mit Freunden und Freundinnen auszutauschen oder ein Tagebuch zu führen.

»Ich« werden – »ich« bleiben?

HipHop in Berlin: »Be real, stay original”

Vor zwei Jahren wurde ich von meinem Cousin Marvin zu einem total abgefahrenen Jam mitgenommen. Die Rap-Musik gefiel mir super gut. Tage später las ich einen Artikel in der Zeitung darüber. Interessant fand ich, dass die weiten Hosen, die Kapuzen-Pullis und Basecaps Erkennungszeichen der Szene waren. Komisch, mein Outfit unterschied sich von denen nicht sonderlich. Ich ging also in den Club, eine echte Szene-Location. Da kamen nur Breakdancer, Graffiti-Sprayer und HipHopper hinein. Andere, zum Beispiel Punks oder »Normalos«, hatten keinen Zutritt. Am Anfang wurde ich kaum beachtet. Manchmal musste ich auch blöde Sprüche über mich ergehen lassen und wurde nicht richtig akzeptiert. Das änderte sich später. Eine Reihe von Tags (Schriftzüge des eigenen Künstlernamens) platzierte ich an Stellen, die zuvor kein Sprayer erreichte.

PETER L., 15 Jahre

Große HipHop-Parties werden auch »Jams« genannt. Dort wird »gerapt«, getanzt, »gescratcht« und »gesampelt«. Das Publikum nimmt aktiv teil – alle können auf die Bühne kommen und mitmachen.

PETER L. wurde bei einer der Spray-Aktionen erwischt und zu zwei Monaten Sozialarbeit verurteilt. Nach dem Gesetz ist das Besprühen eines öffentlichen Gebäudes eine Straftat. Doch für Peter ist Graffiti Kunst. Ist die Strafe eurer Meinung nach angemessen? Wie hättet ihr entschieden?

»Jesus-Freaks« in Thüringen

Gotha. Das elfte »Freakstock«-Festival hat am Donnerstag auf der Pferderennbahn bei Gotha begonnen. Zu dem Treffen christlicher Punk-Bands und ihrer Fans rechnen die Veranstalter mit 8.000 Jugendlichen, die bis Sonntag Predigt und Abendmahl in ihre moderne Lebenswelt zu übertragen versuchen.

Dabei sein ist alles?

»Einige Leute betreiben Persönlichkeitsverstümmelung, nur um sich anzupassen, halt ›in‹ zu sein. Sie können nicht sie selber sein. Alle anderen sind Outsider, mit denen sie sich nicht abgeben.«
Ein Jugendlicher (männlich)
17 Jahre

Ist es nicht ein Alptraum, allein durch die Welt zu laufen? Stell dir vor, du gehst ins Kino, zur Disco oder zu einem Konzert. Um dich herum sitzen Pärchen oder Gruppen. Sie schwatzen über all die Dinge, die sie gern tun. Endlich mal vom Stress mit den Eltern oder Lehrern abschalten. Du hast aber niemanden zum Reden. Da kannst du froh sein, wenn du deine Szene hast:

- Aber was ist, wenn du als Punk oder Raver feststellst, dass dein bester Freund plötzlich auf Popmusik steht?
- Was machst du, wenn du in keine Clique so richtig hineinfindest und dich religiöse Fragen ohnehin mehr interessieren als Partys? Läufst du dann »irgendwo« mit?
- Wie würdest du reagieren, wenn für deine Clique etwas »normal« ist, was dich aber stört? Wo liegt deine Schmerzgrenze?
- Und welchen Rat würdest du einer (Punker-)Freundin geben, die als Praktikantin in einem Kindergarten arbeitet und von der Leiterin angewiesen wird, sich wie ein »Normalo« zu kleiden?

1 Beschreibt die Jugendszenen, die euch bekannt sind bzw. zu denen ihr selbst gehört (vgl. www.jugendkulturen.de).

2 Befragt einmal Skater, Punks, Jesusfreaks und andere Leute an eurer Schule oder in eurer Umgebung zu ihrer »Lebensphilosophie«: Inwieweit kann man die Ideale dieser Jugendlichen an ihrem Aussehen, ihrer Musik oder Freizeitgestaltung ablesen?

3 Welche Jugendszene interessiert dich, welche würdest du eher ablehnen? Begründe deine Meinung.

Seiten 50–59 ◀ (Kapitel 2: Mit Konflikten leben)

4 Untersucht und diskutiert die vier Situationen in »Dabei sein ist alles?« Berichtet von ähnlichen Konflikten, die ihr erlebt habt: Wie habt ihr reagiert? Überlegt Möglichkeiten der Konfliktlösung.

Und was ist Freiheit für euch?

Bekenntnisfreiheit ◂

»Nach der Vollendung des 14. Lebensjahres steht dem Kind die Entscheidung darüber offen, zu welchem religiösen Bekenntnis es sich halten will. Hat das Kind das 12. Lebensjahr vollendet, so kann es nicht gegen seinen Willen in einem anderen Bekenntnis als bisher erzogen werden.«
Gesetz über die religiöse Kindererziehung, § 5

Freiheit und Verantwortung

Je älter ihr werdet, umso mehr könnt ihr selbst entscheiden. Ihr übernehmt dabei schrittweise immer mehr Verantwortung für euch selbst und für euer Tun. Das heißt auch, dass ihr für eure Entscheidungen geradestehen müsst. Das meinen Erwachsene, wenn sie von euren Rechten und Pflichten sprechen. Das Recht, mehr und mehr wie ein Erwachsener frei zu entscheiden, bedeutet auch, mehr und mehr wie ein Erwachsener behandelt zu werden.

Es hat lange gedauert, bis ich Freunde in meiner neuen Klasse gefunden habe. Neuerdings hänge ich bis spät abends mit Jojo und Steff irgendwo herum. Wir hören Heavymetal und »kiffen« uns gelegentlich zu. Es tut gut, nicht ständig allein vor der Glotze zu warten, bis mein Vater von der Spätschicht kommt.
Jojo und Steff sind echte Kumpel, und ich bin irgendwie stolz, als sie mich bitten, ein paar Freunde morgen in der Pause mit den bestellten Joints zu versorgen – sozusagen als Freundschaftsdienst. Aber dann kommen mir doch Bedenken; es handelt sich ja immerhin um Dealen – und das ist verboten. Wenn ich erwischt werde, droht mir ein Schulverweis!
»Du sollst dich bloß nicht so haben und uns vertrauen!«, meinen die Freunde. »Das fliegt doch nie auf, das haben wir schon so oft gemacht, und nichts ist passiert. Und überhaupt: Wie kommst du bloß darauf …«
Jojo und Steff lassen nicht locker: »Schließlich tust du den anderen bloß einen Gefallen.« Ich überwinde mich und stecke den Stoff ein. – Am nächsten Tag fliegt die ganze Aktion auf …
Tobi L., 15 Jahre

Sich immer so anziehen wie man will?
Handlungsfreiheit ergibt sich dort, wo du einen Spielraum hast und zwischen verschiedenen Handlungsmöglichkeiten auswählen kannst.

Projekt: Handlungsspielräume erweitern
Ihr seid an eurer Schule nicht nur durch Pflichten sowie »Erziehungs- und Ordnungsmaßnahmen« bei Regelverstößen eingeschränkt. Informiert euch in der Schulordnung, welche Rechte ihr habt:
- Überlegt, zu welcher Frage ihr den Schulsprecher oder die Schulsprecherin in den Unterricht einladen könntet.
- Diskutiert, welche Möglichkeiten es gäbe, Tobi zu unterstützen.

1 Versucht, »Freiheit« für euch persönlich zu definieren. Bezieht euch auf die Aussagen der Seite 20.

2 Stellt euch vor, auf einer Schulkonferenz wird über einen Schulverweis von Tobi und seinen Freunden diskutiert: Welche Entschuldigungen könnten die Drei vorbringen?

3 Spielt die Konferenz im Rollenspiel nach. Diskutiert anschließend, ob die möglichen Entschuldigungen Tobi und seine Freunde tatsächlich von ihrer eigenen Verantwortung freisprechen.

»Ich« werden – »ich« bleiben?

»Die Jugend ist die Zukunft unserer Gesellschaft«, heißt es oft. Und welche Vorstellungen verbindest du selbst mit deiner Zukunft?

Hitliste zur Werteorientierung – ein Beispiel

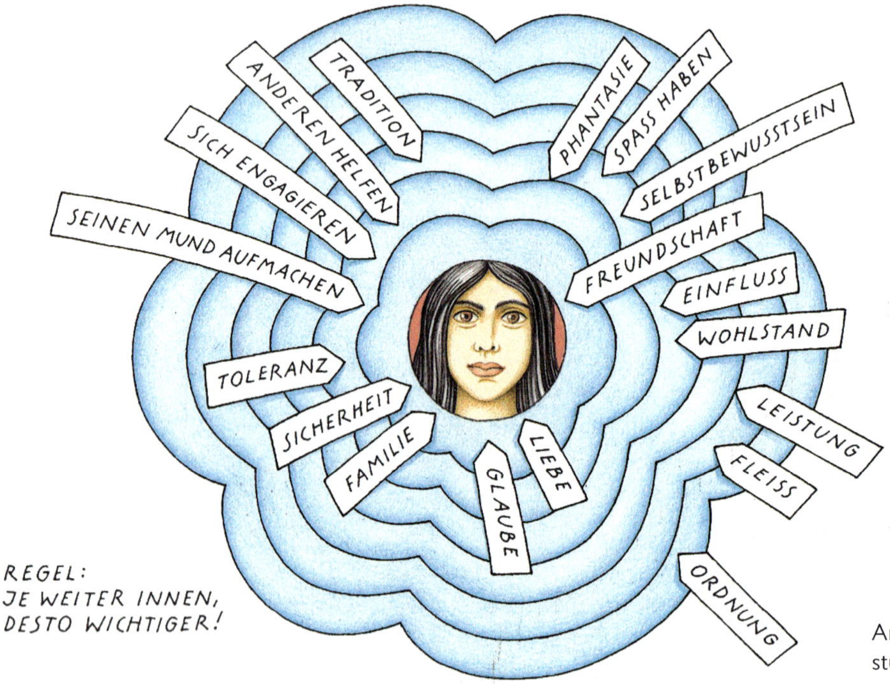

Angaben nach Shell-Jugendstudie (2006)

»Vielleicht möchte ich Schauspielerin werden oder Stuntfrau – ich weiß noch nicht!«
TINA trainiert in einer Kinder-Stuntschule in der Nähe von Düsseldorf. Kinder und Jugendliche lernen dort, gefährliche Situationen zu doubeln: auf Inline-Skatern Autounfälle zu simulieren, gekonnt aneinander vorbei zu schlagen, Treppenstürze oder Sprünge von zwei bis sieben Metern Höhe zu üben.

Baustelle »Zukunft«? Schülerinnen und Schüler antworten

»Zukunft? Was kümmert mich das? Ich lebe doch heute!«
»Ich möchte zuerst eine Lehrstelle finden. Arbeit ist das Wichtigste für mich.«
»Ich habe von Klimaveränderungen gelesen. Es gibt schon so viele Naturkatastrophen. Das macht mir Angst.«
»E-Learning macht es möglich, dass ich von meinem Dorf aus an jeder Universität weltweit studieren kann. Das finde ich toll.«
»Mir ist eine Familie wichtig. Aber ob das geht – Job und Familie?«
»Ich möchte mal eine Familie haben, die so richtig zusammenhält.«
»Heiße Öfen, schnelle Autos, tolle Frauen, viel Geld und nie arbeiten müssen!«

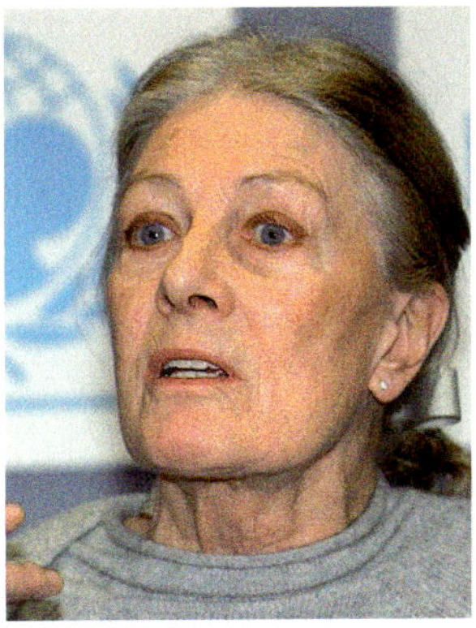

Ich habe einen Traum

Ich war elf Jahre alt, als ich 1948 im Radio die Allgemeine Erklärung der Menschenrechte hörte, als diese Worte mich ergriffen und mir einen Traum eingaben, den ich bis heute träume. […] Die Menschenrechte sind noch immer ein Versprechen für uns alle. Sie sind keine utopische Idee, sondern eine praktische Grundlage. Doch hat beinahe jede Regierung auf der Welt beinahe jedes Versprechen in der Allgemeinen Erklärung der Menschenrechte gebrochen, unter die sie ihren Namen gesetzt hat. Das wird heute noch viel deutlicher als jemals zuvor in der Geschichte. […] Es liegt noch ein weiter Weg vor uns.

Q VANESSA REDGRAVE, geboren 1937 (Schauspielerin und UNICEF-Botschafterin)

Fachübergreifend (Geschichte, Politik, Religion): Zukunftswerkstatt*
Thema: »Von einer besseren Welt träumen«. Bildet Gruppen und verständigt euch auf fünf Schritte:
1. Phase: Beschwerdekatalog erstellen (Kritik am Ist-Zustand);
2. Phase: Verbesserungsvorschläge machen (auch verrückte Ideen);
3. Phase: Ideen kritisch auf Realisierungsmöglichkeiten überprüfen;
4. Phase: Strategien* überlegen, mit denen die Ideen umgesetzt werden können (vielleicht auch Ideen, die in der 3. Phase verworfen wurden);
5. Phase: einen (wenn auch kleinen) Teil der Ideen konkret verwirklichen.
Wenn euch der Einstieg in das Projekt schwer fällt, hier ein Tipp: Lest zunächst die Allgemeine Erklärung der Menschenrechte. Sammelt aus Zeitschriften Artikel, die von der Verletzung der Menschenrechte berichten.

Seiten 138/139 ◄ In Würde und ohne Gewalt?

1 Welche Gedanken zur Zukunft könnten von dir stammen? Ergänze die »Baustelle Zukunft«.

2 Sagt, was euch an dem Beispiel zur Wertorientierung möglicherweise erstaunt? Vergleicht die Angaben mit euren persönlichen Wertvorstellungen.

3 Diskutiert den Stellenwert von Umweltbewusstsein, Selbstdurchsetzung, Sozial- und Politikengagement in eurem Leben.

4 Spielt die Religion oder der Glaube an Gott für dein Leben eine Rolle?

Jugendliche in eurem Alter schließen sich häufig in Cliquen zusammen. Erfahrungen, die ihr – auch in Konflikten – untereinander oder mit anderen macht, sind wichtig. Sie helfen, einen eigenen Lebensstil zu finden. Erst in der Rückschau wird deutlich, wie stark der Einfluss einer Gruppe sein kann oder wie stark eine gemeinsame Überzeugung den einzelnen bindet. Eine Gruppenzugehörigkeit kann nicht darüber hinwegtäuschen, dass jeder Mensch für sein Handeln selbst verantwortlich ist.
Träume sind nicht nur Schäume: Sie treiben voran auf der Suche nach einem sinnvollen Leben – manchmal treffen wir dabei auf Menschen mit ähnlichen Vorstellungen.

Freizeit und Arbeit

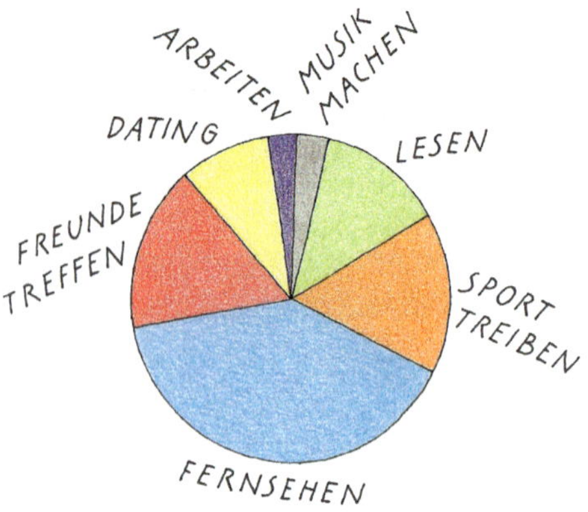

Ungefähre Verteilung der Freizeit-Aktivitäten bei Jugendlichen – nach einer Studie aus den 1990ern (vergleiche auch die Seiten 114/115).

Für die meisten Menschen gehört die Freizeit wohl zur schönsten Zeit am Tag. Im Vergleich zu Erwachsenen haben Kinder und Jugendliche verhältnismäßig viel Freizeit, in Deutschland durchschnittlich fünf Stunden täglich. Trifft das auch auf euch zu? Nutzt ihr sie noch so wie Jugendliche vor mehr als zehn Jahren?

Projekt: Freizeit heute

Freizeitaktivitäten könnt ihr aus eigenem Interesse wählen. Denn Freizeit ist die Zeit, in der Menschen etwas tun – ohne es tun zu müssen: Es ist die Zeit, über die jeder selbst verfügen kann.

1. Erfasst über eine Woche euer eigenes Freizeitverhalten: Wie viel Zeit verbringt ihr mit festgelegten Terminen? Wie viel Zeit bleibt noch übrig?
2. Recherchiert die Freizeitmöglichkeiten bei euch im Ort.
3. Welche Angebote werden von Jugendlichen in eurer Umgebung genutzt, welche nicht? Nennt dafür Gründe.

Freizeit planen?

Die Art der Freizeitgestaltung ist nicht nur eine persönliche Entscheidung – sie ist auch davon abhängig, welche Angebote in der Nähe sind und wie viel Zeit und auch Geld zur Verfügung stehen. Schließlich müssen die alltäglichen Arbeiten auch erledigt werden: z. B. Hausaufgaben oder Verpflichtungen in der Familie.

Aber: Ist die Grenze zwischen Arbeit und Freizeit immer eindeutig zu ziehen?

Lisa und Tina verbringen ihre Freizeit ganz unterschiedlich. Ihr könnt euch beide Mädchen ein bisschen vorstellen, denn ihre Termine verraten etwas über ihre Neigungen und Interessen.

Das Geschäft mit der Freizeit boomt. Zahlreiche Freizeitbeschäftigungen kosten viel Geld – und das muss von Jugendlichen erst verdient sein! Das Jugendarbeitsschutzgesetz regelt die Bestimmungen zur Beschäftigung von Jugendlichen. Siehe http://bundesrecht.juris.de/jarbschg/

Kai, 14 Jahre, ist Computerfreak. Er verbringt viel Zeit vor dem Bildschirm; besonders Strategiespiele findet er »cool«. Er braucht Geld, um technisch auf dem neuesten Stand zu sein. Deshalb trägt er jeden Samstag Zeitungen aus.

2006 gab es in fast 100 Prozent aller Haushalte, in denen 12- bis 19-Jährige lebten, mindestens ein Mobiltelefon. Mehr als 70 Prozent dieser Haushalte waren mit einem Internetzugang ausgestattet. Etwa 90 % der Jugendlichen hatten Erfahrungen im Umgang mit Computern.

David ist Schüler einer 8. Klasse. Das Spielen am Computer ist ihm zu langweilig geworden. Nun beschäftigt er sich mit dem Erstellen von Homepages. Eine Bekannte seines Vaters hat eine kleine Firma und möchte eine Homepage ins Netz stellen. David unterstützt sie dabei in den Ferien.

1 Versucht Lisa und Tina anhand ihrer Termine zu beschreiben. Diskutiert, welche Möglichkeiten sich aus ihrer Freizeitgestaltung für ihr zukünftiges Leben erschließen lassen könnten.

2 Fragt eure Eltern, wie viel freie Zeit sie als Jugendliche hatten: Beschreibt, wie eure Freizeit in 20 Jahren aussehen könnte.

Seite 81 ◄ Methode: Gedankenexperiment

3 Ein Gedankenexperiment: In einer Diktatur hindert der Staat alle Jugendlichen ab 12 Jahren daran, über ihre freie Zeit selbst zu verfügen.
Von morgens bis abends ist Schule und im Anschluss werden Aktivitäten verordnet, z.B. Sport oder Jobs. Auch die Mahlzeiten und Schlafenszeiten werden streng überwacht.
Diskutiert darüber, wie sich wohl diese Jugendlichen entwickeln würden.

Arbeit gehört heute wie selbstverständlich zu einem gesellschaftlich anerkannten Leben dazu. Das war nicht immer so. Das lateinische Wort für Arbeit (»neg-otium«) verrät, dass Arbeit auch ganz anders verstanden werden kann. In der Antike war von einer (möglicherweise krankmachenden) Unterbrechung von einer dem Menschen angemessenen Ruhe (= otium) die Rede. Schon damals wiesen Philosophen darauf hin, dass Arbeit die Persönlichkeit eines Menschen beeinflusst. Der Philosoph Karl Marx sprach später sogar davon, dass erst die Arbeit den Menschen zum Menschen mache. Und was bedeutet Arbeit heute – in einer zusammenrückenden Welt?

Seiten 210–225 ◄
Kapitel »Globalisierung«

Die Grille und die Ameise

Grillchen, das den Sommer lang
Zirpt' und sang,
Litt, da nun der Winter droht',
harte Zeit und bittre Not:
Nicht das kleinste Würmchen nur,
Und von Fliegen keine Spur!
Und vor Hunger weinend leise
Schlich's zur Nachbarin Ameise;
Fleht' sie an, in ihrer Not
Ihr zu leihn ein Körnlein Brot,
Bis der Sommer wiederkehre.
»Glaub mir« – sprach 's – »auf Grillen-Ehre,
Vor dem Erntemond noch zahl
Zins ich dir und Kapital.« –
Ämschen, die, wie manche lieben
Leute, das Verleihen hasst,
Fragt die Borgerin: »Was hast
Du im Sommer denn getrieben?« –
»Tag und Nacht hab ich ergetzt
Durch mein Singen alle Leut.« –
»Durch dein Singen? – Sehr erfreut!
Weißt du was? Dann – tanze jetzt!«

Q Jean de La Fontaine

In einer Stadt in Pakistan werden Fußbälle für die ganze Welt hergestellt. Wie das geht? Ihr könnt es selbst ausprobieren. Informiert euch dazu (www.be-fair-be-friends.de).

Jean de La Fontaine, der berühmteste französische Fabeldichter der Neuzeit (1621–1695), verpackte seine Botschaft zur Arbeit in ein belehrendes Gedicht. Ist euch die Grille sympathisch – oder doch eher die Ameise?

Alles eine Frage der Entscheidung?

Verabschieden wir endlich die lästige Grille. Sie war mir immer genauso wenig sympathisch wie jenes andere abscheuliche Insekt, die Ameise aus der Fabel von La Fontaine, die die närrische Grille im Winter ohne Essen und Unterschlupf lässt, nur um ihr eine Lektion zu erteilen – so eine Gemeinheit! Es geht darum, die Freiheit ernst zu nehmen, d. h. *verantwortlich* zu sein. Und das Ernste an der Freiheit besteht darin, dass sie unbezweifelbare Auswirkungen hat, die man nicht nach Belieben wieder rückgängig machen kann. […] Und die Masche zu warten, um zu sehen, ob das Ergebnis gut oder schlecht ist, bevor ich die Verantwortung dafür übernehme oder nicht, lohnt sich nicht.

Q FERNANDO SAVATER, spanischer Philosoph (geboren 1947)

Eine angehende Auto-Mechanikerin in der Ausbildung

Viele Mädchen entscheiden sich trotz guter Schulbildung für Berufe, die als »typisch weiblich« gelten. Der »Girls'Day«, der an jedem vierten Donnerstag im April stattfindet, bietet allen Mädchen die Möglichkeit, sich umfassend über ihre beruflichen Möglichkeiten zu informieren: Wer Interesse hat, kann nachschauen (www.girls-day.de).

Männer als Erzieher im Kindergarten oder als »Säuglingsbruder« auf der Kinderstation? Diskutiert, welche Themen auf einen »Boys'Day« gehören: Informiert euch über neue Wege (www.neue-wege-fuer-jungs.de).

Methode: Eine Collage anfertigen
Eine Collage bezeichnet ein Kunstwerk, das aus verschiedenen Teilen zusammengeklebt ist (französische Ableitung »coller«: leimen, kleben). Wer eine Collage herstellen möchte, besorgt sich zuvor einen großen Bogen Papier (Packpapier oder Tapetenrolle). Je nach Zielsetzung oder Thema benötigst du Abbildungen, Zeitungen und Zeitschriften, Bilder, Grafiken oder Tabellen. Aus dem Material kannst du nun passende Bilder, Überschriften und Textteile ausschneiden und diese dann zu einem Gesamtwerk arrangieren. Um deine Aussage zu verstärken, darf in einer Collage auch gemalt oder gezeichnet werden.

1 Trifft auf den Gesang und das Zirpen der Grille die Bezeichnung »Arbeit« zu? Wenn ja, unter welchen Umständen?

2 FERNANDO SAVATER macht noch auf einen anderen Hauptpunkt (Pointe) der Fabel aufmerksam: Macht Vorschläge, was SAVATER meinen könnte.

3 Fertigt eine Collage an, in der alle möglichen Formen von Arbeit vorkommen, z.B. die Klassenarbeit, eure Mitarbeit, die Erwerbstätigkeit einer Hausfrau und Mutter, die ehrenamtliche Arbeit.

Arbeit ist jede zielgerichtete Tätigkeit, sei sie körperlicher oder geistiger Art. Viele verstehen unter Arbeit die bezahlte Lohnarbeit, aber es gibt noch andere Formen. Philosophen haben sich Gedanken gemacht, warum Arbeit für den Menschen wichtig ist und wie sie den Menschen beeinflusst. Mehr denn je genießt die knapp gewordene bezahlte Arbeit hohe Anerkennung. Ihr könnt eure Freizeit dazu nutzen, euch in Vereinen, Gruppen oder Organisationen zu engagieren. Die Erfahrungen, die ihr dort sammelt, helfen euch vielleicht sogar später in der Frage weiter, welchen Beruf ihr einmal später ausüben wollt oder könnt.

Flucht in die Sucht*?

Nach dem Jugendrecht dürfen Erwachsene in der Öffentlichkeit an Kinder und Jugendliche unter sechzehn Jahren keine alkoholischen Getränke abgeben bzw. verkaufen. Auch das Rauchen in der Öffentlichkeit darf Kindern und Jugendlichen unter sechzehn Jahren nicht gestattet werden. Übrigens: Immer mehr Bundesländer führen an ihren Schulen ein Rauchverbot ein.

»Eine Droge ist alles, was Menschen ›hilft‹, ihre Probleme und Unzufriedenheit zu verschleiern, statt sich der Wirklichkeit zu stellen« (aus einer Definition* der WHO*).

Die Erlebnismaschine – ein philosophisches Gedankenexperiment

Neuropsychologe: Nervenarzt

Man stelle sich eine Erlebnismaschine vor, die einem jedes gewünschte Erlebnis vermittelt. Super-Neuropsychologen können das Gehirn so reizen, dass man glaubt und das Gefühl hat, man schriebe einen großen Roman, schlösse Freundschaft oder läse in einem interessanten Buch. Dabei schwimmt man die ganze Zeit in einem Becken und hat Elektroden ans Gehirn geschlossen. Sollte man sich lebenslang an diese Maschine anschließen lassen, so dass alle künftigen Erlebnisse im voraus festgelegt sind? Wenn man sich Sorgen macht, es könnten einem wünschenswerte Erlebnisse entgehen, so kann [man] aus ihrem riesigen [Firmen-] Katalog [...] solche Erlebnisse auswählen und die eigenen Erlebnisse etwa für die nächsten zwei Jahre festlegen. Danach kommt man für zehn Minuten oder Stunden aus dem Becken heraus und kann sich seine Erlebnisse für die nächsten zwei Jahre aussuchen. Während man im Becken schwimmt, weiß man natürlich nichts davon, man glaubt, alles, was man erlebt, geschähe wirklich. Auch andere können sich anschließen lassen und sich die gewünschten Erlebnisse verschaffen; es braucht also niemand unangeschlossen bleiben, um für andere da zu sein.

Seite 81
Methode: Gedankenexperiment

Q ROBERT NOZICK: Anarchie, Staat, Utopia

1 Denkt den Comic fünf Jahre weiter: Wie könnten sich Bob und seine Freunde weiterentwickelt haben? Prophezeit einen positiven und einen negativen Werdegang.

2 Diskutiert, wann nach der Definition der WHO* ein Genussmittel zur Droge wird: Was kann und sollte, über Verbote hinaus, gegen Drogenkonsum getan werden?

Was wisst ihr über die Gefährlichkeit von Drogen? Unter www.drugcom.de gibt es Informationen – auch über Hilfsprogramme.

3 Erstellt eine Liste von Genuss-Stoffen wie z.B. Kaffee, Tee, Süßigkeiten, alkoholische Getränke: Erfasst, wie oft ihr innerhalb einer Woche diese Stoffe konsumiert. Wer schafft es, eine Woche ohne [...] auszukommen?

4 Was nun? Stellt euch vor, Bob lässt sich an die Erlebnismaschine anschließen. Er wacht nach zwei Jahren wieder auf. Doch seine Freunde sind normal gealtert ...

5 Diskutiert, ob Drogen eine andere Wirklichkeit erschließen.

»Auf dem Weg durch die Einkaufspassagen der Städte schauen mich aus den Schaufenstern dünne Kunststoffpüppchen an. Kein Fettpölsterchen quillt über den Rand der Hüfthose, die Beine sind lang und schlank. Aus Zeitschriften strahlen makellose Gesichter und schaltet man den Fernseher an, erledigen attraktive, sportliche und kluge junge Menschen Berge von Arbeit, ohne dass dies ihrer Schönheit Abbruch tut. Manchmal denke ich, ich sei das einzige hässliche Entlein auf dem Planeten!«
Wer kennt nicht dieses Gefühl?

Wenn Essen zur Last wird

Es klingelt an der Tür. Schnell wirft sich Tina noch einen Pullover über. Trotz der über 20° C friert sie. Als sie zur Tür läuft, wirft sie fast die Lieblingsvase ihrer Mutter um. »Hallo, Tina. Kommst du?« Vor der Tür steht Franzi, Tinas Freundin. Wie jeden Dienstagnachmittag gehen die beiden gemeinsam zum Volleyball-Training. »Klar, muss nur noch meine Sachen holen.« Tina rennt die Treppe hinauf, stolpert über den Teppich. Wieder an der Tür angekommen, ist sie mächtig aus der Puste gekommen.
»Sag mal, Tina, du bist total blass. Und immer dünner wirst du auch!«, sagt Franzi. »Ach was, das kommt dir nur so vor«, wiegelt Tina ab.
Beim Training gibt sich Tina besonders viel Mühe. Die anderen sind schon lange der Meinung, dass sie es übertreibt. Aber Tina ist ehrgeizig, will immer die Beste sein. Nach dem Training läuft Tina schnell in den Umkleideraum – duschen will sie daheim.
Zu Hause kocht sie für die ganze Familie Spagetti mit Tomatensoße. Als die Familie um den großen Tisch versammelt ist, isst sie nur einen Apfel. Sie gibt vor, keinen Hunger zu haben. Als Tina sich abends vor dem Spiegel betrachtet, empfindet sie Ekel vor ihrem Körper. Ihre Periode hatte sie schon seit drei Monaten nicht mehr. Sie beschließt, ihre tägliche Nahrungsmenge ab morgen noch weiter zu reduzieren.

Ess-Störungen – eine Suchterkrankung*

In Deutschland leiden etwa 100.000 Menschen unter einer Ess-Störung – sie ist als Erkrankung anerkannt. Essgestörte Menschen können sich häufig selbst nicht so annehmen wie sie sind – mit Hungern überspielen sie (unbewusste) Probleme. Viele versuchen, ihre Sucht* zu verheimlichen. Psychologen helfen, damit Betroffene wieder lernen, ihren Körper richtig wahrzunehmen.
Bei uns leidet jede dritte Schülerin zwischen 12 und 20 Jahren an einer Frühform von Ess-Störungen. Auch immer mehr Jungen sind betroffen (www.bzga-essstoerungen.de/beratungsstellen.htm).

Schönheitsideale im Wandel der Zeiten und Kulturen – von Seite 30 (links) bis 31 (rechts): SANDRO BOTTICELLI, Geburt der Venus (nach 1482); AUGUSTE RENOIR, ANNA (1876); traditioneller Ureinwohner der südamerikanischen Osterinsel (frühes 21. Jahrhundert); ROBBIE WILLIAMS mit Tattoo

Fachübergreifend (Kunst, Geschichte): »Wahre Schönheit kommt von innen?!«
Verschafft euch eine Übersicht über Schönheitsideale im Laufe der Geschichte. Dokumentiert diese mit passenden Darstellungen von Männern und/oder Frauen:
- Schreibt dazu informierende Texte.
- Reiht euch selbst in die Galerie der Schönheitsideale ein: Ihr könnt euch gegenseitig fotografieren. Vervollständigt euer Gesamtkunstwerk mit lustigen Kommentaren.
- Zieht Schlussfolgerungen aus der Galerie der Eitelkeiten.

1 An welchen Stellen findet ihr Tinas Benehmen auffällig? Was könnte auf die Vorstufe einer Ess-Störung hinweisen?

2 Überlegt, welche Probleme als so belastend empfunden werden könnten, dass sie durch Hungern überspielt werden.

3 Erläutert, warum die Ess-Störung eine Suchterkrankung* ist.

4 Würdest du dich ganz allgemein als suchtgefährdet oder als sucht-resistent bezeichnen? Erkläre, warum?

5 Diskutiert, wie Tina geholfen werden kann. Was können Menschen in ihrem Umfeld tun? (s. S. 28)

Jeder Mensch ist einmalig – keine Kopie, weil jeder Einzelne mehr ist als nur das Ergebnis genetischer Anlagen. Menschen verändern sich mit dem, was sie Tag für Tag erleben und können sich weiterentwickeln. Das macht sie einzigartig. Auf eurem Lebensweg werdet ihr schöne, aber auch bedrückende Erlebnisse haben – jeder Mensch hat seine eigene Geschichte. Auf diesem Weg eine vermeintliche Abkürzung zu nehmen, ist verführerisch und gefährlich zugleich.

Der Mensch ist, was er isst?

»Für ein Stückchen Fleisch rauben wir den Tieren die Seele, nehmen ihnen die Sonne, das Licht, die Lebenszeit, wozu sie doch von Natur geschaffen sind.«
PLUTARCH, griechischer Philosoph und Historiker (ca. 46–120 n. Chr.)

Stefan *»Ammon, Warum isst du eigentlich keine Wurst? Gehörst du einer Religion an, die das verbietet?«*

Ammon »Nein, ich bin zwar Muslim, aber meine Familie nimmt das mit den Speisevorschriften nicht so genau. Ich bin Vegetarier – das heißt, ich esse kein Fleisch und keine Wurst.

Stefan *»Das kann doch nicht gesund sein!«*

Ammon »In pflanzlichen Nahrungsmitteln findest du alle wichtigen Nährstoffe. Vegetarismus ist keine Ernährungsstörung und an Magersucht leide ich, wie du siehst, ja auch nicht.«

Stefan *»Stimmt. Aber ehrlich – ich könnte auf Schnitzel, Gulaschsuppe und so nicht verzichten!«*

Ammon »Wenn ich Fleisch esse, müssen dafür Tiere sterben. Ich leide keine Not, wenn ich auf fleischliche Nahrung verzichte. Warum sollte ich also den Tod eines Lebewesens in Kauf nehmen?«

Stefan *»Hm, aber sind Pflanzen nicht auch Lebewesen?«*

Ammon »Ja, schon; aber sie sind nicht so lebendig wie Tiere.«

Stefan *»Du meinst also, Pflanzen sind weniger lebendig als Tiere?«*

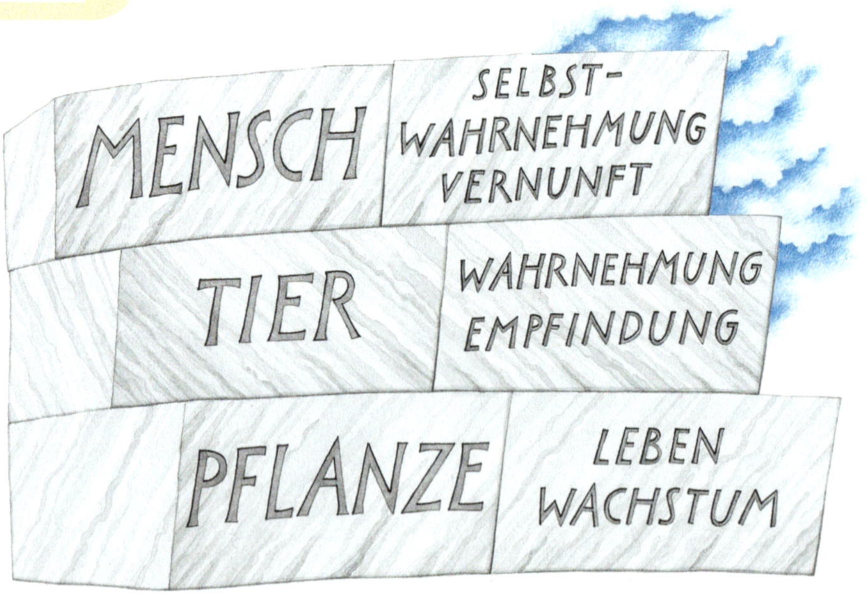

Der griechische Philosoph und Wissenschaftler ARISTOTELES (384–324 v. Chr.) betrachtete das Leben als gestuftes Ordnungssystem. Je stärker die seelisch-geistigen Eigenschaften eines Lebewesens ausgeprägt seien, umso höher steige es in der Rangordnung.

Religiöse Speisevorschriften

Das sind die Tiere, die ihr von allem Vieh auf der Erde essen dürft: Alle Tiere, die gespaltene Klauen haben, Paarzeher sind und wiederkäuen, dürft ihr essen. Jedoch dürft ihr von diesen [...] folgende nicht essen: Ihr sollt für unrein halten das Kamel, weil es zwar wiederkäut, aber keine gespaltenen Klauen hat [...]; ihr sollt für unrein halten den Hasen, weil er zwar wiederkäut, aber keine gespaltenen Klauen hat; ihr sollt für unrein halten das Schwein, weil es zwar gespaltene Klauen hat und Paarzeher ist, aber nicht wiederkäut. [...] Ihr dürft von ihrem Fleisch nicht essen und ihr Aas nicht berühren. [...]

Seite 132 ◂

Bibel, 3. Mose, 11, 1–8

Verboten ist euch Verendetes (Krepiertes), Blut, Schweinefleisch und das, worüber ein anderer als Allah angerufen worden ist, und Ersticktes, Erschlagenes, Gestürztes, Gestoßenes und das, was ein wildes Tier angefressen hat – ausgenommen das, was ihr reinigt [...].

Vergleiche Seite 162 unten ◂ (Hinduismus) und 176/177 (»Sekten«)

Koran, Sure 5, 3

1 Ordnet Fähigkeiten wie Intelligenz, Werkzeuggebrauch, soziales Verhalten und Leidensfähigkeit in das Ordnungsschema des Aristoteles ein. Überlegt, wo ihr die Seele platzieren würdet.

2 Stellt Argumente zusammen, die für und gegen den Verzehr von Tierfleisch sprechen. Welche Begründungen überzeugen euch, welche nicht?

3 Vergleicht die religiösen Speisevorschriften. Überlegt, was sie ursprünglich in der religiösen Gemeinschaft für einen Zweck hatten.

4 Vergleicht eure Essgewohnheiten. Welche Form des Essens tut euch und eurer Mitwelt gut?

Wie gehen wir mit Tieren um, bevor wir sie möglicherweise essen? Lassen wir sie noch Tiere sein oder haben sie nur den einen Zweck: uns, den Menschen, als Material zu dienen?

Essen ist ein Grundbedürfnis. Bis heute gibt es unterschiedliche Vorstellungen darüber, ob und wie Tiere als Nahrung für den Menschen dienen dürfen. Alle Religionen bewahren das Wissen darüber auf, dass der Mensch Teil seiner Mitwelt ist, mit der sorgsam umgegangen werden muss. In vielen Religionen wird das Tier wie der Mensch als Geschöpf Gottes angesehen. Religiöse Speisegesetze sollen das besondere Verhältnis zwischen Gott und den Menschen zum Ausdruck bringen.
Wie und was esst ihr? Ist Essen für euch ein bisschen mehr als nur Nahrungsaufnahme?

Endlich durchblicken

Hin und wieder ist es notwendig, aufzuräumen. Wenn ihr z.B. eure Schultasche aufräumt, werdet ihr nicht nur eure Sachen besser wiederfinden. Ihr werdet merken, dass euch die äußere Ordnung hilft, eine innere Ordnung (im Kopf) herzustellen. Probiert einmal den umgekehrten Weg und schafft aus einer inneren Ordnung – dem Kapitel 1 – eine äußere Ordnung:

• Blättert das erste Kapitel durch: Welche Texte, Bilder gefallen euch? An welche Diskussionen und Erlebnisse erinnert ihr euch? Hattet ihr auch Aha-Erlebnisse, die ihr nicht vergessen wollt?

• Richtet nun in Gedanken euer Zimmer so ein, dass alle diese Erinnerungen und Erlebnisse aus Kapitel 1 einen Platz bekommen können. Was gehört für dich …

1. in einen Bilderrahmen an der Wand?
2. auf den Schreibtisch in die Ablage »zu erledigen« (dringend)?
3. abgeheftet in einen Ordner in das Regal?
4. in ein abschließbares Tagebuch?
5. als Lesezeichen in ein Buch neben das Bett?
6. an die Tür – sichtbar für alle?
7. unters Kopfkissen?

• Vergleicht eure Zimmergestaltungen.

Jugend zu anderen Zeiten

Wie stellt ihr euch das Leben von Mädchen eures Alter vor, die kaum Chancen auf Ausbildung und Berufswahl haben?
Frauen mussten lange Zeit um Bildungs- und Teilhabe-Chancen kämpfen. In Deutschland wurde 1919 ein Anfang gemacht, als erwachsene Frauen das Wahlrecht erhielten. 14 Jahre später wurden die meisten Jungen in Deutschland im Sinne einer Ideologie* erzogen, die aus ihnen Soldaten machen wollte. »Du bist nichts, dein Vaterland ist alles«, hieß es bei Staat und Regierung. 1945 zogen sogar 14- bis 15-Jährige im sogenannten »Volkssturm« in den Krieg. Vielleicht gehören Erinnerungen daran zur Lebensgeschichte eurer Großväter und Urgroßväter. Und wie war das Leben eigentlich, als eure Eltern in einem Alter waren, in dem ihr jetzt seid?

Projekt: Spurensuche in der Vergangenheit»

Das ist vergangen und so weit weg«, sagen die einen. »Dig, where you stand ...« (»grab, wo du stehst«) – »... und du stößt auf Geschichte«, heißt es in England. Bildet kleine Gruppen, einigt euch auf eine bestimmte »Spurensuche« und versucht sie einzugrenzen:

- Schreibt euer Thema mit einer Leitfrage auf.
- Überlegt, welche Möglichkeiten es gibt, an Informationen heranzukommen. Ihr könnt z.B. Interviews führen, in Büchern nachschlagen, das Internet nutzen oder sogar in Archiven nachforschen.
- Vereinbart die Arbeitsschritte: Wer in eurer Gruppe soll welche Arbeit erledigen? Nehmt euch nicht zu viel vor und plant Termine für Besprechungen ein. Vergesst nicht zu vereinbaren, bis wann eure Arbeiten fertig sein sollen.
- Einigt euch auf eine Form der Präsentation der Ergebnisse.
- Ihr könnt euch eine Person des Vertrauens (einen Mentor oder eine Ratgeberin) suchen, die euch bei eurer Arbeit begleitet.

Medientipp

Das Ravensburger Schüler-Lexikon. Alle wichtigen Schulthemen. Mit rund 15.000 leicht verständlichen Texten, Fotos, Karten und Zeichnungen, Ravensburg: Ravensburger Buchverlag 2005

Ladet doch einmal Eltern oder Großeltern in euren Unterricht ein! Sie können berichten, wie sie ihre Kindheit und Jugendzeit erlebten.

In zahlreichen Ländern der Erde gibt es Bürgerkriege. Abraham Welday, 9 Jahre, malte die Gefangennahme und teilweise Ermordung seiner Familienangehörigen.

Am »Runden Tisch« in der ehemaligen DDR (1989): Schauplatz eines friedlichen Machtwechsels

1 Wovon erzählen die Bilder? Versucht die beteiligten Personen und Gruppen zu benennen. Unterscheidet die Fotos nach Konfliktarten (z.B. zwischen Einzelnen, Gruppen usw.).

2 Beschreibt die in den Bildern aufgezeigten Wege zum Umgang mit Konflikten.

3 Erzählt von Erfahrungen, die ihr selbst bei der Bewältigung von Konflikten gemacht habt. Diskutiert, ob Konflikte grundsätzlich vermieden werden sollten.

Friedlich für eine bessere Zukunft demonstrieren

Mit Konflikten leben

Wer hat noch nicht solche Situationen erlebt?

Vereidigung des ehemaligen südafrikanischen Präsidenten FREDERIK DE KLERK vor einer »Wahrheitskommission« – mit dem Ziel, Menschenrechtsverletzungen an Schwarzen aufzuklären (1997)

Konflikte im Alltag

Jugendliche einer 8. Klasse haben Mitschüler/innen nach ihren Problemen befragt. Einige Antworten sind hier abgedruckt. Weitere Äußerungen, die hier nicht dokumentiert sind, berichten von Streitigkeiten in der Familie und im Freundeskreis, von der Trennung der Eltern oder auch von Trauer.

Wortmalereien – und was denkst du über Konflikte?

Vielleicht gelingt es dir, das Wort »Konflikt« in ein selbst gemaltes Bild zu verwandeln.

1 Stellt im Rollenspiel einige Konflikte nach, die aus den auf der linken Seite beschriebenen Problemen entstehen können. Kennt ihr noch andere Situationen, in denen sich ein Problem zu einem richtigen Konflikt entwickelt hat?

2 Tauscht euch darüber aus, inwieweit sich die dargestellten Konfliktbilder mit euren Erfahrungen decken? Übertragt eine »Wortmalerei« auf Papier und füllt sie mit Begriffen. Wer möchte, kann sein Wortbild den anderen erklären.

3 Stellt euch eine außerirdische Zivilisation vor, in der es keine Konflikte gibt. Erklärt den Angehörigen dieser Zivilisation, was ein Konflikt ist.

4 Diskutiert Chancen und Risiken, die mit Konflikten grundsätzlich verbunden sind.

Wer mit anderen über ein Problem streitet, befindet sich in einem Konflikt. Diese entstehen, wenn verschiedene Absichten, Erwartungen oder Meinungen aufeinanderstoßen. Dabei können sowohl einzelne Personen als auch Gruppen oder Staaten miteinander in Konflikt geraten. Konflikte können sich steigern (eskalieren) und Gewalt und Leid erzeugen. Alltägliche Konfliktsituationen machen das Leben einerseits beschwerlich, andererseits aber auch interessant. Wer Konflikte gut lösen möchte, braucht oft Fantasie – und die Bereitschaft, sich auf einen manchmal langen und anstrengenden Weg einzulassen.

Innere Konflikte

Schreibt der Islam zwingend vor, dass muslimischen Mädchen und Frauen ein Kopftuch tragen müssen? Mehr dazu erfahrt ihr im Religionskapitel (Seiten 148/149). Über religiöse Pflichten im Islam informieren die Seiten 144/145.

Frage - Nachricht (Rich-Text)

Hallo Aische,

ich muss dir unbedingt schreiben. Ich glaube manchmal, dass ich verrückt werde. Du kannst mich verstehen, denn du kennst meine Familie: dass sie großen Wert auf unseren Glauben legt und darauf, dass ich mich wie eine Muslima anziehe.

Deine Eltern wirken auf mich so anders - sind die eigentlich richtige Muslime? Du trägst kein Kopftuch, bist aber doch auch gläubig, oder? Wir gehen ja regelmäßig am Freitag in die Moschee. Wenn ich sehe, dass die anderen Mädchen in der Klasse machen können, wozu sie Lust haben - sie haben Freunde und so -, dann fühle ich mich oft allein. Ich habe in der Klasse keine Freundin, außer dir. Sagt deine Mutter auch, dass Mädchen, die sich schminken und kurze Röcke anziehen, in Wahrheit gar nicht frei sind? Meine Mutter sagt dann immer, dass so etwas gegen die Würde einer Frau sei.

Ich habe gestern mein Kopftuch zu Hause gelassen und bin mit einem kurzen Rock in die Stadt gegangen. Ich hatte die ganze Zeit ein schlechtes Gewissen - und Angst, dass mich jemand an meine Eltern verrät. - Bitte schreib mir.

Deine Fatima

Frage - Nachricht (Rich-Text)

Hallo Fatima,

irgendwie kann ich dich verstehen, auch wenn ich nie ein Kopftuch tragen würde. Meine Eltern machen mir in diesen Dingen keine Vorschriften. Wir leben nicht so wie meine Großeltern in der Türkei. Trotzdem fühle ich mich als Muslima.

Ich habe einen Vorschlag: Wollen wir nicht mal zusammen weggehen? Vielleicht zu Leyla? Sie wollte nächste Woche ein paar Leute einladen. Komm doch einfach mit! Deine Eltern werden bestimmt nichts dagegen haben. Die kennen mich doch.

Mir geht es momentan auch nicht so super. Fühle mich hin- und hergerissen. Mit Marc (du weißt schon!) bin ich auf Wolke sieben. In ein paar Wochen geht er für ein Jahr nach Amerika. Ich will nur noch mit ihm zusammen sein, besonders jetzt in den Sommerferien, bevor er weggeht. Kannst du dich erinnern, dass ich mich mit Pia verabredet hatte, die Sommerferien zusammen mit ihr zu verbringen? (Ich war letztes Jahr total begeistert vom Urlaub mit ihrer Familie in Frankreich). Aber jetzt - was soll ich nur machen? Ich hatte schon überlegt, eine Ausrede zu erfinden, um Pia nicht zu verletzen. Damit komme ich mir aber auch schlecht vor. Pia anlügen? Was soll ich bloß machen?

Melde dich! Deine Aische

Emel Algan ist in der Türkei geboren, aber in Deutschland aufgewachsen. Seit dem 12. Lebensjahr trug sie ein Kopftuch. Mit 19 Jahren wurde sie verheiratet und bekam sechs Kinder. Heute sagt sie : »Es war nicht das Leben, das ich führen wollte!« Sie ließ sich scheiden, legte das Kopftuch ab und begann ein anderes, neues Leben – als bewusste Muslima. Für andere muslimische Frauen hingegen ist das Kopftuch kein Zeichen von Unterdrückung, sondern selbstbewusster Ausdruck ihrer religiösen Identität*.

Sind Fatima und Aische jeweils in einer Zwickmühle? Vielleicht hilft ein kleiner philosophischer Denkanstoß weiter – beziehe dazu die Seiten 66/67 ein (»Schwierige Situationen – neue Sichtweisen entdecken«). Siehe auch S. 78–81: »Eine Frage des Gewissens«.

Seiten 82/83

1 Beschreibt, worin Fatimas Konflikt besteht. Warum setzt sie sich nicht über ihre Eltern hinweg, so wie es Emel Algan als Erwachsene gegenüber ihrem Ehemann getan hat?

2 Erinnert euch an Situationen, in denen ihr euch, ähnlich wie Fatima, »zwischen zwei Stühlen« gefühlt habt? Formuliert die Standpunkte, die in eurem Innern miteinander »gestritten« haben. Wer oder was könnte sie beeinflusst haben?

3 Überlegt zu zweit, welche Ratschläge ihr Fatima oder Aische geben würdet. Verfasst dazu an Fatima oder Aische eine Antwort.

4 Diskutiert, welche Lebensumstände die Lösung eines inneren Konfliktes grundsätzlich unterstützen – oder behindern. Überlegt, ob es auch unauflösbare innere Konflikte gibt.

Wer kennt nicht das Gefühl, »zwischen zwei Stühlen« zu sitzen? Dabei handelt es sich um einen inneren Konflikt, bei dem widerstreitende Wünsche, Interessen und Absichten in einem selbst liegen.
Im Laufe eines Lebens hat jeder Mensch Werte aus seinem Umfeld verinnerlicht. Ein Konflikt kann dann entstehen, wenn diese Werte in Konkurrenz zu anderen Wertvorstellungen treten. Er wird als innerer Konflikt erlebt, wenn ihr versucht, es allen recht zu machen, aber dabei ständig eigene Gefühle unterdrückt. Es gibt viele Ursachen für innere Konflikte – ihr könnt sie besser verstehen, wenn ihr herausfindet, wer oder was sich in eurem Innern streitet. Eine Lösung zu finden heißt, mit einer getroffenen Entscheidung auch gefühlsmäßig einverstanden zu sein. Das allerdings braucht häufig einige Zeit.

Seite 67
Methode: Mit einem Dilemma umgehen

Wie Konflikte entstehen

Vorurteile

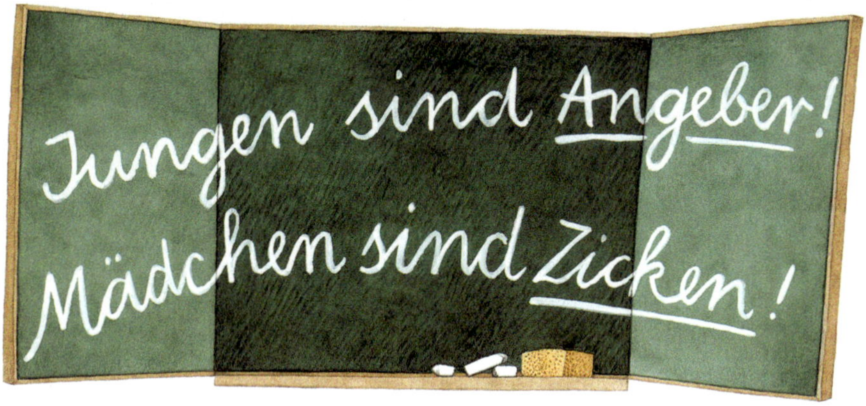

Zwei typische Vorurteile – wo könnten sie herkommen? Kennt ihr noch andere, die sich in manche Köpfe eingeschlichen haben?

Stufen der Vorurteilsbildung

Ein amerikanischer Psychologe beobachtete in einem Experiment das Gruppenverhalten 12-jähriger Jungen in einem Ferienlager. – Würden sich Mädchen ähnlich verhalten? Was meint ihr?

Erste Phase: Kennenlernen
Eine Gruppe von ca. 25 Jungen kommt in einem Ferienlager zusammen. Sie kennen sich nicht. Nach knapp einer Woche sind sie sich nähergekommen; einige schließen untereinander Freundschaften.

Zweite Phase: eine Identität als Gruppe entwickeln*
Die Jungen werden in zwei Gruppen geteilt – dabei werden diejenigen Jungen voneinander getrennt, die sich angefreundet hatten. Das geht zwar nicht ohne Proteste ab, doch nach weiteren wenigen Tagen verstehen sich die Jungen innerhalb ihrer Gruppen gut. Die Gruppen geben sich Namen wie »Bulldoggen« und »Rote Teufel«. Alle Jungen glauben, in derjenigen Gruppe zu sein, die »besser« – also sportlicher und kameradschaftlicher – als die andere ist.

Dritte Phase: Abgrenzung und eigene Aufwertung
Der Psychologe veranstaltet sportliche Wettkämpfe, z. B. Tauziehen. Nun reagieren die Gruppen feindlich aufeinander und unterstellen sich wechselseitig unfaires Verhalten. Es kommt auch zu Prügeleien – sogar zu Überfällen in den Unterkünften. Eine Befragung ergibt, dass sich alle Jugendlichen in ihrer jeweiligen Gruppe für die besseren halten – sportlicher, kameradschaftlicher, netter als die »unsportlichen« und »spielverderbenden« Angehörigen der anderen Gruppe.

»Urteile nie über einen Menschen, bevor du nicht mindestens eine Meile in seinen Mokassins gelaufen bist.«
Indianisches Sprichwort

Die Rede von einem »Sündenbock« hat ihre Wurzeln in der Bibel. Dort wird beschrieben, wie sich das Volk der Israeliten durch ein Ritual stellvertretend von seinen Sünden befreien ließ: Wie aus einem Bock ein »Sündenbock« wurde, könnt ihr im 3. Buch Mose, 16–22 nachlesen.

Mit Vorurteilen lebt's sich besser – oder? Sechs Erklärungen

1. Eigenschaften, die man bei sich selbst oder in seiner Gruppe nicht wahrhaben will, schiebt man auf andere.

2. Für das eigene Versagen können diejenigen verantwortlich gemacht werden, die man nicht kennt. Vorurteile sind notwendig, um von sich abzulenken. Sie erleichtern, »die anderen« als Sündenböcke abzustempeln. Vom Vorurteil zum Feindbild ist nur ein kleiner Schritt.

3. Um sich selbst als wertvoll zu erleben, ist Abgrenzung gegenüber anderen notwendig. Vorurteile bieten einen einfachen Weg, sich eine Identität* zu verschaffen, ohne selbst Erfahrungen sammeln zu müssen.

4. Vorurteile können falsch oder einseitig sein; aber sie helfen, sich in einer unübersichtlichen Welt zu orientieren.

5. Jugendliche werden in Vorurteilen bestärkt, wenn sie erleben, dass Erwachsene ähnlich denken.

6. Wer echtes Selbstbewusstsein hat, kann sich Toleranz leisten. Wem das Selbstbewusstsein fehlt, der benötigt Feindbilder.

1 Versucht, die Entstehung der Rivalität zwischen beiden Gruppen (vergleiche Seite 42) zu erklären – und welche Rolle hierbei Vorurteile spielen.

2 Überlegt, wie das Experiment weitergeführt werden müsste, damit die Beziehungen zwischen beiden Gruppen wieder normal werden.

3 Könnt ihr die sechs »Erklärungen« zu Vorurteilen aus eigener Erfahrung bestätigen oder widerlegen? Nennt dazu Beispiele.

4 Bringt die Erklärungen zu Vorurteilen in eine für euch überzeugende Reihenfolge. Ihr könnt sie auch erweitern. Sprecht auf dieser Grundlage über Möglichkeiten, Vorurteile zu überwinden.

Jugendliche unterschiedlicher Herkunft: Wenn sie sich kennenlernen, haben Vorurteile keine Chance mehr.

Benachteiligungen

In vielen Ländern der Erde gibt es Menschen, die aufgrund ihrer Hautfarbe oder ihres Geschlechts benachteiligt sind. Man spricht von »Rassismus«, wenn Menschen anderer Hautfarben unterdrückt werden, und von »Sexismus«, wenn z.B. Männer über Frauen herrschen. Sexismus kann sich in offener Gewalt gegenüber Frauen (oder Männern) oder verdeckt innerhalb gesellschaftlicher Strukturen äußern: etwa in Familien oder am Arbeitsplatz. Religionen wurden und werden immer wieder dazu missbraucht, Unterdrückung von Frauen oder anderen Menschengruppen zu rechtfertigen (vgl. Seiten 158–161).

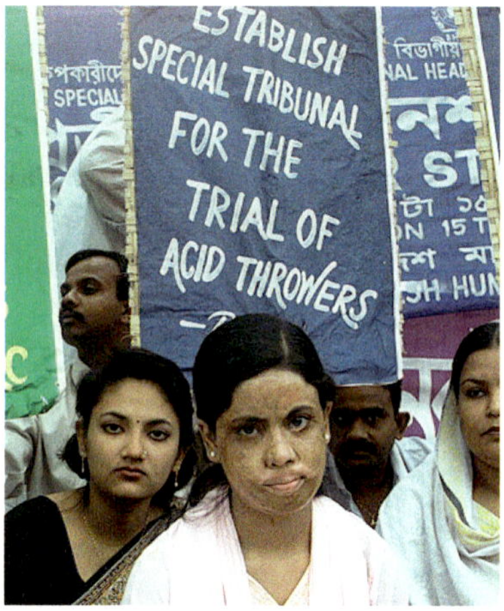

Opfer von Säure-Angriffen protestieren in Dhaka (Bangladesch) gegen ihre menschenverachtende Behandlung:
Eine der abgebildeten Frauen wurde aus verletzter Eitelkeit mit Säure übergossen – von einem Jungen, dessen Heiratsantrag von ihrer Familie abgelehnt worden war.

Monira Rahman (zweite von links) erhielt 2006 den Menschenrechtspreis von amnesty international. Seit mehr als zehn Jahren unterstützt sie Überlebende von Säure-Attentaten, macht Aufklärungskampagnen und unterstützt Betroffene vor Gericht.

Säure-Attentate werden aus Ländern Süd- und Südostasiens berichtet, aus Nigeria und Uganda, Jamaika und der Türkei. Die Zahl der Opfer ist in Bangladesch am höchsten. Selten kommt es zu Gerichtsverfahren, da sich die Opfer schämen – oder von den Tätern oder deren Familienangehörigen bedroht werden.

Wenn Gewalt still geduldet wird – Beispiel Bangladesh

Bangladesh ist doppelt so groß wie Bayern und hat 145 Millionen Einwohner, von denen die Hälfte unter der Armutsgrenze lebt. Drei Viertel der Bevölkerung lebt auf dem Land. Oft gibt es Streit um die Besitzrechte. Zahlreiche Frauen werden in Konflikten mit Säure überschüttet – um sich bei einem Nachbarn zu rächen oder auch dafür, dass ein Heiratsantrag abgelehnt wurde. Viele Opfer schweigen oder begehen Selbstmord. Nur selten kommt es zu einer Anzeige. Neun von zehn Tätern werden nie verurteilt.

Wenn Mädchen wieder hoffen lernen – Beispiel Afghanistan

In Afghanistan herrschten bis 2001 die radikalislamischen Taliban*. Seit den demokratischen Wahlen im Jahr 2005 ist die Gleichberechtigung von Mann und Frau in der afghanischen Verfassung verankert; doch in Teilen Afghanistans sind die strengen Auslegungen der Scharia oder gar die menschenfeindlichen Vorstellungen der Taliban nach wie vor bestimmend.

Vergleiche Lesetipp, Seite 59

Noch immer werden Frauen und Mädchen auf vielfältige Weise Opfer von direkter oder versteckter Gewalt. Berichtet wird vom Schicksal von Mädchen wie der 16-jährigen Fariba Sawary, die sich aus Angst vor ihrem Vater mit Petroleum übergoss und anzündete. Sie war mit einem Jungen im Park spazieren gegangen und wollte sich aus Angst vor der Strafe ihres Vater umbringen. Viele Mädchen werden im Alter von zwölf Jahren mit wesentlich älteren Männern verheiratet, manche sogar schon mit neun Jahren. Mit dem Geld, das die Eltern als Brautpreis erhalten, können Schulden beglichen werden. Töchter werden als Schadenersatz angeboten oder als »Pfand«, um Bündnisse zu schmieden.
Auch wenn viele afghanische Frauen keine Schulbildung genossen haben – seit dem Sturz der Taliban dürfen sie vielerorts wieder Schulen besuchen und draußen arbeiten. Vor allem in den größeren Städten nehmen Mädchen ihre neuen Chancen wahr.

1 Lest die Berichte über die Mädchen und Frauen: Welche Formen von Gewalt (nach Galtung) findet ihr darin?

2 Sucht Afghanistan und Bangladesh auf einer Landkarte. Nennt Länder, mit denen sie eine Grenze besitzen. Sammelt zu beiden Ländern Informationen, die ihr auf einer Wandzeitung zusammenstellen könnt.

3 Diskutiert an ausgewählten Beispielen, warum die Unterscheidung in personale, strukturelle und kulturelle Gewalt für eine Konfliktbewältigung wichtig ist.

Konflikte können durch Vorurteile entstehen: Ungeprüft übernommene Meinungen verfestigen sich dann als Verhaltensmuster, wenn sie nicht durch Gegenerfahrungen widerlegt werden.
Konflikte greifen auch dort um sich, wo Menschen über andere Menschen herrschen, z.B. Männer über Frauen. Der Teufelskreis von Herrschaft und Gewalt kann durchbrochen werden, wenn die Opfer eine Stimme bekommen und ihre berechtigten Ansprüche einbringen können. – Die Unterscheidung in personale, strukturelle und kulturelle Gewalt hilft, Konfliktursachen zu bestimmen.

Dreierlei Gewalt

Der norwegische Friedensforscher Johan Galtung macht auf drei Formen von Gewalt aufmerksam:
- Personale Gewalt: Täter und Opfer sind eindeutig zu bestimmen.
- Strukturelle Gewalt: Bestimmte Lebensbedingungen und Gesellschaftsformen sind dafür verantwortlich, dass Menschen Opfer von offener oder versteckter Gewalt werden.
- Kulturelle Gewalt: Personale und strukturelle Gewalt wird durch religiöse oder ideologische Vorstellungen »legitimiert« (gerechtfertigt).

Mit Gewalt Konflikte lösen?

Methode: Stellung beziehen

Zieht ein Klebeband als »Gewaltstrahl« quer durch euer Klassenzimmer – an einem Ende mit der Aufschrift »Gewalt« und am anderen Ende mit der Schlagzeile »Keine Gewalt«.

• Übertragt die beschrifteten Zettel dieser Seite auf Karteikarten und legt diese Karten so nah oder so weit weg von den Endpolen »Gewalt« bzw. »Keine Gewalt«, wie ihr es für richtig haltet. Die Karten, die ihr ergänzen könnt, dürfen von anderen Schülern beliebig oft neu gelegt werden.

• Beobachtet und protokolliert, welche Karten hin und her wandern und welche Karten auf einer Position liegen bleiben. Erläutert, warum es euch beim Positionieren der Karten vielleicht sogar manchmal auf Millimeter ankam. Ihr könnt auch selbst weitere Kärtchen beschriften.

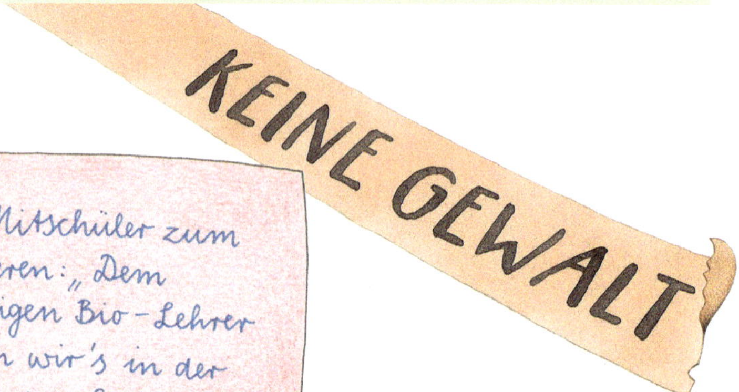

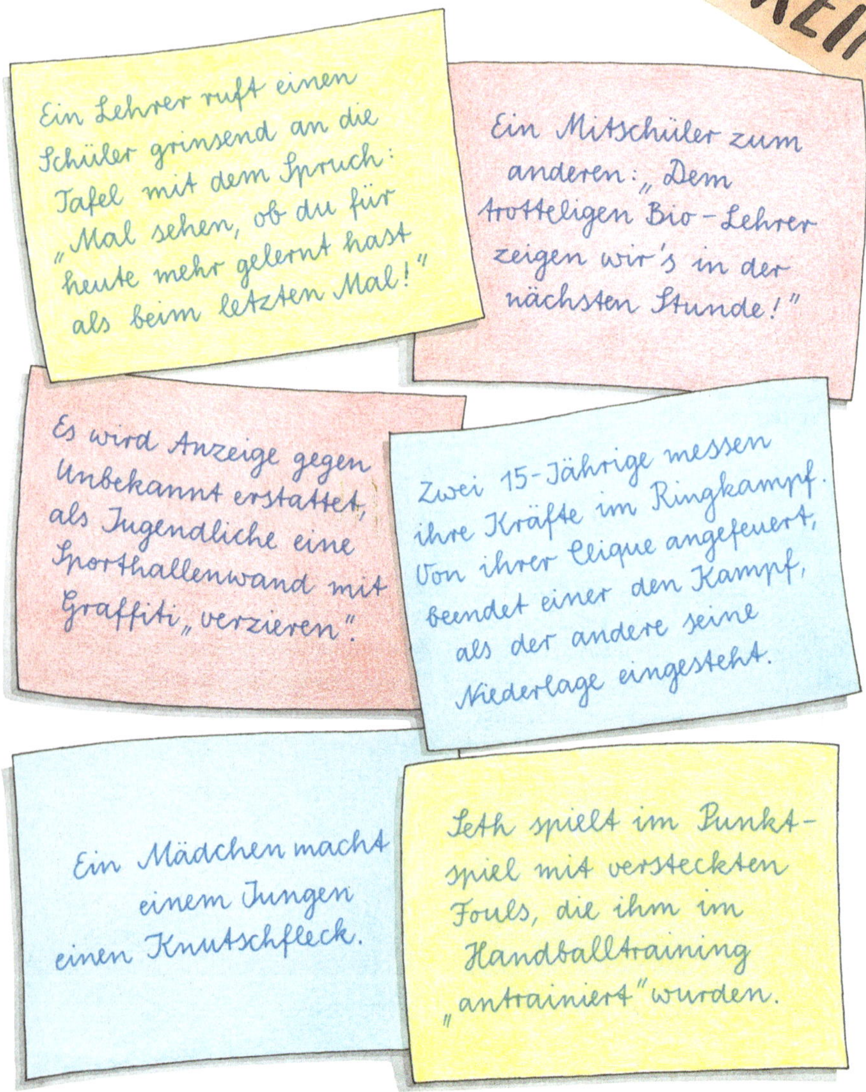

Gewalt bewerten – Gewalt »rechtfertigen«?

• Physisch – psychisch?
• Nach außen – nach innen gerichtet?
• Beabsichtigt – unbeabsichtigt?
• Von Personen – von Strukturen ausgehend?
• Gegen Sachen – gegen Personen gerichtet?
• Gewalt – Gegengewalt?

Ordnet eure Gewalterfahrungen den Gegensatzpaaren zu. Kann Gewalt unter Umständen auch gerechtfertigt sein?

Nach dem Massaker in einer Erfurter Schule im April 2002: Schülerinnen und Schüler helfen mit, ihre Schule, in der das Verbrechen geschah, umzugestalten. Ihr Ziel: eine offene und freundliche Atmosphäre zum gemeinsamen Lernen und Leben schaffen (s. Seite 95).

Liebes Tagebuch,

heute war wieder einer dieser Tage, an denen ich mich am liebsten auf einen anderen Planeten gewünscht hätte. Es fing damit an, dass Pascal zu Sebastian rief, als er mich sah: »Ach, Schweinchen kommt!« Für die anderen bin ich schon länger Luft. Auch für die Mädchen, die sich über Klamotten und irgendwelche Jungs unterhalten. Bei denen heiße ich nur »Dicki«. Denken die vielleicht, dass man sich mit mir nicht unterhalten kann? Auf meinem Platz lag heute ein Witz mit einer dicken Frau. Ihr Name war durchgestrichen und darüber stand Claudia. Ich glaube, ich wurde weiß vor Wut. Was muss noch alles passieren, bevor ich durchdrehe? Das ist Mobbing*, was die mit mir machen. Und dann das Schlimmste: Ich habe vor der ganzen Klasse angefangen zu heulen. Alle haben gelacht. Eine Ewigkeit verging, bis Frau Schmitz kam und ich meine Ruhe hatte.

Fachübergreifend (Deutsch): Lesestoffe zum Mobbing*

Lest eine »Ganzschrift«, zum Beispiel von Erich Kästner (»Das fliegende Klassenzimmer«) oder von Morton Rhue (»Ich knall euch ab«). In beiden Büchern geht es um Mobbing an einem Schüler, der keinen Ausweg mehr sieht – ein gewaltsames Ende droht:

- Diskutiert in Kleingruppen verschiedene Faktoren, die dazu führen können, dass Schüler/innen »ausbrechen« oder gar zur Waffe greifen.
- Denkt euch für eure Schule eine Aktion aus, die dazu beiträgt, die Kommunikation*, das Klima und das Miteinander an eurer Schule zu verbessern. Stellt die besten Ergebnisse aus.

1 Ergänzt auf verschiedenfarbigen Karten folgende Sätze: *Wenn Gewalt auf mich ausgeübt wird, fühle ich mich …* (gelbe Karte). – *Wenn ich Gewalt ausübe, fühle ich …* (rote Karte). – *Gewalt ist, wenn …* (weiße Karte). Ordnet die Karten an der Tafel und definiert* gemeinsam, was Gewalt ist.

2 Verfasst zum Thema »Gewalt und Gegengewalt« eine Geschichte. Formuliert ein gutes und ein schlechtes Ende. Wie wurde der Kreislauf von Gewalt und Gegengewalt durchbrochen?

Seiten 138/139 ◄

3 Überlegt, ob ihr Menschen kennt, die wie Claudia verhöhnt und ausgeschlossen werden? Welchen Ratschlag würdet ihr Claudia in ihrer Situation geben – als Freundin oder Freund?

Gewalt hat viele Gesichter: Menschen nehmen unterschiedlich wahr, an welchem Punkt Gewalt beginnt – z.B. an welcher Stelle unfaires Verhalten in Gewalt umschlägt. Natürlich erleben auch Opfer und Täter Gewalt auf sehr unterschiedliche Weise. Gewalt kann direkt oder versteckt ausgeübt werden – sie kann den Körper oder die Seele eines Menschen verletzen. Wenn Gewalt mit Gegengewalt beantwortet wird, entsteht ein Kreislauf, der nur schwer zu durchbrechen ist. Gewalt kann kurzfristig einen Konflikt »lösen«; langfristig führt sie meist in eine Sackgasse.

Seiten 204/205 ◄

Woher kommt die Bereitschaft zur Gewalt?

2005 zerstörten Hurrikans weite Teile der südlichen Küstenorte der USA. Besonders bekannt wurde die Zerstörung der Stadt New Orleans durch den Hurrikan »Katrina«. Aus der Zeitung erfuhr die Weltöffentlichkeit, wie die Menschen auf das Chaos reagierten:

Drama im Katastrophengebiet

Augenzeugenberichte lassen das Ausmaß der Katastrophe erahnen. »Die Lage ist schrecklich, schlimmer als Krieg. Draußen stürmen gewalttätige Banden vorbei. Ich habe noch nicht einen einzigen Helfer gesehen!«, berichtet Liz Petrich per Telefon. Eine amerikanische Touristin hat sich an einen Polizisten mit der Bitte um Hilfe gewandt. Er soll geantwortet haben: »Fahr zur Hölle. Hier ist jeder für sich allein!« Opfer der Katastrophe sagten unter Schock aus, dass sie Vergewaltigungen und Morde hätten mitansehen müssen. Ehemalige Soldaten, die für Amerika im Krieg gekämpft hatten, sollen angeblich plündern und morden. Gouverneurin Kathleen Blanco erteilte daraufhin den Nationalgardisten die »Lizenz zum Töten«. Über die eingesetzten Militärs sagte sie: »Diese Männer waren im Irak, haben Maschinengewehre. Sie wissen, wie man tötet, und das werden sie auch tun!«

Nach Zeitungsartikeln im September 2005

Ist der Mensch von Natur aus gewalttätig – oder doch eher friedfertig?

Inzwischen wissen wir, dass manche der damaligen »Zeugenaussagen« übertrieben waren. Doch es bleibt die Tatsache, dass Menschen einander immer wieder Gewalt antun – vor allem in extremen Situationen: Was sind die Ursachen?

Der Mensch ist von Natur aus ungesellig: Neid, Missgunst, gegenseitige Konkurrenz und Ruhmsucht führen [...] zu einem Krieg eines jeden gegen jeden. Eine absolute Staatsmacht muss die Gewalt des einzelnen unterdrücken. Wie das Leben ohne eine Furcht gebietende, oberste Gewalt aussehen würde, kann man aus dem Zustand ersehen, in den Menschen, die vorher unter einer friedlichen Regierung gelebt haben, in Bürgerkrieg verfallen.

Q THOMAS HOBBES, englischer Philosoph (1588–1679)

Franzosen und Engländer haben zwei Worte für das deutsche Wort »Gewalt«. Sie unterscheiden die Gewalt unter Menschen (lateinisch »violentia«) von der Gewalt, die ein Staat ausübt (»potestas«).

Schließen wir vor allem nicht mit Hobbes, dass der Mensch, weil er [im Naturzustand] keine Vorstellung von der Güte hat, von Natur aus böse sei. [...] Es ist ganz gewiss, dass das Mitleid ein natürliches Gefühl ist, das, da es in jedem Individuum die Selbstliebe mäßigt, zur wechselseitigen Erhaltung der ganzen Art beiträgt.

Q JEAN-JACQUES ROUSSEAU, französischer Philosoph (1712–1778)

Äußere Ursachen von Gewalt

Heute diskutieren Philosophen und andere Wissenschaftler darüber, ob und wie gesellschaftliche Bedingungen die Gewaltbereitschaft von Menschen begünstigen, z. B. durch
- die Erfahrung, dass Gewalt als Lösung scheinbar zum Erfolg führt;
- »lernende« Nachahmung gewalttätiger Vorbilder;
- Frustration (Enttäuschung).

Versucht, die genannten Punkte mit Beispielen aus eigenen Erfahrungen zu belegen.

Aggression* gehört zum Menschen

Psychologen sagen, dass Aggression zur Grundausstattung des Menschen gehört und für seine Entwicklung nötig ist. Sie kann aber auch krankhaft und zerstörerisch werden.
Aggression, die mordet und vergewaltigt, ist keine naturgegebene Anlage des Menschen: Sie kann erlernt werden, eine Folge von Frustrationen oder gesellschaftlichen Umständen, aber auch Ausdruck einer bewussten Entscheidung sein – manche Täter waren selbst einmal Opfer von Gewalt. Es gehört zu den schwierigsten Aufgaben vor Gericht, einwandfrei zu klären, ob ein aggressiver Gewalttäter für seine Tat verantwortlich ist oder aber »mildernde Umstände« geltend machen kann.

Mitleid mit Gewalttätern? ◄
»Der Mensch, der nicht geachtet wird, bringt um.«
ANTOINE DE SAINT EXUPÉRY

1 Fasst in eigene Worte, wie THOMAS HOBBES und JEAN-JACQUES ROUSSEAU über die Natur des Menschen denken. Wem würdet ihr euch eher anschließen? Begründet eure Meinung.

2 Würden HOBBES´ und ROUSSEAUS Antworten auf die Gewaltbereitschaft von Menschen anders ausfallen, wenn es zu ihrer Zeit schon die Psychologie gegeben hätte?

Seiten 74/75 ◄
3 Diskutiert verschiedene Möglichkeiten, wie wir – die Gesellschaft – auf die Gewaltbereitschaft von Menschen reagieren sollten.

4 Diskutiert, welche Formen »aggressiven« Verhaltens für euch wichtig sind (positive wie negative). Überlegt, wie ihr »Dampf ablassen« könnt, ohne andere Menschen zu verletzen. Versucht es doch einmal mit einem Wutbrief.

→← Woher kommt die Bereitschaft, gewalttätig zu werden? Ist dieses Verhalten angeboren oder wird es »erlernt« – begünstigt durch schwierige gesellschaftliche Verhältnisse? Offenbar trifft beides zu. Forschungen ermöglichen uns heute ein Menschenbild zu hinterfragen, das Gewalt ausschließlich als natürliche Anlage des Menschen sieht. Heute wird in der Psychologie (Seelenlehre) die lebensfördernde von der zerstörerischen Aggression* unterschieden. In der Soziologie, einer Gesellschaftswissenschaft, geht man davon aus, dass Gewalt auch äußere Ursachen haben kann.

Konflikte gewaltfrei lösen – aber wie?

Was einen Konflikt ◄
entschärfen kann: Sagen,
… was dich stört.
… dass du dein Bestes
tun willst.
… dass du Hilfe brauchst.

Die richtigen Worte wählen

Kati und ihre Mutter haben eine Vereinbarung getroffen. Kati hat sich bereit erklärt, ihrer Mutter, die den ganzen Tag arbeiten geht, im Haushalt zu helfen. Sie hat versprochen, den Müll herunterzubringen, die Spülmaschine ein- und auszuräumen und Staub zu wischen. Als sich zum wiederholten Mal der Müll in der Küche stapelt und Katis schmutzige Wäsche überall herumliegt, platzt Katis Mutter der Kragen: »Mit dir kann man einfach nicht zusammenleben – dir ist es egal, wenn sich die Wohnung in einen Schweinestall verwandelt!«
Abends hört Kati, wie Mutter mit ihrer Freundin telefoniert. Jetzt hört sich alles ganz anders an: »Ich bin total sauer auf Kati, weil sie ihr Versprechen nicht hält. Schon öfter hat sie sich nicht um den Müll gekümmert und seit einem Monat nicht Staub gewischt. Sie wirft ihre schmutzige Wäsche achtlos auf den Boden. Ich wünschte mir, dass sie sich an unsere Abmachungen hält und außerdem ihre Schmutzwäsche in den Wäschesack legt.«

Maulwurf und Igel

Als es Winter wurde, kam der Igel zum Maulwurf. »Es ist kalt«, sagte er, »und ich habe keine Bleibe. Gib mir ein Plätzchen in deiner Höhle.« – »Wie du willst«, entgegnete der Maulwurf. Doch kaum war der Igel drinnen, da machte er sich breit. »Du stichst mich«, sagte der Maulwurf: »Sei so gut und rolle dich wenigstens ein bisschen zusammen.« Der Igel tat, als hätte er nicht gehört; und der Maulwurf konnte versuchen, was er wollte; immer stach er sich an den Stacheln des Igels. Endlich wurde es ihm zu viel und er sagte: »Andauernd stichst du mich. Meine Wohnung ist zu klein für uns beide. Ich bitte dich, geh wieder hinaus!« Aber der Igel lachte nur und sprach: »Wer nicht bleiben kann, der muss eben gehen. Mir ist das Haus groß genug, also werde ich bleiben.«

Q Fabel, die dem griechischen Dichter Aesop (um 600 v. Chr.) zugeschrieben wird

Streiten kann »gelingen«, wenn die Beteiligten anerkennen:

1. Konflikte sind nicht unnötig oder überflüssig, sondern notwendiger Teil menschlichen Zusammenlebens.

2. Meine Wahrnehmung und mein Standpunkt dürfen überprüft werden. Ich bin bereit, meine Meinung zu korrigieren. Dabei können mir unabhängige Dritte helfen.

Seiten 66/67 ◂

3. Ich muss nicht verlieren oder gewinnen. Die Lösung eines Konflikts kann ein Zugewinn für alle Beteiligten bedeuten.

4. Ich will nicht offen oder versteckt (mit Gewalt) drohen. Ich möchte im Gespräch Klarheit über mich selbst und den oder die anderen gewinnen. Im Gespräch ergeben sich für mich Handlungsperspektiven, die ich mit einem oder mehreren Konfliktpartnern verhandeln werde.

5. Die Bedürfnisse aller Beteiligten gehören auf den Tisch! Ich bin daran interessiert, einen Interessenausgleich zu schaffen. Es ist keine Konfliktlösung, wenn der Stärkere oder die Stärksten den Ton angeben.

Claudia Schwimmer, »Kindermöbel« (Holz · Gips · Farbe)

1 Spielt verschiedene Möglichkeiten durch, wie eine Unterhaltung zwischen Kati und ihrer Mutter nach dem abendlichen Telefonat ablaufen könnte.

2 Vergleicht die Ratschläge, die ihr zunächst Kati und dann ihrer Mutter geben würdet.

Seite 93 ◂ Das Nachrichtenquadrat

3 Schreibt in Form eines Dialogs auf, wie eine gelungene Aussprache zwischen Kati und ihrer Mutter aussehen könnte.

4 Formuliert eine Lehre, die ihr aus der Fabel ziehen würdet. Kennt ihr Situationen aus dem privaten oder politischen Umfeld, die diese Lehre bestätigen?

5 Stellt fest, gegen welche Streitregeln der Igel verstoßen hat. Schreibt die Fabel so um, dass aus ihr gelernt werden kann, wie man »richtig« streitet. Dabei müssen mindestens drei der genannten fünf Regeln beachtet werden.

Konflikte gewaltfrei lösen – aber wie?

Mediatioren (Streitschlichter) aus den Klassen 8–10 eines Thüringer Gymnasiums. Die Regeln zur Streitschlichtung an ihrer Schule haben sie ins Internet gestellt:
- Jeder spricht für sich selbst.
- Alles, was gesagt wird, wird vertraulich behandelt.
- Es gibt kein Richtig und kein Falsch.
- Es spricht immer nur eine Person.
- Es gibt keine Beschimpfungen.

Mediatoren werden ausgebildet, um Schülerinnen und Schülern zu helfen, Lösungen für ihre Konflikte zu finden.

Ein typischer Fall?

Eine Gruppe von Jungen steht im Kreis um Kevin und Jannik aus der 8 c, die sich prügeln. Beide werden so angefeuert, dass es von Weitem zu hören ist. Ein Junge aus der Gruppe erklärt denen, die dazukommen: »Das war vorauszusehen! Vor ein paar Tagen hat Jannik dem Kevin die Wasserflasche geklaut. Ist einfach damit verschwunden. Vielleicht deswegen, weil ihn Kevin wochenlang aufgezogen hat und immer wieder ›Blödmann‹ und ›Sitzenbleiber‹ zu ihm gesagt hat. Jetzt sollte Jannik dem Kevin die Wasserflasche ersetzen, sagt unsere Klassenlehrerin, und eine neue kaufen. Und Jannik war inzwischen so genervt, dass er dem Kevin eine reingehauen hat.« Endlich kommt ein Lehrer und trennt die beiden Streithähne.

Fünf Tipps zum »richtigen« Streiten

1. Beschreibe die Situation so genau wie möglich! Vermeide dabei, eine Situation zu werten! Halte dich an die Fakten!
Nicht: »Du bist rücksichtslos; immer kommst du zu spät!«
Sondern: »Weil S. eine halbe Stunde später als verabredet kam, habe ich den Bus verpasst!«

2. Formuliere deine Gefühle und Wünsche dem oder der anderen gegenüber klar und offen!
Nicht: »Niemand verpasst gern seinen Bus!« Sondern: »Ich habe mich geärgert, weil du nicht angerufen hast und ich erwarte, dass du das tust, wenn du dich verspätest!«

3. Bleibe sachlich und kritisch gegenüber deiner eigenen Sichtweise!
Manchmal ist man wie blind vor Wut und kann kein Gespräch führen, ohne dass sie aus einem herausplatzt. Es kann hilfreich sein, erst einmal tief durchzuatmen – aber manchmal auch, die Wut herauszulassen. Versuche anschließend mit klarem Kopf, auch deinen eigenen Standpunkt kritisch zu sehen.

4. Stelle fest, ob deine Antwort richtig angekommen ist!
Es passiert oft, dass dein Gegenüber etwas anders versteht, als du es tatsächlich meinst. Bitte ihn oder sie, deine Botschaft in eigenen Worten zu wiederholen. Dann kannst du unter Umständen etwas richtig stellen.

5. Höre dir an, was dein Streitpartner zu sagen hat!
Fange nicht sofort an, dich zu verteidigen, wenn die anderen etwas zu sagen haben. Höre es dir an, versuche es aus ihrer Sicht zu verstehen und überlege, ob und was du ändern möchtest.

Das sogenannte Eisberg-Modell nach ORTRUD HAGEDORN zeigt, dass bei Konflikten oft nur die »Spitze eines Eisberges« bewusst wahrgenommen wird. Tiefer liegende Ursachen sind unter der Oberfläche verborgen (siehe auch Seite 95). Psychologen wollen die tatsächlichen Konfliktursachen bewusst machen und an die Oberfläche holen.

1 Lasst Jannik und Kevin im Rollenspiel mit Hilfe eines Mediators ihren Konflikt lösen. Beobachter protokollieren, ob die Streitregeln eingehalten wurden und wie der Mediator den Prozess der Konfliktlösung unterstützt hat.

2 Wertet gemeinsam die Gespräche zur Streitschlichtung aus.

3 Beschreibt den sichtbaren Konflikt zwischen Jannik und Kevin. Untersucht dann mit Hilfe des Eisbergmodells den Hintergrund der Auseinandersetzung. Welche Informationen fehlen, um sich ein gesichertes Urteil bilden zu können?

→← Ihr könnt so streiten, dass ihr nicht als Gewinner oder Verlierer auseinandergehen müsst. Damit das gelingt, sind Regeln notwendig, die alle Beteiligten akzeptieren. Wenn ihr sie beim Streiten berücksichtigt oder vielleicht sogar in die Rolle eines Streitschlichters schlüpft, werdet ihr euch und die anderen intensiver kennenlernen.
Die Ursachen für Konflikte liegen manchmal tiefer verborgen als auf den ersten Blick zu erkennen ist. Wenn ihr sie ergründet, habt ihr Schritte in eine Richtung getan, die helfen, Konflikte grundsätzlich zu klären. Manchmal ist so etwas notwendig, damit sich ähnlich gelagerte Konflikte nicht ständig wiederholen.

Den anderen und sich selbst verstehen lernen

Moritz und David streiten sich, weil sie dasselbe Mädchen lieben. Beide waren bisher gute Freunde. Aber seitdem Moritz mit Lisa geht, sind sie wie Hund und Katze. Können sie wieder Freunde werden? Einen ersten Schritt auf den anderen zugehen, bedeutet, ihn verstehen zu wollen.
Erzählt: Wer kennt solche Situationen und hat schon einmal erlebt, was ein erster Schritt bewirken kann?

Methode: Sich in andere hineinversetzen
Die Psychologie hat eine bewährte Übung entwickelt, die es Menschen erleichtern soll, sich in die Gefühle und Gedanken anderer (auch von »Gegnern«) hineinzuversetzen. Ihr braucht dazu zwei Stühle, die ihr mit etwas Abstand nebeneinanderstellt. Setzt euch auf einen Stuhl und beschreibt und erklärt die Gefühle und Gedanken, die z.B. Moritz umtreiben. Setzt euch anschließend auf den anderen Stuhl. Versetzt euch diesmal in Lisa oder David und schildert ihre oder seine Lage. Diskutiert anschließend verschiedene Möglichkeiten, die Konflikte zu lösen.

REBEKKA BARTH, »Wartende« (Gips-/Holz-Installation)

Schon vor über 2000 Jahren wurde ein ethisches Grundprinzip formuliert, das noch heute von vielen akzeptiert wird: die sogenannte Goldene Regel. Sie ist in fast allen Kulturen und Religionen verbreitet.

»Wir sind die anderen« – die Goldene Regel

Füge andern nicht Leid durch Taten zu, die dir selber Leid zufügten!
Buddhismus, 5. Jahrhundert v. Chr.

Soll ich mich andern gegenüber nicht so verhalten, wie ich möchte, das sie sich mir gegenüber verhielten?
PLATON, 5. Jahrhundert v. Chr.

Füge andern nichts zu, das, geschähe es dir, dich schmerzen würde!
Hinduismus (Mahabharata), 3. Jahrhundert v. Chr.

Was du selbst nicht erleiden möchtest, füge auch keinem anderen zu!
Judentum (Hebräische Bibel: Tobit 4, 15), 2. Jahrhundert v. Chr.

So wie ihr von den Menschen behandelt werden möchtet, so behandelt sie auch!
Christentum (Bibel/Neues Testament: Matthäus 7, 12), 1. Jahrhundert n. Chr.

Nach der Goldenen Regel leben?

Sebastian Wenn ich gute Freunde habe, werde ich mich zu ihnen wie ein guter Mensch verhalten. Aber weshalb sollten mich alle anderen Menschen interessieren? […] Ich weiß einfach nicht, warum ich alle Menschen achten sollte!
Rahel Natürlich liegen mir meine Freunde besonders am Herzen. Aber achten muss ich jeden Menschen, so wie ich möchte, dass mich jeder achtet. Auch wenn ich ihn gar nicht kenne.
Manuel Was ich einsehe, ist die Zielrichtung, dass wir unsere Mitmenschen respektieren sollen, und auch die Begründung, dass ja jeder von uns in gleicher Weise geachtet werden möchte […]. Aber die Regel ist einfach zu allgemein, sodass ich gar nicht sehen kann, wie man damit im Einzelfall wissen kann, welche Handlungen gut und welche schlecht sind.
Sebastian Ich glaube nicht, dass uns die Goldene Regel zu einem moralischen Verhalten bewegen kann!

1 Diskutiert, welche Bedingungen erfüllt sein müssen, damit es gelingt, sich in einen anderen hineinzuversetzen.

2 Vergleicht die Formulierungen zur Goldenen Regel. Wie unterscheiden sie sich und was bedeuten die Unterschiede?

3 Überlegt, wie ihr die Einwände von Sebastian und Manuel gegen die Goldene Regel entkräften könnt: Entwickelt daraus ein Gespräch mit Pro und Kontra.

→← Die Goldene Regel ist seit Jahrtausenden ein anerkannter und allgemeinverbindlicher Maßstab für das richtige Handeln gegenüber anderen. Ihre Anwendung kann entscheidend zur Bewältigung von Konflikten beitragen. Die Goldene Regel wird falsch verstanden, wenn sie auf die Einfühlung in andere Menschen reduziert wird. Ihre Weisheit liegt darin begründet, dass sie einfordert, darüber nachzudenken, wie man selbst von anderen behandelt werden möchte. Und diese eigenen Wünsche – so sagt die Goldene Regel – geben die Grundlage dafür, wie wir mit unseren Mitmenschen umgehen sollten.

Konflikte aushalten können

Mitmachen um jeden Preis?

Wie bitte?
Ein psychologisches Experiment

Kindergruppen wurden Karten mit verschieden langen Linien vorgelegt. Sie erhielten den Auftrag, gleichlange Linien zu kennzeichnen. Alle Kinder lösten die Aufgabe richtig. Anschließend wurden die Kindergruppen neu eingeteilt. Mit Kindern einer Gruppe wurde heimlich vereinbart, dass sie zwei unterschiedlich lange Linien als gleich lang kennzeichnen sollten. Fast alle Kinder der nicht informierten Gruppen schlossen sich daraufhin der »falschen« Meinung an. Wie könnt ihr das erklären?

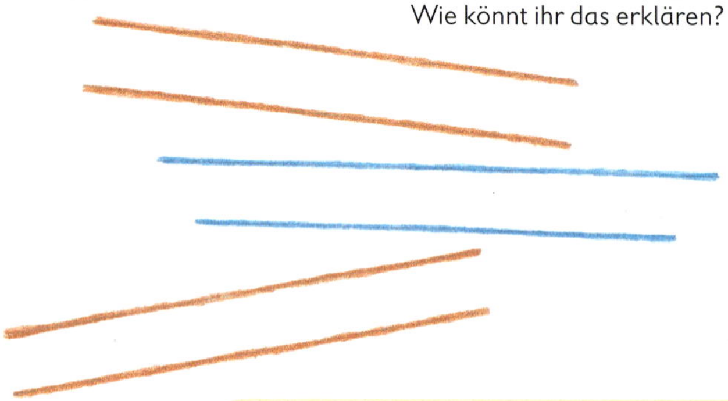

Peter ist neu in der Klasse. Bisher ist er bei seinen Mitschülern gut angekommen und fühlt sich in seiner neuen Umgebung wohl. Moritz ist der Anführer einer Clique, die in der Klasse den Ton angibt. Er will testen, was Peter alles mitmacht. Auch die anderen in der Clique sind gespannt. »Wir schwänzen heute die 6. Stunde Mathematik und gehen stattdessen ins Schwimmbad«, gibt Moritz vor. Schon früher hatte Peter Probleme in Mathematik und er wäre deswegen fast sitzen geblieben. Die heutige 6. Stunde ist die letzte vor der angekündigten Klassenarbeit. Eigentlich wollte er in der neuen Schule nicht gleich wieder mit einer schlechten Mathe-Arbeit starten.

Andrea hat Gelegenheit, mit ihrer Freundin ins Kino zu gehen. Die meisten in der Klasse haben den neuen Film schon gesehen und unterhalten sich darüber. Andrea und ihre Freundin konnten bislang nicht mitreden und wurden von den anderen als »Fernsehtanten« und »Mamikinder« verspottet. – Andreas Mutter ist gegen den Kinobesuch, der ihr teuer und unnötig erscheint.
Den Film findet Andrea nicht wirklich interessant, aber nicht mitreden zu können und deswegen verspottet zu werden, das macht ihr etwas aus. Andrea könnte ihre Mutter anlügen und sagen, dass sie zu ihrer Freundin geht, um Schularbeiten zu machen. Da deren Eltern zwei Tage weg sind, ist die Gelegenheit günstig.

Wegschauen um jeden Preis?

Ich wollte gerade mit zwei Freundinnen einkaufen gehen, als wir von zwei Mädchen angesprochen wurden […]. Irgendwie hatten sie es auf mich abgesehen, denn auf einmal schrieen sie mich an und begannen, mich zu beschimpfen. Angeblich hatte ich sie dumm angeguckt und etwas über sie gesagt. Als ich das jedoch abstritt, wurde es nur noch schlimmer. Ich versuchte zu gehen, doch sie hiel-

Prinzen-Sänger Sebastian Krumbiegel wurde auf der Straße von mehreren Männern zu Boden geschlagen. Er verdankt es einem jungen Bundeswehrsoldaten, dass die Täter von ihm abließen. Krumbiegels Botschaft: »Nicht wegschauen, sondern einmischen, Lärm machen, Zivilcourage* zeigen!

ten mich fest. Eine meiner Freundinnen versuchte, die beiden zu beruhigen, was aber nicht gelang. Dann plötzlich geschah das, was mir noch nie in meinem Leben widerfahren war und womit ich in diesem Moment überhaupt nicht gerechnet hatte. Während eine der beiden mich anschrie, schlug sie mir ihre Faust ins Gesicht. [...] In einem winzigen Moment wusste ich nicht, was passiert war [...]. Als ich mich einigermaßen gefasst hatte, sah ich meine Freundinnen, die unter Schock wie angewurzelt dastanden. Doch dann ging es schon weiter. Ich betete, dass es bald vorbei war, doch die eine packte mich an den Haaren und riss mich runter, während die andere mir in den Unterleib trat. Leute, die vorbeikamen, schauten schnell weg und gingen weiter. Nach Tritten [...] ins Gesicht ließen sie endlich von mir ab, weil meine Schwester mit ein paar Freunden vorbeikam. Sie brachten mich nach Hause [...]. Meine Freunde haben versucht, mir darüber hinwegzuhelfen. [...] Noch über ein Jahr danach werde ich von Alpträumen geplagt.

Q Anne und Abraham Teuter: Du gegen Mich

1 Notiere, wie du als Peter bzw. Andrea handeln würdest – und schreibe eine Begründung. Vergleicht und diskutiert in Gruppen eure Entscheidungen: Haltet die Argumente fest.

Seiten 18/19 ◄

2 Kennt ihr ähnliche Situationen, in denen ihr unter dem Druck gestanden habt, mitzumachen? Erklärt eure »Schmerzgrenze«, die ihr nicht überschreiten würdet, auch wenn eine Clique es von euch verlangt.

Seiten 70/71 ◄

3 Warum fällt es so schwer, sich gegen Gruppendruck zur Wehr zu setzen? Inwieweit hilft euch als Erklärung das Experiment von Seite 56 weiter.

4 Diskutiert Möglichkeiten, euch gegenseitig so zu stärken, dass ihr nicht um jeden Preis mitmacht oder wegschaut – insbesondere, wenn Gewalt im Spiel ist.

Seiten 40/41 ◄
Seiten 78–81 ◄

Konflikte entstehen auch dort, wo von euch etwas erwartet wird, dem ihr nicht entsprechen könnt oder wollt. Doch das »ungeschriebene Gesetz« einer Clique kann so stark sein, dass der eine oder andere sich gegen die Stimme seines Gewissens entscheidet. Es gehört Mut dazu, solche inneren Konflikte auszuhalten und auch »Nein« sagen zu können. Es gehört auch Mut dazu, sich einzumischen, wenn Unrecht geschieht. Konflikte können ausgesessen und verdrängt werden; aber Konflikte, denen ihr euch stellt, lassen euch in eurer Persönlichkeit wachsen – und stark werden.

Henri Matisse, Der Tanz (1909/10)

Seite 81 ◂
Methode: Gedankenexperiment

»Stellt euch vor« – ein Gedankenexperiment

Stellt euch vor, ihr seid die einzigen Überlebenden bei einem Flugzeugabsturz. Ihr kennt das Gebiet nicht, auf dem ihr euch befindet; es ist völlig einsam und meilenweit von jeder Zivilisation entfernt. Ihr könnt euch daher auch aller Übereinkünfte und Absprachen entledigen, die ihr vorher immer akzeptiert hattet. Mit anderen Worten, ihr müsst neu anfangen – und jetzt in irgendeiner Form euer Zusammenleben regeln. Ihr müsst zusammen überlegen und gemeinsam entscheiden, wie das aussehen soll.

- Setzt euch in Tischgruppen zusammen. Versetzt euch in die Situation der Überlebenden. Listet mögliche Streitpunkte auf, die im Zusammenleben auftreten könnten.
- Diskutiert Möglichkeiten, Streitpunkte ohne Gewalt zu klären (Seiten 46-57). Einigt euch auf Grundregeln, die euer Zusammenleben in der Gruppe regeln sollen.
- Versetze dich in eine Person aus diesem Kapitel – und stelle dich als solche deiner Gruppe vor. Spielt dann einen oder mehrere der in der Tischgruppe aufgelisteten Streitpunkte nach. Ein Schüler oder eine Schülerin ist Beobachter/in und protokolliert das Geschehen.
- Die Beobachter/innen stellen ihre Ergebnisse der Klasse vor. Wertet gemeinsam aus, ob und wie es euch gelungen ist, die Konflikte gewaltfrei zu lösen.

Lieber auf den Boxsack als auf Mitschüler hauen?!
Gewaltbereitschaft abbauen – das kann trainiert werden! Die Polizei bietet Deeskalationstraining und Streitschlichtungsprogramme an – z.B. das Bildungsinstitut der niedersächsischen Polizei. Darüber könnt ihr euch im Internet informieren: www.kgg.fhnet.org.

Schülerinnen und Schüler der Regelschule »Anna Sophia« im thüringischen Kranichfeld starteten das Musik- und Sport-Projekt »Töne gegen Fäuste – Sport gegen Gewalt«. Welche Ideen hättet ihr für einen ähnlichen Schul-Projekttag?

Projekt: Mit Sportspielen Fairness trainieren

In Kolumbien wird ein Projekt erprobt, um die Gewaltbereitschaft unter Jugendlichen einzudämmen und um der Unterdrückung von Mädchen entgegenzuwirken. Zu den Regeln des Projekts »Straßenfußball für Toleranz« gehören unter anderem folgende Regeln:

1. Gespielt wird auf einem Kleinfeld (ca. 10 x 15 m) mit kleinen Toren.
2. Die Spieldauer beträgt sieben Minuten.
3. Die Teams bestehen aus bis zu sechs Spieler(inne)n. In einem Team müssen mindestens zwei Spielerinnen mitspielen.
4. Es wird ohne Torwart gespielt. Spieler/innen können beliebig oft ausgewechselt werden.
5. Alle geschossenen Tore einer Mannschaft zählen nur dann, wenn im Laufe des Spiels auch ein Mädchen mindestens ein Tor geschossen hat.
6. Es gibt keine Schiedsrichter, sondern »Teamer«, die das Spiel begleiten. Sie greifen nicht aktiv ins Spielgeschehen ein.
7. Vor dem Spiel treten die beiden Teams zusammen: Sie definieren für sich drei Regeln des Fair-Play und drei zusätzliche Regeln, die sie im Spiel einhalten wollen. Nach dem Spiel treten beide Teams zusammen und diskutieren, inwiefern sie ihre Regeln eingehalten haben. Der Teamer unterstützt sie hierbei.
8. Punkte bekommen die Teams nach folgender Regelung: Das Siegerteam nach Toren erhält drei Punkte, die Verlierer einen Punkt. Bei Unentschieden bekommen beide Teams zwei Punkte. Beide Teams können für die Einhaltung der (Fair-Play-) Regeln bis zu drei Punkte bekommen.

- Organisiert, möglichst in Abstimmung mit dem Sportunterricht, Fußballspiele in eurer Klasse oder Gruppe, die sich an die obigen acht Regeln anlehnen. Ihr könnt die Regeln variieren und auch auf andere Sportspiele übertragen, z.B. auf Hockey oder Street-Basketball.
- Wenn ihr die Regeln beherrscht, könnt ihr auch ein Sportspiel-Turnier »Fair-Play« planen.
- Informiert euch bei der Polizei in eurer Region über Angebote zur Streitschlichtung. Diskutiert Möglichkeiten, Angebote dieser Art an eurer Schule auszuprobieren.

Lesetipp

Deborah Ellis: Die Sonne im Gesicht. Ein Mädchen in Afghanistan. Aus dem Englischen von Anna Melach, München: Verlag cbj 2003

Werte

Die guten Dinge des Lebens
Sind alle kostenlos:
Die Luft, das Wasser, die Liebe.
Wie machen wir das bloß,
Das Leben für teuer zu halten,
Wenn die Hauptsachen kostenlos sind?
Das kommt vom zu frühen Erkalten.
Wir genossen nur damals als Kind
Die Luft nach ihrem Werte
Und Wasser als Lebensgewinn,
Und Liebe, die unbegehrte,
Nahmen wir herzleicht hin.
Nur selten noch atmen wir richtig
Und atmen Zeit mit ein,
Wir leben eilig und wichtig
Und trinken statt Wasser Wein.
Und aus der Liebe machen
Wir eine Pflicht und Last.

Und das Leben kommt dem zu teuer,
Der es zu billig auffasst.

Eva Strittmatter (1977)

Drittes Kapitel

Werte und Normen

1 Zählt neben Luft, Wasser und Liebe noch andere »gute Dinge« auf, die scheinbar selbstverständlich sind.

2 Erzählt, in welchen Situationen euch diese »guten Dinge« bewusst waren. – Wie viel Geld würdet ihr dafür bezahlen?

3 Versucht euch eine Gesellschaft vorzustellen, in der Luft, Wasser und Liebe nicht mehr kostenlos sind, sondern bezahlt werden müssten. Diskutiert, ob das die Lösung für das Problem wäre, das EVA STRITTMATTER anspricht?

4 Nennt Dinge, die eurer Meinung nach in eine Aufzählung (über-) lebenswichtiger Werte aufgenommen werden sollten.

Gut oder böse? Maßstäbe nach denen wir (moralisch) urteilen

Tagtäglich beurteilen Menschen das Handeln ihrer Mitmenschen oder werden von ihnen beurteilt. Wie oft heißt es: »Das hast du echt gut gemacht!« Oder: »Das, was du eben gesagt hast, war richtig böse!«
Doch meinen wir alle das Gleiche, wenn wir Begriffe wie »gut« und »böse«, »richtig« und »falsch« benutzen? In welchen Situationen urteilst du eher persönlich-gefühlsmäßig (emotional), wann eher nach Moral oder nach Recht und Gesetz?

Nur so unter Freunden?

Manche staatlichen Gesetzgeber bestrafen Raubkopierer sogar mit Haftstrafen – sie reagieren damit auf die Milliarden-Verluste, die der Musik-, Spiel- und Filmindustrie entstehen.

Stefan ist glücklich. Endlich hat er sich von Omas Geburtstagsgeld die Version 2 von »Empire Earth« für seinen PC gekauft. Fast 40 Euro musste er dafür opfern. »Ist gar nicht so leicht, sich durch die verschiedenen Level zu arbeiten«, stellt er mit Genugtuung fest. Stolz gibt Stefan die CD-ROM für die Ferienzeit seinem Freund Max, denn Stefan fährt mit seinen Eltern in Urlaub.
Nach den Ferien ist »Empire Earth« in der ganzen Klasse Gesprächsthema. Fast alle Jungen können mitreden und geben sich gegenseitig Tipps. Stefan fragt Max, ob er sein Spiel verborgt hat. Max streitet ab. Doch von Johann erfährt Stefan, dass es Max mithilfe seines älteren Bruders gelungen ist, die CD-ROM zu kopieren. – Jetzt braucht Stefan nur noch zwei und zwei zusammenzählen: Max hat Raubkopien seiner CD-ROM an seine besten Freunde in der Klasse verteilt. Stefan ist sauer: »Eine Kopie für den besten Freund, damit könnte ich mich noch abfinden. Das ist ja auch nicht verboten, oder? Aber gleich die ganze Klasse damit zu versorgen, ist unfair – wenn nicht sogar kriminell!«

Dieser Comic wurde von einer 15-jährigen Schülerin gezeichnet; sie hatte im Kaufhaus gestohlen. Ein sogenanntes Teen Court* verhängte als Strafe, den Tathergang genauestens aufzuzeichnen. Teen Courts zählen zu jenen Projekten, die neue Wege im Umgang mit jugendlichen Tätern und deren Opfern beschreiten (Seiten 72/73: Ist das noch »gerecht«?).

Reicht der gute Vorsatz?

Die folgende Fabel stammt aus dem Buddhismus. Sie zeigt, dass bei der Bewertung einer Handlung nicht nur die Lebensumstände eines Menschen, sondern auch seine Beweggründe berücksichtigt werden müssen:

Ein Vogelfänger hatte ein Rebhuhn dressiert und benutzte es nun als Lockvogel. Stieß das Rebhuhn einen Schrei aus, so kamen andere Rebhühner herbei und gingen dem Vogelfänger ins Netz. Da dachte das Rebhuhn: »Viele meiner Verwandten gehen durch mich zugrunde. Ich handle böse«, und es beschloss, nie wieder einen Laut von sich zu geben. Der Jäger aber schlug dem Rebhuhn auf den Kopf, sodass dieses vor Schmerzen aufschrie. Und wieder kamen die Rebhühner herbei und liefen in die Falle. Das Rebhuhn hatte furchtbare Schuldgefühle. »Würde ich nicht schreien, so könnte der Jäger keine anderen Rebhühner fangen und sie töten«, dachte das Rebhuhn bei sich. Eines Tages kam der Jäger an der Hütte eines Weisen vorbei. Er stellte den Korb mit dem Lockvogel ab, um am nahe gelegenen Bach seinen Durst zu stillen. Da dachte das Rebhuhn: »Ich werde diesem Asketen* von meinen Sorgen erzählen!« Und aus seinem Käfig heraus rief es dem Weisen, der gerade aus der Hütte kam, zu: »Recht sorglos lebe ich fürwahr, das Essen geht mir niemals aus. Doch quält der Zweifel mich gar sehr. Was wird mit mir in der Zukunft sein?«
Der Weise antwortete: »Wenn du in deinem Herzen nicht zu bösen Taten bist geneigt, dann haftet dir kein Böses an, denn du willst ja nichts Böses tun. Die böse Tat geht nicht auf dich, denn deine Absicht war nicht schlecht. Dem Guten, der nicht schaden will, haftet die Böstat auch nicht an.«
Auf diese Weise beruhigte der Weise das Gemüt des Rebhuhns.

1 Beurteilt das Verhalten von Max und der jugendlichen Kaufhausdiebin. Klärt dabei eure Urteilsmaßstäbe und vergleicht sie.

2 Überlegt verschiedene Möglichkeiten, wie Stefan reagieren könnte. Überdenkt die jeweiligen Folgen. Einigt euch auf Handlungsschritte, die für alle Beteiligten tragfähig sein können.

3 Angenommen, Max hätte aus Unwissenheit gehandelt. Sollte dies Auswirkungen auf die Beurteilung seines Verhaltens haben? (Unterscheidet hierbei die rechtliche von einer moralischen Beurteilung.)

Seite 67 ◀ Methode: Mit einem Dilemma umgehen

4 Hast du dich auch schon einmal so ähnlich wie das Rebhuhn in der Fabel gefühlt? Erzähle davon, und ob du Hilfe bekommen hast.

Wenn sich plötzlich die eigenen Werte neu ordnen – habt ihr das selbst schon einmal erlebt?
Vera Bohle war mit ihrem Leben einverstanden. Doch dann entschied sie sich, ihren sicheren Job als Journalistin aufzugeben, um als Minenräumerin in Afghanistan zu arbeiten: »Ich weiß, dass ich die Welt nicht retten kann. Aber ich gebe den Menschen wenigstens ein Stück Land zurück. Ich habe die Chance, etwas zu tun, das ich als sinnvoll empfinde. Es geht mir gut dabei.«

Methode: Testfahrt für Wertvorstellungen – ein Gemeinschaftsspiel

Erstelle für dich eine persönliche Werteliste, in der du deine zehn wichtigsten Werte der Reihe nach ordnest. Deine Werteliste ist das Gepäck für eine Ballonfahrt mit vier anderen aus der Gruppe. Dann bildet Kleingruppen: Stellt euch vor, ihr seid mit einem Ballon unterwegs, der sich jedoch plötzlich absenkt. Ihr könnt das gefährliche Absenken des Ballons nur dadurch verhindern, dass ihr Ballast in Form eures Wertegepäcks abwerft. Wenn ihr es nicht schafft, euch auf eine gemeinsame Werteliste mit fünf Werten zu einigen, stürzt ihr ab. Zur Spielregel gehört, dass die Mehrheit der Gruppe mit der Auswahl der Werte einverstanden sein muss. Notiert am Schluss die Begründung für die Wahl eurer Werteliste. Verteidigt sie vor der Klasse.

Werte verändern sich – »die Jugend« auch?

Werteorientierungen 1987/88 und 2006 (Mittelwerte 1–7)

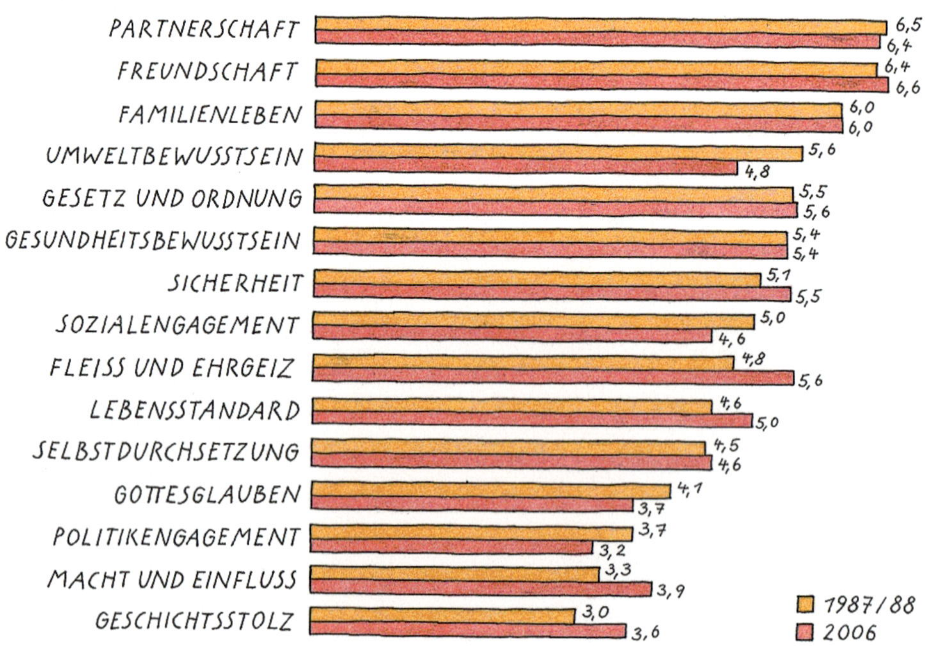

Datenauswahl nach Shell-Jugendstudie (2002 und 2006)

Einige wichtige Werte von Jugendlichen habt ihr bereits auf Seite 22 kennengelernt.

Werte helfen, sich zu orientieren – Normen übersetzen sie ins Leben

Menschen orientieren sich an Werten, da sie ihrem Verhalten Sinn und Richtung geben. Sie stehen für das, was sie für erstrebenswert halten und können sich verändern. *Werte*, die in einer Gesellschaft allgemein anerkannt sind, bieten im Konfliktfall eine verbindliche Richtschnur oder Argumentationshilfe.

• Die Achtung des Lebens und der Würde* des Menschen beispielsweise gehört zu den sogenannten *universellen Werten*. Dagegen werden Offenheit, Vertrauen oder Gottesglaube *individuelle Werte* genannt, da sie – abhängig von der Person – unterschiedlich empfunden und beurteilt werden.

Seite 138 oben

• *Normen* äußern sich in Verhaltensregeln, wie z.B. im Restaurant das beiliegende Besteck zu benutzen. Sie sagen, was man tun soll. Sie helfen, Werte im täglichen Leben umzusetzen. Hinter jeder Norm (z.B. das Besteck benutzen) steht ein Wert (z.B. Höflichkeit), manchmal sind es sogar mehrere (Sauberkeit, Hygiene). Menschen können gleiche oder ähnliche Werte vertreten, aber auf verschiedene Weise im Alltag umsetzen. So kann sich der Wert, umweltbewusst zu leben, in der Norm zeigen, grundsätzlich den Müll zu trennen oder nur in Ausnahmefällen das Auto zu benutzen. Allgemeine Verhaltensnormen in Form gültiger Gesetze regeln das Zusammenleben in der Gesellschaft.

1 Beschreibt und beurteilt den Wandel in der Werteorientierung bei Jugendlichen innerhalb von fast 20 Jahren: Versucht die Veränderungen zu erklären.

2 Wähle dir aus dem Schaubild einige Werte aus. Formuliere Normen, mit denen diese umgesetzt werden können.

3 Nennt Normen, die Ausdruck verschiedener Werte sind. Gibt es auch Normen, die du ablehnst, obwohl du die dahinter stehenden Werte akzeptierst?

4 Diskutiert, ob oder wie man sich vor der Manipulation* durch einen Unrechtsstaat schützen kann.

Ein Wert muss nicht zwangsläufig »gut« sein: Dieser Junge wurde nach den »Werten« einer menschenverachtenden Ideologie erzogen. Überlegt, ob er einfach so »umerzogen« werden kann.

→← Wer menschliche Verhaltensweisen beurteilt, achtet nicht nur auf die Folgen einer Handlung, sondern berücksichtigt auch die Motive, die ihr zugrunde liegen. Eine Handlung ist nicht prinzipiell gut, weil ihre Folgen gut sind. Doch ist eine Handlung auch nicht prinzipiell schlecht, weil die Absichten des Handelnden schlecht sind. Die Übereinstimmung einer Tat mit geltenden Normen spielt bei ihrer Beurteilung eine wichtige Rolle. Menschen orientieren ihr Verhalten an Werten – um sie im Alltag umzusetzen, brauchen sie Normen. Werte variieren von Kultur zu Kultur, von Generation zu Generation und auch innerhalb sozialer Gruppen und zwischen Staatsformen. Werte fordern tagtäglich heraus, Einstellungen zu überdenken, in Konflikten Lösungen zu finden. Rechtsprinzipien, z.B. die Menschenrechte, basieren auf allgemein anerkannten Werten wie der Achtung vor der Menschenwürde.

Schwierige Situationen – neue Sichtweisen entdecken

Kinder lernen, nicht zu lügen. Wenn sie älter werden, erleben sie häufig Situationen, in denen sie zögern, die Wahrheit zu sagen. Möglicherweise weil sie Angst haben, jemandem weh zu tun oder ihm zu schaden, vielleicht sogar sich selbst. Es gibt Situationen, in denen Menschen sogar lügen müssten, um einen anderen Wert nicht zu verletzen.
Was passiert eigentlich, wenn ein Wert in Konkurrenz zu einem anderen Wert tritt? Der Philosoph ANTHONY WESTON ermutigt dazu, genauer hinzusehen und sich nicht mit voreiligen Schlüssen zufrieden zu geben.

» ... die Wahrheit vielleicht?«

Peter steckt in der Klemme. Er vertraut sich einem Kumpel an. Wie würdest du anstelle von Peter entscheiden? Versucht, seine Frage mit einem eindeutigen Ja oder Nein zu beantworten.

Als ich in den Club komme, sitzt Hannes da und raucht. Obwohl er seit seinem zweiten Lebensjahr mit Asthma zu tun hat. Ich habe so viele Male erlebt, dass Hannes ganz schwer Luft kriegt. Einmal musste er deswegen ins Krankenhaus. Ich muss immer daran denken, dass im Club nicht nur Zigaretten geraucht werden. So wird jedenfalls erzählt. »Mann Hannes, muss das sein mit dem Rauchen?«, habe ich gesagt. – Hättest du doch auch gemacht, wenn es dein Freund wäre, oder?! – Hannes daraufhin: »Ist doch mein Leben, da hast du dich nicht einzumischen! Ich kann rauchen, was und wie viel ich will.« Und dann treffe ich ausgerechnet heute Hannes' Mutter. Als ob die etwas ahnen würde, fragt sie, ob alles in Ordnung ist, auch weil ich schon so lange nicht mehr bei Hannes zu Hause gewesen sei. Mensch, was hätte ich da sagen sollen – die Wahrheit vielleicht?«

DETLEF KREBS, Freundschaft.
Zu einem Freund oder einer Freundin zu stehen, muss nicht heißen, ihn oder sie vor unangenehmen Wahrheiten zu schützen. Seinen Freund »verraten« – was kann das für Peter bedeuten?

Denkmöglichkeiten erweitern

»Wir schließen die Möglichkeit eines kreativen Denkens aus, bevor wir überhaupt anfangen. Wir stellen enge und begrenzte Fragen, die uns – nicht überraschend – zu engen und begrenzten Antworten führen.«
ANTHONY WESTON, amerikanischer Philosoph

– Fixiertes Denken aufbrechen, locker machen, in Gedanken Neues ausprobieren, auch wenn es vielleicht peinlich oder unpassend erscheint.
– Ideen sammeln, ohne gleich zu kritisieren.

– Versuchen, Probleme umzugestalten: Kann das Problem verändert, verkleinert oder sogar beseitigt werden?
– Das Gesamtbild und die Gründe für das Problem sehen; überlegen, wie diese beeinflusst werden könnten.
– Wenn unterschiedliche Werte zusammenstoßen: Lösungen suchen, die für beide Seiten einen »Zugewinn« bedeuten. Nicht zu verwechseln mit einem »faulen« Kompromiss. Wir werden stattdessen aufgefordert, nach etwas zu suchen, was höher ist – etwas, das die Werte beider Seiten respektiert (»win-win-Strategie«).

Q Nach Anthony Weston: Einladung zum ethischen Denken

Seiten 104/105 ◄

Methode: Mit einem Dilemma umgehen

In einem Dilemma befindet sich ein Mensch immer dann, wenn von ihm eine Entscheidung zwischen zwei Handlungsmöglichkeiten verlangt wird, für die etwa gleich starke, wenn auch widersprechende ethische Gründe bzw. Werte sprechen. Der Druck, der dabei empfunden wird, wird oft zusätzlich durch das Wissen um unangenehme Folgen und unklare Risiken der jeweils getroffenen Entscheidung gesteigert.
Der Philosoph Anthony Weston fordert auf, kreativ zu werden, wenn man (scheinbar) nur zwei Handlungsmöglichkeiten hat. Muss sich jemand wie Peter tatsächlich zwischen zwei Werten entscheiden? Gibt es noch andere Wege als den, zwischen Ehrlichkeit und Freundschaft zu wählen?

1 Stellt in einer Abstimmung fest, wie viele aus der Gruppe dafür oder dagegen sind, dass Hannes die Wahrheit sagt.

2 Begründet eure Entscheidungen mit Argumenten und stellt sie an der Tafel einander gegenüber. Klärt, welche Werte im Fall »Hannes« miteinander in Konflikt geraten.

3 Bildet Kleingruppen: Entscheidet euch für eine kreative Idee, so wie sie Anthony Weston vorschlägt. Erarbeitet auf dieser Grundlage einen überzeugenden Handlungsvorschlag für Peter.

4 Stellt eure Ideen der Gesamtgruppe vor. Stimmt anschließend nochmals über den Fall »Hannes« ab. Einigt euch diesmal auf den besten Handlungsvorschlag, den ihr Peter empfehlen würdet.

Menschen stehen in ihrem Leben immer wieder vor schwierigen moralischen Entscheidungen. Dabei müssen sie sich manchmal zwischen miteinander konkurrierenden Werten entscheiden.
Diese Entscheidungssituationen gehören zum Leben dazu – ihr könnt sie nicht verhindern, aber mit ihnen umgehen lernen. Dilemmata dieser Art fordern heraus, Lösungswege zu suchen. Das ist nicht immer leicht. Wer kreativ ist, findet oft ungewöhnliche Möglichkeiten, ein Problem zu verkleinern. Probiert es aus: Vielleicht entdeckt ihr manchmal sogar Lösungswege, die für alle Beteiligten einen Zugewinn bedeuten.

Tugend – altmodisch und unmodern?

Zivilcourage* – eine Tugend?

Früher verstand man unter einem tugendhaften Menschen jemanden, der dazu taugt, ein sittlich (moralisch) gutes Leben zu führen. So rechneten die Menschen in der Antike »Tapferkeit« zur Tugend, da diese dem Ziel eines gelungenen Lebens diene. ARISTOTELES deutete die »Tugend« als die Fähigkeit, zwischen zwei Extremen das gute Mittelmaß zu finden. Die Tugend der Tapferkeit z.B. sei die Mitte zwischen den Extremen »Feigheit« und »Draufgängertum«.
In der Moderne haben sich die Tugenden von diesem Lebensideal abgelöst. Heute haben wir einzelne praktische Tugenden, die als wünschenswert betrachtet werden. Wenn Menschen für ihre Überzeugungen eintreten und dabei auch Risiken in Kauf nehmen, sprechen wir von Zivilcourage*.

In Japan wird viel Wert auf Höflichkeit gelegt, wie hier in einer Begrüßungsszene auf der Straße. Viele bezeichnen die Höflichkeit als eine Tugend. Doch was ist das eigentlich – eine Tugend?

Ein mutiges Mädchen

BERLIN. Gestern erwies sich eine 15-jährige Schülerin als besonders mutig. Sie beobachtete, wie zwei Jungen einen Mitschüler in einen Hausflur zerrten, um von ihm Geld zu erpressen. Die Jugendliche folgte ihnen und forderte die Täter auf, den Schüler in Ruhe zu lassen. Diese reagierten jedoch gewalttätig und schlugen das Mädchen nieder. Danach flohen die Täter. Das Mädchen erkannte die Jungen jedoch und erstattete Anzeige wegen Körperverletzung.

Die Bürgschaft

Einst herrschte in Sizilien ein grausamer Tyrann namens Dionysos. Daimon, ein mutiger Mann, schleicht sich eines Nachts mit einem Dolch im Gewand zu ihm. Er will sein Volk von ihm befreien. Doch Damon wird gefasst und zum Tode verurteilt. Er ist bereit zu sterben, doch vorher bittet er den König um drei Tage Aufschub, um seine Schwester vermählen zu können. Als Bürgen will er seinen Freund zurücklassen. Der König willigt ein.
Schnell hat Damon seine Schwester vermählt und tritt, voller Sorge um den Freund, den Heimweg an. Doch leider stellen sich ihm auf der Rückreise unerwartete Hindernisse in den Weg. Eine Sturmflut schwemmt die Brücke weg, und auch keine Fähre kann ihn über den Fluss bringen. Voller Verzweiflung, immer den Freund vor Augen, stürzt sich Daimon in die Fluten. Mit letzter Kraft erreicht er das Ufer, doch da überfallen ihn Räuber. Er kann sie besiegen. Völlig ermattet sinkt Daimon zusammen. Zwei Männer, die auf dem Weg zur Hinrichtung sind, raten ihm, das Land schnell zu verlassen, denn er könne für den Freund ohnehin nichts mehr tun. Dieser habe nie den mutigen Glauben verloren. Doch Damon will lieber zusammen mit seinem Freund sterben, als sein Wort brechen.

Bürge: eine Art ◀ Sicherheitsgarantie

SCHILLER (siehe Seite 11) bezog die Idee für seine Ballade aus einer Geschichtensammlung der Antike. Lest das dramatische Gedicht nach, wenn ihr neugierig geworden seid.

Im letzten Moment erreicht Damon den Hinrichtungsplatz und kann seinen Freund einlösen und retten. Als der König davon erfährt, schenkt er beiden das Leben und meint: »Es ist euch gelungen – Ihr habt das Herz mir bezwungen, Und die Treue ist doch kein leerer Wahn. So nehmt auch mich zum Genossen an. Ich sei, gewährt mir die Bitte, in eurem Bunde der Dritte.«

Q Nach FRIEDRICH SCHILLER: Die Bürgschaft (Ballade)

ALEXANDER COLIN, Die Tugenden (1584)

Könnt ihr die Tugenden aus dem Kunstwerk des 16. Jahrhunderts »herauslesen«? Beschreibt, wie Klugheit, Gerechtigkeit, Besonnenheit und Tapferkeit dargestellt werden.

1 Nennt menschliche Merkmale, die ihr bewundert und die ihr als Tugenden bezeichnen würdet. Vergleicht sie mit den Tugenden auf den Statuen.

2 Zu welchen Tugenden soll eurer Meinung nach »erzogen« werden? Überlegt, was ARISTOTELES bei einer solchen Erziehung zu Tugenden wichtig wäre.

3 In SCHILLERS Ballade verkörpern sowohl Damon als auch sein Freund tugendhafte Menschen. Notiert, was der Freund in einem Abschiedsbrief an seine Mutter geschrieben haben könnte.

Seite 139

4 Diskutiert, was Tugenden für euch bedeuten: Sind sie die Verpflichtung gegenüber einer höheren (moralischen) Grundüberzeugung? Würdet ihr dafür wie SOPHIE SCHOLL sterben?

Es gibt viele praktische Tugenden: Höflichkeit, Zuverlässigkeit, Hilfsbereitschaft und andere mehr bilden das ethische Grundgerüst einer Gesellschaft. An den Tugenden einer Gesellschaft kannst du ablesen, welche Werte ihr für das Miteinander wichtig ist. Tugenden können in Vergessenheit geraten – oder wieder wichtig werden. Nach antiker Vorstellung war die Tugend die Tauglichkeit zu einer allgemeinen Lebenshaltung, die als sittlich gut, also ethisch vertretbar verstanden wurde. In unserer heutigen Welt spielt die Frage nach einem moralischen Grundgerüst für das Zusammenleben aller Menschen eine immer größere Rolle.

Moralische Gefühle – Motor des Handelns?

Warum reagieren Erwachsene betroffen oder beschämt, wenn sie auf der Straße Kinder betteln sehen? Es sind moralische Gefühle, die sie in diesen oder ähnlichen Situationen reagieren lassen. Aus Mitgefühl kümmern sich Nachbarn um eine alte Frau im Nachbarhaus – sie können auch wütend werden, wenn andere aus dem Haus die alte Frau ignorieren. Schulklassen reagieren empört, wenn Mitschüler oder Mitschülerinnen ungerecht behandelt werden. Doch auf moralische Gefühle ist nicht immer Verlass. Warum eigentlich nicht?

Kinder empfinden Angst in der Dunkelheit, Freude über ein Geschenk oder auch körperliche Gefühle wie Zahnschmerzen oder Durst. Moralische Gefühle hingegen werden erlernt. Im Spiel z.B. erwerben Kinder die Fähigkeit, sich in andere hineinzuversetzen und auch deren Interessen zu verstehen. Diese Erfahrungen werden als moralische Gefühle verinnerlicht – sie wirken wie ein innerer Kompass für das soziale Verhalten (Seiten 78–81).

Einer für alle – alle für einen?

»Die Luft ist rein«, ruft Marie in die Umkleidekabine zurück. Dann geht alles ganz schnell. Julia holt den Alleskleber aus der Tasche, nimmt Violas Turnschuhe und bestreicht damit die Sohle fett. Ute holt das Wasser, Karin schüttet Tapetenkleister darauf, einmal kräftig umrühren und ab damit in den Turnschuh. Die anderen Mädchen der Klasse sehen zu und lachen. »Die wird sich wundern!«, trällern alle gleichzeitig. Warum benimmt sich die Neue auch immer so blöd. Hat die Nase ganz weit oben, nicht einmal Hausaufgaben kann man von der abschreiben. Vergnügt gehen die Mädchen zum Sportunterricht.

Zwei Tage später ist es vorbei mit der Fröhlichkeit. Violas Turnschuhe waren nagelneu. Die Sohle hatte sich fast abgelöst beim Versuch, sie vom Fußboden zu trennen; das Innenfutter wurde nach dem Trocknen hart wie Stein. Die Turnschuhe sind unbrauchbar, der Hallenfußboden ist lädiert. Violas Eltern beschweren sich beim Schulleiter und wollen den Schaden ersetzt haben und die Schuldigen bestraft sehen. Frau Runge, die Klassenlehrerin, ist empört: »Ein Schulstreich ist das nicht mehr! Wenn der oder die Schuldigen sich nicht melden, lassen wir den Wandertag in der nächsten Woche ausfallen und alle gehen zum Arbeitseinsatz in die Gemeinde, um mit dem verdienten Geld für den Schaden aufzukommen!«

Am Tag danach: eine Lagebesprechung im Katzenjammer

Felix *Ganz schön heftig, was ihr euch da geleistet habt – 'ne Nummer kleiner hätte auch gereicht!*

Julia Die hat das voll und ganz verdient! Hat doch super geklappt. Wenn wir zusammenhalten, kann uns nichts passieren. Die paar Stunden schuften überstehen wir auch. Wird so schlimm nicht werden.

Marie *Ja, gerade jetzt müssen wir zusammenhalten! Heult sich gleich bei den Eltern aus und die rennen auch gleich noch zum Schulleiter. Das können wir uns nicht gefallen lassen.*

Thomas Ich verzichte nicht auf den Wandertag, Mädels! Das müsst ihr schon unter euch ausmachen. Die Jungs haben damit nichts zu tun. Immer dieser Zickenalarm!

Karin *Ich finde auch, wir sollten uns melden! Ich bin nicht mehr besonders stolz auf unsere Tat. Es ist gemein, die anderen da mit reinzuziehen.*

Ute Wer soll sich da melden? Hatte nicht Niclas die Idee, und alle haben mitgemacht?

Lisa *Wenn meine Eltern davon erfahren, dann krieg' ich richtig Ärger! Warum habe ich auch nicht laut gesagt, dass ich die Idee nicht gut finde?*

Christian Mir tut Viola echt leid! Sie hatte doch in der kurzen Zeit bei uns gar keine Chance, Freunde zu finden.

Viele Hilfsorganisationen sprechen moralische Gefühle an. Zum Beispiel fordern sie auf, etwas gegen die soziale Kälte zu tun. Mit diesem Logo wirbt eine kirchliche Einrichtung um die Unterstützung von Aidswaisen.

1 Hinter den Meinungen der Jugendlichen stecken Gefühle. Kannst du sie in Worte fassen? In welchen Fällen handelt es sich um moralische Gefühle? (Ihr könnt die Lagebesprechung um die Standpunkte möglicher anderer Schüler/innen ergänzen.)

2 Stellt in Standbildern verschiedene Gefühle dar. Lasst sie von der Klasse erraten.

3 Schildert Erlebnisse, in denen Gefühle eine Situation bestimmt haben. Diskutiert, ob es beim Ausleben eigener Gefühle Grenzen geben sollte.

4 Überlegt, ob ihr Geschichten oder Filme kennt, die vom Verlust moralischer Gefühle erzählen: Welche Ereignisse fallen euch in diesen Zusammenhängen ein?

Seiten 50–53 ◀ (Kapitel 2: Mit Konflikten leben)

5 Einigt euch auf ein Verfahren, wie der Konflikt in der Schule für alle Beteiligten fair gelöst werden kann.

Moralische Gefühle – Motor des Handelns?

Was ist Gerechtigkeit?

Frau Schneider ist nach ihrer Scheidung in die Kreisstadt gezogen. Mit einem kleinen Eiscafé möchte sie sich eine neue Existenz aufbauen. Bis auf die Sommermonate ist die Arbeit gut zu schaffen. Doch die Sommerferien möchte Martin mit seinem Vater und einigen Freunden verbringen; ansonsten hilft er gern. Deswegen sucht Frau Schneider eine Aushilfe und hat eine Anzeige aufgegeben – den Lohn will sie noch aushandeln. Doch wen soll sie einstellen?

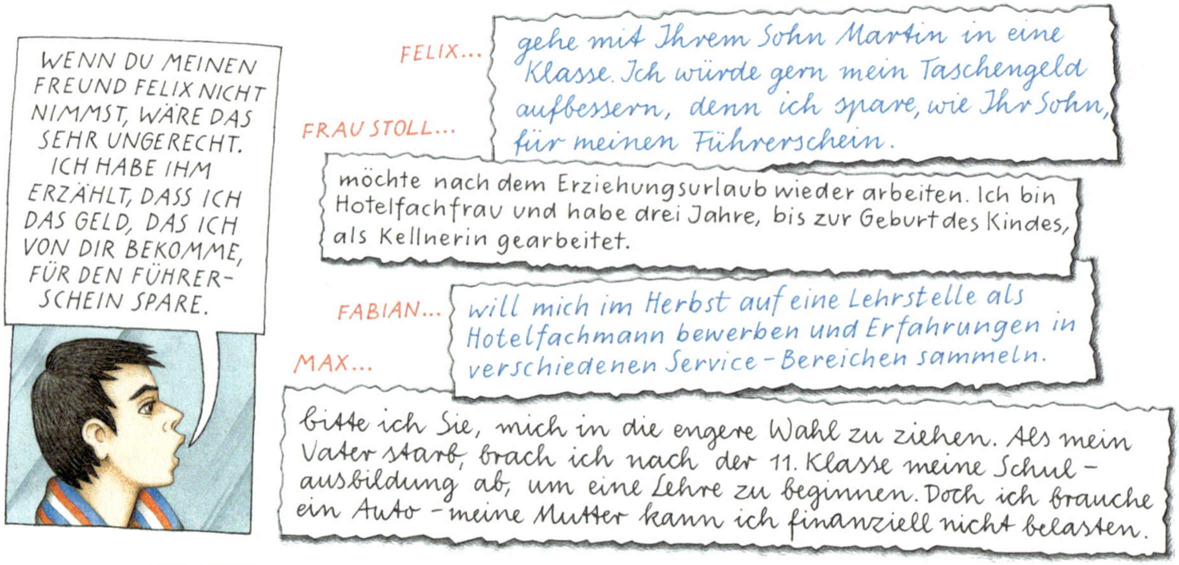

Die Arbeiter im Weinberg – ein Gleichnis

Wo Gott herrscht, geht es zu wie bei einem Gutsbesitzer, der für seinen Weinberg Arbeiter suchte. Er ging in der Morgenfrühe auf die Suche nach Tagelöhnern. Als er mit den Männern einig war, dass sie für einen Denar, den Lohn, den man für einen Tag zum Leben braucht, bei ihm arbeiten wollten, schickte er sie in seinen Weinberg […]. Um die Mittagszeit und nachmittags um drei Uhr ging er noch einmal hin und tat dasselbe. Um fünf Uhr aber, am späten Nachmittag, sah er wieder andere stehen […]. Da forderte er auch sie auf: »In den Weinberg!« Als die Dämmerung hereinbrach, wandte sich der Eigentümer an den Verwalter: »Rufe die Arbeiter zusammen und gib ihnen den Lohn. Fang bei den letzten an und geh durch bis zu den ersten.«
Da kamen die, die von fünf Uhr nachmittags an gearbeitet hatten, und erhielten jeder den üblichen Taglohn. Als aber die ersten kamen, meinten sie, sie würden mehr bekommen, erhielten aber, wie alle, den Lohn für einen Tag. Als sie den in der Hand hielten, protestierten sie und hielten dem Besitzer vor: »Die hier, die zuletzt kamen, haben nur eine Stunde gearbeitet, und du behandelst sie wie uns, die die Last und Hitze des ganzen Tages getragen haben.« Er aber antwortete einem von ihnen:

»Mein Freund, ich tue dir kein Unrecht. Bist du nicht mit mir einig geworden, dass du den üblichen Taglohn bekommen solltest? Nimm ihn und geh. Ich will aber dem hier, der zuletzt kam, dasselbe geben wie dir. Oder kann ich mit dem, was mir gehört, nicht tun, was ich will? Siehst du neidisch auf die anderen, weil ich großzügig bin? So werden die Ersten in den Augen des Herrn die Letzten sein, und die Letzten werden seine besondere Güte erfahren.«

Q Übertragung aus dem Neuen Testament (Matthäus 20, 1–16)

Wie in anderen Gleichnissen auch, wird hier ein wichtiger Gedanke in eine Bild- oder Beispielgeschichte umgesetzt: Jesus erzählt von einer Gerechtigkeit, die nicht danach fragt, wie viel jemand aufgrund seiner Leistung verdient; vielmehr gehört es zu dieser ungewöhnlichen »Gerechtigkeit«, dass alle an ihr nach ihrer Bedürftigkeit teilhaben können – auch der letzte Arbeitslose. Jesus sieht diese Gerechtigkeit nicht erst bei Gott »im Himmelreich« verwirklicht, sondern bereits zwischen Menschen, die nach »Gottes Willen« handeln.

Lies dazu auch die Seiten 136–137

Rembrandt Harmenszoon van Rijn (1606–1669), Die Arbeiter im Weinberg.
Mit biblischen Texten können wir in eine mehr als 2000 Jahre alte Glaubenswelt blicken. Der Gott der Israeliten ist untrennbar mit der Idee der Gerechtigkeit verbunden. »Das jüdisch-christliche Erbe schärft den Blick für eine Gerechtigkeit, die das Wohl aller Menschen zum Ziel hat«, glauben die einen. »Utopisch und realitätsfern«, sagen andere. Und was meint ihr?

1 Diskutiert über Martins Einstellung: Hat er Recht? Wie würdet ihr anstelle seiner Mutter entscheiden? Gibt es in diesem Fall eine »gerechte« Entscheidung?

2 Wie könnten heute Arbeiter/innen bei einer Weinernte entlohnt werden? Entscheidet darüber nur die Arbeitszeit? Welche anderen Merkmale für eine gerechte Entlohnung gibt es noch?

3 Auf den ersten Blick scheint der Gutsbesitzer im Gleichnis ungerecht zu sein. Beschreibt den Perspektivwechsel, zu dem das Gleichnis auffordert.

4 Diskutiert das Für und Wider des Gerechtigkeitsgedankens, wie er im Gleichnis entfaltet wird: Ist diese ungewöhnliche Blickrichtung für das Zusammenleben von Menschen verzichtbar?

Moralische Gefühle – Motor des Handelns?

Gerecht bestrafen – geht das?

Wie geht eine Gesellschaft mit Menschen um, die das geltende Recht missachten? Garantieren Strafen, dass sich die Täter/innen mit ihrem Fehlverhalten tatsächlich auseinandersetzen und nicht rückfällig werden? An wen können sich geschädigte Opfer wenden? Wie kann die Vergangenheit aufgearbeitet und Wiedergutmachung organisiert werden? Bei uns gibt es nicht nur eine gerichtliche, sondern auch eine außergerichtliche Konfliktschlichtung – den sogenannten Täter-Opfer-Ausgleich: Dort kümmern sich Juristen, aber auch ausgebildete Helfer aus anderen Berufen um eine heilende Gerechtigkeit.

Aus einer Zeitungsmeldung

Gestern Nacht nahm die Polizei zwei jugendliche Einbrecher fest. Sie waren in ein Eiscafé eingedrungen, um Zigaretten, Geld und Alkohol zu stehlen. Die Jugendlichen hatten vor der Tat bei Freunden gefeiert und waren dann im betrunkenen Zustand gewaltsam in das Café in der Goethestraße eingebrochen. Nachbarn beobachteten den Einbruch und verständigten die Polizei. Bevor die Männer fliehen konnten, war die Polizei am Tatort. Es entstand erheblicher Sachschaden.

Martin *Ich kann es nicht glauben. Meine Kumpel – sie wussten doch, wem das Eiscafé gehört! Was wird Mutter tun? Will sie die beiden vor Gericht sehen? Werden sie verurteilt, sind sie vorbestraft! Sie sind ja noch nicht 18 – also gilt für sie das Jugendstrafrecht! Da werden die doch mit Samthandschuhen angefasst! Für den Schaden können die nicht aufkommen – sie gehen ja noch zur Schule!*
Ob den beiden überhaupt klar ist, was sie da angerichtet haben? Es ging doch nur um ein paar Zigaretten, etwas Schnaps und ein wenig Spaß.

Martins Mutter *Morgen werde ich Anzeige erstatten! Der Jugendrichter soll ja ein Mann mit Durchsetzungskraft sein – hoffentlich werden die beiden ordentlich bestraft. Gerade war ich auf einem überschaubaren Weg, meine Kredite abzuzahlen. Die zusätzlichen Kosten werfen mich wieder zurück! Wie soll ich das nur schaffen? Das sind doch Freunde von Martin – monatelang habe ich sie freundlich bedient! Wie kommen die nur auf solche Ideen!*

Täter-Opfer-Ausgleich

Jugendrichter/innen können zu einem Täter-Opfer-Ausgleich anregen. Dazu finden Gespräche außerhalb des Gerichtssaales statt. Ausgebildete Konfliktschlichter/innen (Mediatoren) leiten das Gespräch. Betroffene werden mit ihren Gefühlen nicht allein gelassen. Tätern wie Opfern soll es ermöglicht werden, sich in die Lage des anderen zu versetzen. Ziel ist ein gegenseitiges Verständnis und die Einigung auf eine Wiedergutmachung.

»Wer Normen verletzt, soll mit seinem Unrecht konfrontiert werden und dafür Verantwortung übernehmen! Wir sollten Wege zur Versöhnung* und Schadensregulierung suchen, anstatt vorschnell die Strafe in den Mittelpunkt zu stellen. Opfer und Täter sollten erst auseinandergehen, wenn sie sich geeinigt haben.«
Ein Befürworter des Täter-Opfer-Ausgleichs

1 Welche Reaktionen von Martin und seiner Mutter könnt ihr gut verstehen? Was würde euch spontan an deren Stelle durch den Kopf gehen?

2 Spielt nach, wie der oder die Jugendrichter/in Martins Mutter überzeugen möchte, am Täter-Opfer-Ausgleich teilzunehmen. Sammelt zunächst Argumente, die für ein solches Gespräch sprechen und solche, die dagegen sprechen

Vergleiche Seiten 52/53

3 Martins Mutter möchte sich mit den Tätern treffen: Spielt, wie das Gespräch verlaufen wird. Bildet Gruppen und verteilt die Rollen (Täter, Mutter, Mediatoren). Erkundigt euch, was ein Mediator wissen und beachten muss.

4 Vergleicht eure Gruppenergebnisse: Mit welchem Ergebnis sind Täter und Opfer auseinandergegangen? Urteilt über das Gelingen eures Gesprächs in folgenden Punkten:
- »Haben wir uns gegenseitig zugehört?«
- »Haben wir uns in den anderen hineinversetzen können?«
- »Wollten wir Versöhnung* und haben eine Wiedergutmachung verabredet?«

5 Welche Strafe findest du für Martins Freunde gerecht? Begründe deine Meinung.

Auf dem Weg zu mehr Gleichberechtigung

»Männer und Frauen sind gleichberechtigt. Der Staat fördert die tatsächliche Durchsetzung der Gleichberechtigung von Frauen und Männern und wirkt auf die Beseitigung bestehender Nachteile hin.«
Grundgesetz (Artikel 3, Absatz 2)

Gerechtigkeit ist nicht allein dadurch gewährleistet, dass sie in Form von Gesetzen verankert wird. Die Rahmenbedingungen müssen stimmen, damit Menschen in ihren Familien, am Arbeitsplatz und in der Gesellschaft »Gerechtigkeit« umsetzen können. Dazu gehört auch die Bereitschaft, diejenigen Rollen zu hinterfragen, die Männer und Frauen in der Gesellschaft übernehmen (sollen).

Die Aufteilung der Hausarbeit – Modelle für morgen?

Ich habe das Gefühl, alleinerziehend zu sein. Dabei bin ich verheiratet, und mein Mann liebt unseren neun Monate alten Sohn über alles. Das Problem ist, dass er rund um die Uhr arbeiten muss […]. Wir wünschen uns ein zweites Kind, aber unter diesen Umständen kann ich mir das nicht vorstellen. *Susannah G., 30 Jahre, Sprachtherapeutin, Ehefrau*

Bei uns geht es in der Familie sehr gerecht zu. Wir beteiligen uns alle an der Hausarbeit. Jeder macht das, was er besonders gut kann. Mein Vater kocht leidenschaftlich, meine Mutter kann Unordnung nicht ausstehen und sorgt deshalb gerne für Sauberkeit und Ordnung. Meine kleine Schwester hilft mir gern. Da ich am liebsten an der frischen Luft bin und mich bewege, fege ich Laub und mähe den Rasen. Es gibt natürlich auch Arbeiten, die keiner mag – die werden dann immer geteilt. *Jonas*

»Ganztagskindergärten und Ganztagsschulen sind unverzichtbar. Wer Familienleben kennt, weiß aber auch, dass Kinder ihre Mütter vorher, währenddessen und danach brauchen. Im wirklichen Leben gibt es nichts zu ›vereinbaren‹, sondern nur zu addieren: Arbeit und Arbeit. Und das heißt ›Erschöpfung‹«.
Eine berufstätige Mutter mit zwei Kindern

Meine Mutter arbeitet halbtags, weil sie auch für die Familie da sein will. Nach ihrer Arbeit macht sie auch die Hausarbeit. Mein Vater kommt oft spät nach Hause und hilft deshalb wenig. Ich habe mit der Schule, meinem Geigenunterricht und der Tanzschule so viele Pflichten, dass ich kaum Zeit habe zu helfen. Meine Mutter ist oft unzufrieden und erschöpft. Jana

Bei uns verdient meine Mutter das Geld, denn mein Vater ist schon lange arbeitslos. Er kümmert sich um uns, kocht das Essen, hilft beim Lernen und schmeißt den Haushalt. Wenn Mama nach Hause kommt, ist fast alles erledigt. Aber unsere Kuchen kann sie immer noch am besten backen. Felix

1 Ergänzt die Stellungnahmen von Jana, Jonas und Felix durch eigene Erfahrungen: Welche Aufteilung der Hausarbeit kennst du? Sind sie für alle »gerecht«? Tauscht euch darüber aus.

2 Welche »Modelle« für die Aufteilung von Hausarbeit würdet ihr später übernehmen wollen? Beschreibt die Rollenbilder von Mann und Frau, die sich dahinter verbergen.

3 Diskutiert, ob und wie der Cartoon aus einer früheren Zeit aktualisiert werden müsste, damit er heute noch passt. Ihr könnt ihn auch neu zeichnen.

4 Nennt Benachteiligungen von Frauen oder Männern, inner- und außerhalb von Familien: Wählt zu zweit einen Fall und verfasst eine Kritik. An welche Adresse würdet ihr diese Kritik richten?

Unter den moralischen Gefühlen ist die Empfindung von Gerechtigkeit ein bedeutender »Motor«. Doch für das gerechte Handeln vergibt das Gewissen kein Patentrezept. Menschen müssen genau hinschauen: Gleichbehandlung kann beispielsweise ungerecht sein. Das ist in Situationen der Fall, in denen Menschen persönliche Hilfe brauchen. Für diese Gerechtigkeit steht die Formel: »Jedem nach seinen Bedürfnissen!« Andere Maßstäbe für Gerechtigkeit werden zusammengefasst in den Formeln: »Jedem das Gleiche!« – »Jedem nach seinen Verdiensten!« – »Jedem nach seinem Rang!«
Es gibt auch Versuche, Gerechtigkeit durch gerechte Verteilung sicherzustellen oder durch Wiedergutmachung. Gerechtigkeit kann zwar durch Gesetze festgeschrieben, aber nur durch die Menschen in ihrer Umgebung oder Gesellschaft eingelöst und verwirklicht werden. Gesetze und Sanktionen* bieten ein Geländer. Doch die Treppe hochsteigen müssen wir selbst.

Eine Frage des Gewissens

Stimmen im Bauch

Ich, Franziska, wollte mich mit Marie treffen. Aber wie so oft kam sie nicht pünktlich. Ich habe zwanzig Minuten gewartet, bin dann aber mit Markus zur Disco gegangen. Weder meine Eltern noch Marie wissen, wo ich jetzt bin. Es ist schon sehr spät. Markus will noch nicht gehen, um mich nach Hause zu bringen. Nun sitze ich hier und habe ein schlechtes Gewissen.

Das Gewissen – angeboren oder anerzogen?

Das Gewissen ist ein »innerer Gerichtshof«. Jeder Mensch hat ein Gewissen. Es ist angeboren und arbeitet im Innern wie ein Richter. Die Gedanken verklagen oder entschuldigen sich vor ihm. Diesem Gericht kann man nicht entfliehen.
Nach Immanuel Kant (1724–1804), Philosoph

Das Gewissen entwickelt sich im Laufe eines Lebens. Durch Erziehung lernen schon Kleinkinder, was richtig oder falsch ist. Der Mensch lernt Normen und Regeln seiner Umgebung kennen und sich nach ihnen zu richten. Diese verinnerlicht er dann zum Gewissen.
Nach Sigmund Freud (1856–1939), Arzt und Begründer der Psychoanalyse*

Das Gewissen ist die Stimme Gottes. Gott weiß, was gut und richtig ist.
Eine religiöse Überzeugung

Auf Demonstrationen tragen Menschen ihr Gewissen auf die Straße, wie hier bei einer Anti-Kriegsdemonstration – »Du kannst die Welt in Stücke (pieces), aber nicht zum Frieden (peace) bomben!« – oder bei einer Demonstration von Abtreibungsgegnern (»Hättest du mich getötet?«).

Fachübergreifend (Politik, Religion): Gewissen global

Wer sich auf sein Gewissen beruft, will einer Entscheidung Gewicht beimessen. So sagen wir bei uns »mit bestem Wissen und Gewissen«, wenn wir die gute Absicht einer Entscheidung unterstreichen. In Konfliktsituationen kann das Gewissen eine explosive Sprengkraft entwickeln – manche Menschen waren (und sind) bereit, dafür zu sterben. Im deutschen Grundgesetz wird das Gewissen als letzte moralische Entscheidungsinstanz anerkannt – junge Männer, die den Kriegsdienst verweigern, können sich auf ihr Gewissen berufen. Doch nicht überall auf der Welt wird das persönliche Gewissen so hoch geschätzt. Vielfach haben Traditionen oder religiöse Regeln eine so hohe Verbindlichkeit, dass man vom Einzelnen erwartet, dass er sich ihnen auch gegen sein Gewissen unterwirft.

- Welche Erfahrungen hast du mit deinem Gewissen?
- Welchen nebenstehenden Äußerungen aus aller Welt kannst du dich anschließen? Beschreibe Gewissenskonflikte – eigene oder die anderer Menschen –, die dich besonders beschäftigt haben.

»Ein Gewissen ist manchmal praktisch und manchmal unpraktisch. Habe ich etwas Gutes getan, erzähle ich es meinen Eltern. Habe ich etwas absichtlich oder unabsichtlich Schlechtes getan, mache ich mir Vorwürfe und gehe meinen Eltern aus dem Weg.«
Indira aus Indien

»Mein Gewissen meldet sich immer dann, wenn ich über das, was ich getan habe, nachdenke und merke, dass es gut oder schlecht war.«
Luo aus China

»Oft habe ich meinen Eltern gegenüber ein schlechtes Gewissen. Ich weiß ja, dass sie es gut meinen und für mich verantwortlich sind, aber manchmal sind die vielen Verbote einfach nervig. Dann tue ich auch schon mal was Unerlaubtes.«
Tom aus den USA

1 Gib Franziska einen Rat, was sie tun soll.

2 Von wem könnten die Stimmen stammen, die im Innern von Franziska miteinander »streiten«? Was würde Sigmund Freud dazu sagen? Und ein Christ?

3 Welche Auswirkungen kann das Gewissen auf den Menschen und sein soziales Umfeld haben? Stellt Vor- und Nachteile einander gegenüber.

4 Kennt ihr Fälle, in denen das menschliche Gewissen manipuliert* oder ausgeschaltet wurde? Diskutiert, was dagegen getan werden kann.

Seiten 66/67 ◀

Erinnert ihr euch? Peter konnte sich nicht entscheiden, ob er Hannes Eltern die Wahrheit sagen sollte oder nicht. Nun hat sich Peter dafür entschieden – er ist zu Hannes Eltern gegangen und hat sie eingeweiht. Seitdem hat Hannes jeden Kontakt mit ihm abgebrochen. Peter schreibt ihm daraufhin folgende Mail:

Frage - Nachricht (Rich-Text)

Datei Bearbeiten Ansicht Einfügen Format Extras Aktionen ?

Senden | Optionen...

An...

Cc...

Betreff:

Hallo Hannes,

da ich versucht habe, mit dir zu reden und du mir keine Chance dazu gibst, schreibe ich dir. Du sollst wissen, warum ich diese Entscheidung getroffen habe, denn unsere Freundschaft war und ist mir wichtig. Du bist mein Freund, auch wenn du 's nicht mehr wahrhaben willst.

Was hätte ich denn tun sollen? Du glaubst gar nicht, wie ich Angst um dich hatte, als sie dich mit dem Asthmaanfall ins Krankenhaus brachten. Mir ist die Entscheidung nicht leicht gefallen. Einige Wochen habe ich mit mir gekämpft. Natürlich habe ich mir auch Gedanken darüber gemacht, wie du reagierst. Ich hatte aber gehofft, du kannst mich nach deiner ersten Wut und Enttäuschung irgendwie verstehen. Als ich dann mit deiner Mutter geredet hatte, ist mir klar geworden, wie viel mir unsere Freundschaft bedeutet. Aber vor der Entscheidung weglaufen? Ich weiß, Du hast mir vertraut. Es war ja auch nicht das erste Mal, dass wir unsere Eltern ausgetrickst haben. Aber dann hat das Gefühl den Ausschlag gegeben, dass es so einfach nicht weitergehen kann.

Manchmal bin ich fest davon überzeugt, das Richtige getan zu haben; dann wieder tut es mir leid, dass ich dich enttäuscht habe. So geht es nun schon lange hin und her. Kannst du mich ein bisschen verstehen? Bitte sei nicht mehr sauer und rede mit mir!

Viele Grüße, Peter

Der Sozialphilosoph Detlef Horster empfiehlt in einem Interview den Menschen, »[sich] darin zu üben, eigene Entscheidungen zu treffen. Jeder soll sich die Frage stellen: Welche Konsequenzen hat mein moralisches Handeln? Wenn ich mich in dieser Situation so entscheide, komme ich dann mit meinem Gewissen auf lange Sicht klar oder nicht?«

Methode: Gedankenexperiment

Was wäre, wenn … – es keine Strafen mehr gäbe?

Stell dir vor, das Parlament eines Landes beschließt, dass es zwei Jahre lang keine Gesetze und keine Strafen mehr geben soll – also auch keine Richter, Staatsanwälte oder Verteidiger. In der Schule würden Schulstrafen oder Ordnungsmaßnahmen wegfallen.

- Wie würde sich dein bisheriges Leben in der Schule dieser Stadt ändern? Wäre es das, was du dir erträumst?
- Wie werden sich die Menschen voraussichtlich verhalten?

»Was wäre, wenn …?« oder »Nehmen wir einmal an …« sind Formulierungen, die eine besondere Art von Experimenten einleiten: Experimente mit Gedanken, Gedankenexperimente. Ausgehend von nicht realen, unwahrscheinlichen oder sogar ganz und gar unmöglichen Voraussetzungen wird auf rein gedanklichem Weg überlegt, zu welchen Konsequenzen diese führen könnten. Auf diese Weise lassen sich neue Perspektiven entwickeln oder Zusammenhänge klären. Hier dient das Experiment dazu, die Bedeutung von Recht und Ordnung bzw. des Gewissens zu überdenken.

1 In Peters Brief meldet sich »zwischen den Zeilen« sein Gewissen. An welchen Stellen könnt ihr es, auch unausgesprochen, entdecken?

2 Habt ihr ähnliche Erfahrungen mit eurem Gewissen gemacht? In welchen Situationen hat es sich gemeldet? Was hat es bei dir bewirkt?

3 Stellt euch vor, das Gedankenexperiment gelingt – Menschen kommen ohne Gesetze und Strafen miteinander aus: Überlegt, welche Rolle in diesem Fall das Gewissen übernehmen würde.

4 Versucht, in einer Definition festzuhalten, was das menschliche Gewissen ist.

→← Das Gewissen meldet sich im Innern zu Wort. Niemand kann es kontrollieren. In Gewissenskonflikten klärt sich, ob Handlungen mit unseren Wertvorstellungen und dem, was von uns erwartet wird, übereinstimmen. Das Gewissen zwingt, Handlungen an unserem inneren Maßstab zu messen – dabei beeinflussen uns unangenehme oder angenehme Gefühle. Das Gewissen kann mahnen, bestärken und tadeln. Doch wie kommt das Gewissen in uns hinein?

Hirnforscher/innen sagen, dass »Gewissen« erlernt wird; dass das Gespür für »richtiges« Handeln bei Kindern im Tun entwickelt wird – immer wieder, in wechselnden Situationen, im Zusammenleben mit Menschen. Andere Forschungsrichtungen halten die Grundanlage des Gewissens für angeboren. Religiöse Menschen deuten das Gewissen als Stimme Gottes.

Respektvoll miteinander umgehen – aber wie?

Brüder vor Gericht

Hatun Sürücü wurde in Berlin geboren und war deutsche Staatsbürgerin. Sie besuchte Schulen in Berlin, zuletzt ein Gymnasium. Die Eltern meldeten sie in der 8. Klasse ab. Hatun wurde nach Istanbul gebracht, um den Sohn ihrer Tante zu heiraten – eine Zwangsehe, die sie mit 16 eingehen musste. Als der Mann sie trotz ihrer Schwangerschaft schlug, ging sie nach Deutschland zurück. Sie wohnte zunächst bei den Eltern, dann in einem Mutter-Kind-Heim, wo sie ihren Hauptschulabschluss nachholte.

Als sie auf eigenen Beinen stand, begann sie sich modern zu kleiden, zu schminken und sich mit Freunden zu treffen. Sie war dabei, ihren Gesellenbrief als Elektroinstallateurin zu machen. Doch die 23-Jährige sollte sterben, weil sie wenig Wert auf Tradition gelegt habe. Für ihre engsten Angehörigen war ihr moderner Lebensstil eine Kränkung der Familienehre.

Vor Gericht zeigt der jüngste der drei Brüder, der Hauptangeklagte Ayhan Sürücü, keine Reue. Hatun sei selbst schuld daran gewesen, dass sie habe sterben müssen. Ein Sohn müsse die Familie schützen, wenn die Tochter ausschere und ihr Schande mache. Der 20-Jährige wurde zu einer mehrjährigen Haftstrafe verurteilt.

Das Urteil im »Ehrenmord«-Prozess hat gemischte Reaktionen ausgelöst. So genannte Ehrenmorde haben nach Auffassung des Zentralrats der Muslime nichts mit dem Islam zu tun. Kein Mord könne durch den Islam gerechtfertigt werden, insbesondere nicht der »Ehrenmord«, teilte die Vereinigung mit.

Es gibt Länder, in denen Männer Verbrechen an ihren Töchtern oder Frauen verüben, wenn diese nicht dem entsprechen, was von ihnen erwartet wird. Wenn sich z.B. eine Tochter nicht so verhält, wie es Tradition und Erziehung ihrer Familie vorsehen, verletzt sie »die Ehre der Familie« – und wird dafür hart »bestraft«. Im Namen dieser »Ehre« tun Männer und Söhne ihren Töchtern, Schwestern oder Ehefrauen schwere Gewalt an – häufig geduldet von einer schweigenden Mehrheit.
Jährlich werden an Frauen ungefähr 5.000 sogenannte »Ehrenmorde« verübt, ohne dass die Täter zur Rechenschaft gezogen werden. Der »Ehrenmord« wird häufig vom Familienclan beschlossen. Meistens wird ein Familienmitglied ausgewählt, das den Plan ausführen soll.
Wenn die Ehre auf dem Spiel steht, scheinen menschenfreundliche Werte einer Religion oder einer Gesellschaft nicht mehr zu gelten.
Der Mord an einer jungen deutschen Frau türkischer Herkunft zeigt, dass »Ehrenmorde« auch bei uns passieren. Kürzlich standen drei Brüder vor Gericht – sie sollen ihre Schwester getötet haben, um die »Ehre« der Familie zu retten. Der jüngste Bruder hat die Tat gestanden. Zeitungen haben darüber breit berichtet.

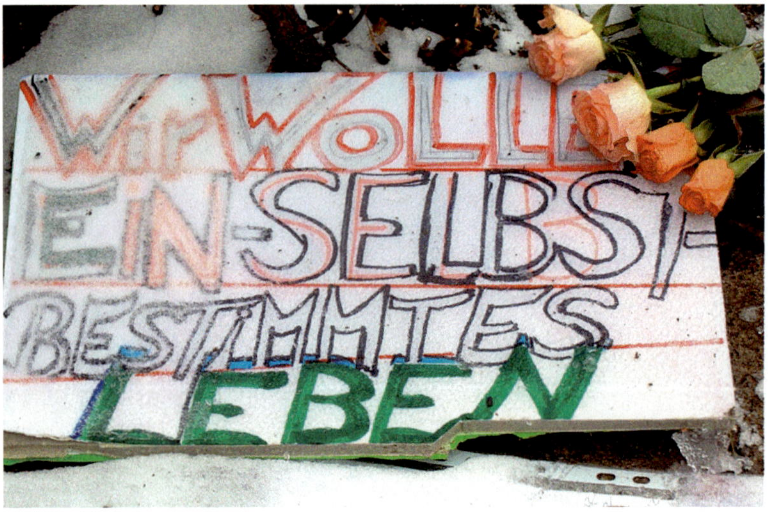

Gedenkschreiben zur Erinnerung an Hatun Sürücü – abgelegt am Tatort, einer Bushaltestelle in Berlin

Es gibt Jugendliche, die Verständnis für bevormundende Ehrbegriffe von Gewalttätern zeigen. Andere jedoch setzen sich, wie hier in einer Postkarten-Aktion, für menschenfreundliche Vorstellungen von »Ehre« ein.

Türkische Mädchen in einer Kölner Disco.
Das Erzwingen einer Ehe wird bei uns als schwerer Fall von Nötigung bestraft. Es wird diskutiert, Zwangsheirat als eigenen Straftatbestand einzuführen.

Der preisgekrönte Kinofilm »Gegen die Wand« (2006) von Fatih Akin zeigt die Zerrissenheit junger Türken in Deutschland. Er spiegelt das Problem, zwischen zwei Kulturen zu stehen. Für viele türkischstämmige Mädchen in Deutschland heißt »Ehre«, streng nach den überlieferten Regeln ihrer Familien zu leben – auch wenn das Leben um sie herum an anderen Werten und Normen ausgerichtet ist (Seiten 148/149).

1 Der jüngste Bruder Ayhan verspürt weder Mitleid mit seiner Schwester noch Reue für seine Tat: Wie erklärt ihr euch das?

2 Überlegt in Gruppen, was »Ehre« für Jungen oder Männer bedeuten kann, die die Gleichberechtigung von Männern und Frauen befürworten. Habt ihr Ideen für eine Aktion an eurer Schule?

Seiten 76/77 ◂

3 Erstellt eine Argumentationshilfe gegen den Ehrenmord – sie kann denen einen Rückhalt bieten, die unentschlossen sind, oder vielleicht sogar diejenigen umstimmen, die sich für Ehrenmorde aussprechen.

4 Wer kennt die »Zerrissenheit«, von der Fatih Akin in seinem Film erzählt? Lasst Betroffene in eurer Gruppe zu Wort kommen.

5 Legt in einer gemeinsamen Selbstverpflichtung fest, was ihr in eurer Klasse unter respektvollem Umgang untereinander konkret versteht.

Respektvoll miteinander umgehen – aber wie?

In einer freien Gesellschaft kann jeder Mensch seinen Lebensstil selbst bestimmen: Menschen wählen sich eine Szene aus, der sie angehören wollen; oder sie treten einer Religionsgemeinschaft bei, die ihnen zusagt. Ähnlich kann es in Fragen der sexuellen Identität* sein: Nicht alle Menschen fühlen sich vom anderen Geschlecht – heterosexuell – angezogen. Es gibt z.B. Männer und Frauen, die sich als Homosexuelle, Lesben oder Asexuelle (Menschen ohne sexuelle Antriebe) verstehen. Doch nicht überall treffen Homosexuelle oder andere Menschen, die von der »üblichen Norm« abweichen, auf Verständnis.

Sexualität ausprobieren?

Sechs von hundert befragten Jungen und Mädchen berichten von gleichgeschlechtlichen Kontakten, besonders im Alter zwischen zehn und dreizehn Jahren. Während über drei Viertel der Jugendlichen der Auffassung sind, dass Homosexualität zunehmend gesellschaftlich toleriert wird, teilen diese Meinung nur knapp zwei Drittel der Erwachsenen.

Collin hat es zu Hause nicht mehr ausgehalten: Er fand Unterstützung in einer Berliner Wohngruppe für homosexuelle oder lesbische Jugendliche.

Coming out – und dann?

Ich, Collin, war 13, als ich herausfand, dass ich schwul bin. Ich hatte mich damals verliebt, aber das war nicht der Richtige. Es dauerte zwei Jahre, bis ich meiner Mum davon erzählte. Sie war eigentlich nicht wirklich geschockt. Irgendwie hatte sie es wohl auch geahnt. Ich denk' mal, Mütter ahnen so etwas ja. Aber sie ist nicht wirklich damit klargekommen. Gesagt hat sie eigentlich gar nichts dazu. Sie hat mich in den Arm genommen, hat auch geweint und »ja, ist okay, wird schon, machen wir schon« gesagt. Sonst eigentlich nichts. Ich hab dann weiter als Schwuler, so eher versteckt, gelebt. Ich bin auf schwule Partys gegangen, hab' Leute kennengelernt, war eigentlich ganz gut [...]. Jetzt hab' ich schon ganz lange 'nen festen Freund, seit acht Monaten. Natürlich hab' ich von Anfang an über den Schutz vor Aids nachgedacht. Aber das war nicht so sehr das Problem. Eher waren das die Probleme zu Hause, in der Familie. Meine Mutter wusste Bescheid, okay, die meinte dann aber, es dürfe niemand in der Familie erfahren, dass ich schwul bin. Aber irgendwie haben dann doch alle davon erfahren, die ganze Familie. Die Hälfte kam auch damit klar. Aber meine Onkels, die haben das überhaupt nicht verstanden, und meine so genannten Heterofreunde, die kamen auch nicht damit klar. Gesagt wurde dann: Das ist 'ne Phase – wenn man in der Pubertät ist, ist das normal, ist bei jedem so. Aber ich wusste natürlich, dass das keine Phase ist, sondern dass ich eben schwul bin. Ich konnte dann irgendwie nicht mehr so in diesem Zwiespalt leben.

1 Findet Definitionen* für die Begriffe »hetero«, »lesbisch« und »schwul«, wie sie in einem Lexikon stehen könnten. Sammelt dann mithilfe einer Mindmap möglichst viele Aspekte zum Thema »Sexualität« – auch solche, die auf dieser Doppelseite fehlen.

2 Spielt in Gruppen das »Coming-out« eines Jugendlichen im Rollenspiel nach: Wie könnten Eltern, Lehrer/innen, Mitschüler/innen und der Freundeskreis darauf reagieren?

3 Diskutiert über die Hindernisse, die Collin überwinden muss, um nach seinen Neigungen leben zu können, ohne benachteiligt zu werden. Nennt andere »Gruppierungen« mit ähnlichen Problemen.

Seite 16 ◀ **4** Informiert euch über Motive und Grundsätze der True-love-waits-Bewegung und der Asexuellen. Erfahrt ihr auch etwas darüber, wie sie ermutigt wurden, ihre Einstellung öffentlich zu machen?

5 Sich zur eigenen sexuellen Neigung zu bekennen, bedeutet nicht, andere zu bedrängen: Definiert* eine Grenze, die ein anderer nicht überschreiten darf. Überlegt Strategien*, um euch unter Umständen abgrenzen und schützen zu können.

→← In unserer Gesellschaft leben heute Menschen unterschiedlicher Lebensstile und Kulturen. Das Zusammenleben ist dadurch vielfältiger und bunter, aber auch schwieriger geworden. Notwendig ist ein respektvoller Umgang miteinander, der diese Vielfalt wie einen Blumenstrauß zusammenbindet, damit er nicht auseinanderfällt. Das meinen viele, wenn sie von Toleranz – oder besser: Respekt – sprechen. Wer anderen oder fremden Lebensstilen mit Respekt begegnet, muss keineswegs seine eigene Haltung aufgeben. Es geht vielmehr darum, die Mitmenschen als ebenso freie und gleichberechtigte Menschen anzuerkennen wie sich selbst. Doch die Toleranz findet dort ihre Grenze, wo die Rechte anderer missachtet werden.

Seitdem 2001 in Deutschland die »eingetragene Lebenspartnerschaft« eingeführt worden ist, sind bei uns gleichgeschlechtliche Paare den heterosexuellen Ehepaaren nahezu gleichgestellt. Das sogenannte Lebenspartnerschaftsgesetz wurde 2005 überarbeitet und regelt die Rechte und Pflichten der Beteiligten in eheähnlicher Weise.

Werte, die zählen

RENÉ MAGRITTE hat in seinem Gemälde »Die persönlichen Werte« beliebige Alltagsgegenstände gigantisch vergrößert: Ein Kamm, ein Streichholz, ein Glas, ein Rasierpinsel und ein Stück Seife füllen den Raum – zusammen mit Bett, Schrank und Teppichen, die allerdings in »richtiger« Größe erscheinen. Wenn das Verhältnis zwischen den Gegenständen nicht den Tatsachen entspricht, welche Wirklichkeit bildet Magritte dann eigentlich ab?

1 Zeichnet ein Bild mit dem Titel »Meine persönlichen Werte«. Hebt darin, wie MAGRITTE, die »Größe« der für euch wichtigen Alltagsgegenstände besonders hervor.

2 Auf welche Gegenstände wollt ihr nicht (mehr) verzichten? Diskutiert, auf welche Weise die Alltagsgegenstände euer Leben prägen und bestimmen.

Seiten 64/65

3 Sucht eigene Werte, die nicht gemalt werden können, aber für euer Leben dennoch eine große Rolle spielen. Versucht, diese Werte auch begrifflich zu bestimmen.

Seite 173 oben

Seite 27
Methode: Eine Collage anfertigen

4 Fertigt in kleinen Gruppen eine Collage an, in der die wichtigsten Werte in eurer Gruppe berücksichtigt werden. Entdeckt ihr Unterschiede zwischen euch? Versucht, diese herauszuarbeiten. Schreibt einen erläuternden Kommentar dazu.

Projekt: Wie »wertvoll« ist unsere Schule?

Startet zunächst eine »Werte-Umfrage« an eurer Schule. Das Ergebnis könnt ihr als Grundlage einer Wertediskussion nutzen. Findet dazu Diskussionspunkte, zu denen ihr mehr wissen wollt, zum Beispiel: Wenn unsere Schule einen *Wert* haben soll,

... brauchen wir Schüler/innen und Lehrer/innen, die für sich und andere Menschen *wertvoll* sein möchten (1).

... brauchen wir eine *Wertegemeinschaft*, die offen ist für alle, aber nicht für alles (2).

... brauchen wir *wertvolle* Stunden (3).

... brauchen wir ... (4)?

Und so geht's:

- Bildet kleine Gruppen: Entwickelt dort einen Bogen mit Fragen, von denen ihr euch erhofft, etwas darüber zu erfahren, wie sich eure Mitschüler/innen oder Lehrer/innen eine »wertvolle Schule« vorstellen.
- Legt fest, wen und wie viele ihr befragen wollt (Klassen, einzelne Schüler/innen, Lehrer/innen usw.) Überlegt, wann und wie die Befragung stattfinden soll und wie ihr das Material sichert.
- Präsentiert eure Ergebnisse der Gesamtgruppe und vergleicht sie miteinander.
- Vielleicht gelingt es auch, daraus eine Ausstellung für die Schule zu gestalten ...

Lesetipp

Grundgesetz für die Bundesrepublik Deutschland. Textausgabe. Herausgegeben von der Bundeszentrale für politische Bildung, Bonn 2004 (kostenlos unter: www.bpb.de)

FERNANDO SAVATER: Tu, was du willst. Ethik für die Erwachsenen von morgen, Weinheim/Basel: Beltz Verlag 2001

Eine »wertvolle« Schule?
Was könnte *aufgewertet* werden? Was sollte nicht *abgewertet* werden?
Was darf *wertlos* werden?

Mensch braucht …

Essen und Trinken,
braucht
guten Schlaf und
ein
Dach
überm Kopf.

Mensch braucht
Mensch,
braucht jemand
zum Reden,
jemand,
der ihn
versteht.

Reden muss aber
nicht immer
sein.
Manchmal
genügt schon
eine kleine Geste
oder
ein aufmerksamer
Blick.

Manfred Berg:
Mensch braucht (2005)

Viertes Kapitel

Verstehen, verständigen und argumentieren

Meinungen

»Für Mengenlehre fehlt mir fast jedes Verständnis, für meine Freunde wohl eher nicht.« *Alina K., 12 Jahre*

»Ich mag Leute nicht, die andere beschimpfen oder ordinäre Gesten machen, bloß weil ihnen die Argumente ausgegangen sind.« *Chikali V., 13 Jahre*

»Technisch sind wir ja schon recht weit, was Kommunikation* angeht, aber menschlich – will ich mal sagen – klemmt's immer noch.« *Merit S., 14 Jahre*

1 Welche Bedeutungen hat das Wort »Verständnis«? Welche der Bedeutungen ist für dich wichtig, welche weniger wichtig?

2 Stell dir vor: Jemand, den du sehr gerne magst, redet plötzlich kein einziges Wort mehr mit dir. Schreibe auf eine Karte in einem Satz, was du spontan tun oder sagen würdest. Vergleicht anschließend eure Lösungen.

3 Diskutiert: Welche Verständigungsprobleme können durch Technik gelöst werden, welche nicht?

Kommunikation*: Was ist das?

Das Sprichwort sagt: »Gesten sagen mehr als Worte.« – Wie leicht lässt sich mit einer beschwichtigenden Bewegung der Hände ein drohender Streit vermeiden, mit einer abwehrenden Gebärde eine Kränkung abtun.
Doch nicht nur Hände, Arme oder Schultern bieten Möglichkeiten für Verständigungsbrücken, die kaum weniger ausdrucksreich als die gesprochene Sprache sind. Reichhaltiger noch, aber auch vieldeutiger ist das Mienenspiel, mit dem Menschen einander ihr Innerstes offenbaren – oder aber verbergen.
Wenn jemand ein Gesicht »wie drei Tage Regenwetter« macht, geht man ihm für einige Zeit vielleicht besser aus dem Weg. Möglicherweise will er oder sie aber auch »sagen«: Fragt mich denn keiner, wie's mir eigentlich geht?

Zu hoch getragen?

Ich beobachtete einmal einen italienischen Kellner in einem ausgezeichneten Restaurant. Er war offensichtlich hervorragend ausgebildet und perfekt in der Handhabung seiner Aufgaben. Er hatte nur ein kleines Problem. Er trug die Nase hoch. Als jemand Spaghetti vongole bestellte, die es nicht gab, und er nach anderen Wünschen fragte, bekam er auch schon die mürrische Antwort: Dann nicht. Als er einem Gast sehr prompt die beim Gedeck vergessene Gabel nachlegte, zuckte der zurück. Binnen 20 Minuten gab es an jedem Tisch einen Anflug von Ärger. Dabei machte der Mann eigentlich nichts falsch. Er trug nur die Nase zu hoch, und damit fühlten sich die Gäste von oben herab behandelt, verletzt. […] Andererseits: Der Ober war gewiss überzeugt, seine Gäste seien schrecklich aggressiv und verstünden nichts von anständiger Bedienung. […]

Q Samy Molcho: Körpersprache (1998)

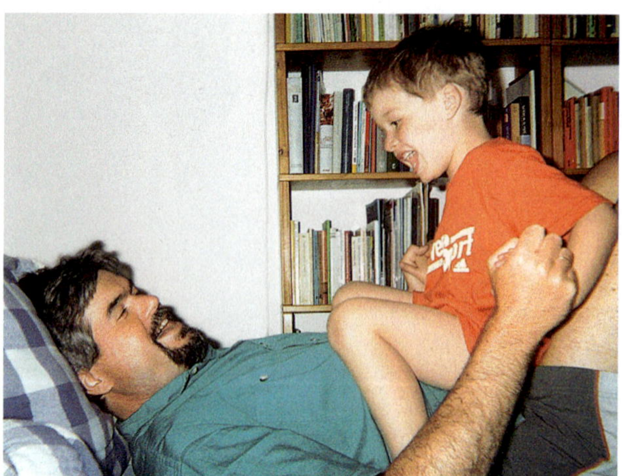

Bereits im 3. Lebensmonat ist ein Baby zum »sozialen Lächeln« fähig. Wortlose Botschaften, die durch Mimik und Blickkontakt zwischen Eltern und Kindern ausgetauscht werden, sind für die Bildung des Urvertrauens* sehr wichtig – sie werden im Laufe der Zeit immer komplexer.

Kommunikation* in der Antike

Im antiken Olympia führten die Griechen nicht nur sportliche Wettkämpfe durch; die Zuschauer, die teilweise von weither angereist waren, schätzten auch die belebende Wirkung rhetorischer Schaukämpfe. Diese wurden ebenso wie die athletischen Kämpfe nach strengen Regeln ausgetragen – unter der Aufsicht von Schiedsrichtern. Und für die Sieger gab es am Ende sogar Lorbeeren und Medaillen … Wenn im alten Rom ein Redner das Publikum mit einer Frage einbezog, nannte man diese Technik der Redekunst (Rhetorik) »communicatio« – im Bewusstsein, dass die »Gemeinschaft« von Redner und Zuhörern dadurch deutlich gestärkt wurde.

Fachübergreifend (Biologie): Tierische Kommunikation*

Auch Tiere verfügen über Mittel und Wege, sich Artgenossen, aber auch artfremden Tieren über Laute und instinktmäßig festgelegte Körperhaltungen oder Gebärden mitzuteilen. Allerdings kann es auch bei ihnen zu Missverständnissen kommen, die Konflikte auslösen. So mancher brave Hund hat das schon zu spüren bekommen, wenn er einer Katze in friedlicher Absicht die Pfote hingehalten hat – für die Katze ist eine erhobene Pfote fast immer ein Signal für Angriffsbereitschaft.

- Erforscht, wie Tiere miteinander in Kontakt treten (= kommunizieren).
- Klärt, unter welchen Bedingungen »verfeindete« Tiere wie Hunde und Katzen es schaffen, friedlich zusammenzuleben.
- Untersucht in gemeinsamen Experimenten, wie sich sprachliche Mitteilungen verändern, wenn ihr dabei wie Katzen faucht, wie Schlangen zischelt oder die anderen »anbellt«.

Was geschieht, wenn ihr sprachliche Äußerungen mit »Meckern«, »Grunzen«, »Blöken« oder »Gackern« beantwortet?

1. Spielt die Restaurant-Szene auf Seite 90 mit wechselnden Rollen pantomimisch nach. Experimentiert auch mit unterschiedlichen Mienen und Gesten (z.B. der Kellner ist gelangweilt oder unterwürfig).
2. Diskutiert: Können Menschen mit Gesten und Mienen auch überzeugend lügen? (Erprobt solche Möglichkeiten mit gestellten Gesten und Mienen.)
3. Sucht gemeinsam eine Definition* von tierischer und menschlicher Kommunikation*.
4. Erforscht, ob es gestische und/oder mimische Ausdrucksformen gibt, die allen Menschen – gleich welcher Herkunft und Sprache – gemeinsam und verständlich sind.

Kommunikation*: Was ist das?

Die alten Griechen waren auf ihre wohlklingende und »geordnete« Sprache so stolz, dass sie andere Völker ihrer unterentwickelten »rohen« Sprache wegen »Barbaren« nannten. Wenn jemand heute Unsinn redet, sagt man ähnlich: »Er/sie redet Blabla!«

SALVATORE DALI, Der Schlaf (1937)
Was bleibt am Menschen Menschliches, wenn er nur noch schweigt – und damit seine Brücken und Verbindungen zu anderen Menschen abbricht? Ist er dann noch wahrhaft »Mensch«?

Mensch sein durch Kommunikation?

Philosophen und Dichter haben es seit der Antike beharrlich behauptet: Der Mensch unterscheidet sich vom Tier in erster Linie dadurch, dass er eine hoch entwickelte Fähigkeit zur sprachlichen Kommunikation besitzt . Die Möglichkeit, sich sprachlich (= in Worten) mitzuteilen, ist für das Zusammenleben des Menschen sehr wichtig – noch die Verweigerung des Miteinanderredens (wie etwa im trotzigen Schweigen) wird als eine besondere Form »sprachlicher« Kommunikation aufgefasst. Widersinnig (= paradox) und trotzdem wahr!

- Lässt sich alles, was bedeutsam ist, in Worten und daraus gebildeten Sätzen mitteilen?
- Sind die Botschaften, die wir in sprachlicher Kommunikation senden, immer eindeutig und klar? Sagen wir wirklich immer nur das, was wir zu sagen meinen?

Alltagsgespräche

Mutter bittet Kevin: »Könntest du bitte schnell den Müll hinunterbringen?«
Kevin: »Keine Zeit! In einer Viertelstunde beginnt die Fußballübertragung.«

Ariane zu Moni: »Die neue Jeans steht dir echt gut!«

Geschichtslehrer Obentheuer zu seiner 7 a: »Wir sind im Stoff zurück. Ihr lest deshalb bis morgen im Buch über Karl den Großen bis Seite 84!«
Klasse 7 a: »Wir schreiben morgen schon einen Chemie-Test.«

Analyse

- Mutter »appelliert« an ihren Sohn, gibt ihm höflich einen Arbeitsauftrag. (Vermutlich enthält dieser auch die »Ich-Botschaft«: »Ich kann das Chaos in deinem Zimmer nicht mehr länger angucken.«) Antwortet Kevin aber nur mit einer »Sachinformation«? Was gibt er gleichzeitig als »Ich-Botschaft« weiter? Und: Steckt da nicht auch ein verborgener Appell an seine Mutter mit drin?
- Wie alle Geschmacksurteile ist auch das von Ariane über Monis Jeans »subjektiv« – eher eine »Ich-Botschaft« als eine »Sachinformation«: Was sagt das offene Urteil über Arianes Beziehung zu Moni und über ihr beiderseitiges Verhältnis?
- Was vermittelt Herr Obentheuer als »Sachinformation«, was an »Ich-Botschaft«? Welche versteckten Botschaften lassen sich sonst noch in dieser Gesprächssituation finden?

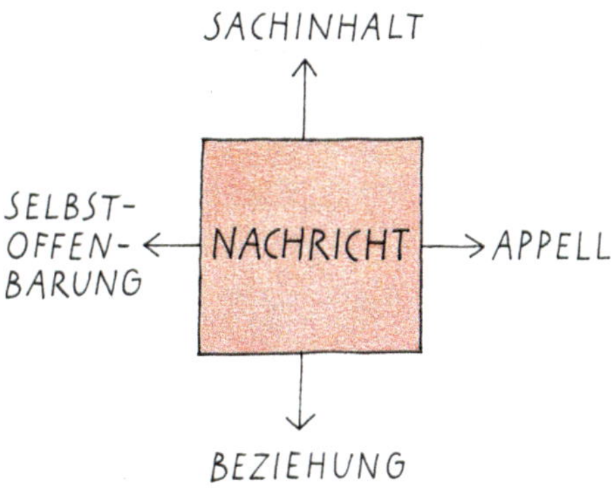

Seiten 50–53
(Kapitel 2: Mit Konflikten leben)

»Für Psychologie bin ich nicht so zu haben. Lieber spontan sein als sich mit so was Unnötigem zu belasten.«
ANIKA S. (22), Kellnerin

»Seitdem ich den Weiterbildungskurs in Kommunikation* gemacht habe, mache ich ganz andere Umsätze.«
KURT B. (41), Staubsaugervertreter

»Wenn es in meiner Jugendgruppe früher Knatsch gab, war ich manchmal ziemlich hilflos. Ich finde, ein bisschen Ahnung von ›quadratischen Botschaften‹ zu bekommen hat da ganz gut geholfen. Mit dem Wissen ist aber auch wieder die Verantwortung gewachsen.«
JEROME H. (19), Leiterin einer christlichen Jugendgruppe

»Früher fand ich unseren Physiklehrer echt ätzend. Jetzt höre ich die Ich-Botschaft seines knallharten Unterrichtsstiles heraus: Der Mann braucht einfach Anerkennung und ein bisschen Bewunderung.«
PETRA M. (15), Schülerin

Fachübergreifend (Kommunikationspsychologie): Das Nachrichtenquadrat

Bei genauem »Hinhören« erkennt man, dass eine einzige sprachliche Nachricht außer sachlicher Information auch noch Ich-, Du- oder Wir-Botschaften enthalten kann. Dazu kommen oft noch versteckte Aufforderungen (»Appelle«) zu einem bestimmten Handeln oder Reagieren. Der Hamburger Psychologe FRIEDEMANN SCHULZ VON THUN hat ein Modell entwickelt, wie man dieses komplizierte Geflecht verständlicher machen kann:
So kann die einfache Nachricht »Es regnet immer noch!« gleichzeitig bedeuten:

- »Der Regen hält jetzt seit Stunden an.« (*Sachinformation*)
- »Ich mag solches Wetter überhaupt nicht!« (*Selbstoffenbarung/Ich-Botschaft*)
- »Ich möchte dich, meine beste Freundin, ebenso wenig wie mich solcher Nässe ausgesetzt sehen.« (*Beziehungsbotschaft/Du- oder Wir-Botschaft*)
- »Bleib doch einfach noch da!« (*Appell/Aufforderung*)

1 Gibt es mehrfache Botschaften auch in der Tierwelt, etwa die Kombination von Beziehungsnachricht und Appell?

2 Schreibt kleine Texte mit mehrfachen Botschaften. Erprobt ihre Wirkung im szenischen Spiel.

3 Ein Mitschüler schweigt stur auf deine Frage: »Hast du mal einen Radiergummi für mich?« Schreibt in ein Quadrat denkbare »Botschaften«, die er durch sein Schweigen gibt.

4 Warum ist es auch für einen selbst nicht gut, Wissen über sich und seine Mitmenschen abzulehnen, das ein größeres Verständnis für das menschliche Zusammenleben ermöglicht?

→← Kommunikation* ist für Tiere und Menschen gleichermaßen überlebenswichtig. Zwar verfügen Tiere ebenso wie Menschen über zahlreiche Laute und Gesten; diese gewinnen aber beim Menschen – zum Beispiel beim Lächeln – (bei dem man sich »die Zähne zeigt«) eine neue und besondere Bedeutung.
Im sprachlichen Miteinander drücken Menschen innerhalb einer einzigen Nachricht oft gleichzeitig mehrere Botschaften aus. Wer über solche Zusammenhänge Bescheid weiß, kann Konflikte entschärfen. – Mehr Wissen bedeutet aber auch größere Verantwortung.

Störungen der Kommunikation*

Kennst du das? Du gehst auf jemanden offen und freundlich zu, weil du ihn oder sie kennst und auch ganz gerne hast. So sprichst du ihn oder sie freundlich an – und bekommst eine Abfuhr: »Mensch, lass mich bloß in Ruhe!« Du fragst dich: »Was ist falsch gelaufen? Habe ich etwas falsch gemacht? Soll ich ihn (oder sie) wirklich in Ruhe lassen oder …?« Das Sprichwort sagt: »Niemand ist aus Holz« – was bedeutet: Menschen leiden manchmal unter Störungen und Blockaden der Mitteilung. Lohnt es sich da nicht, den Gründen einmal näher nachzugehen?

Schlüsselreiz
»He, heraus! Du Ziegen-Böck!
Schneider, Schneider, meck, meck, meck!!« –
Alles konnte Böck ertragen
Ohne nur ein Wort zu sagen;
Aber wenn er dies erfuhr,
Ging's ihm wider die Natur.
WILHELM BUSCH: Max und Moritz, 3. Streich

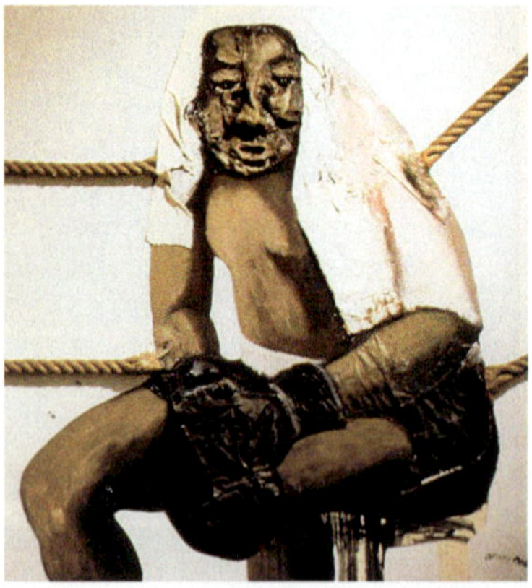

BENNY ANDREWS, Champion (1968)
Selbst als Champion muss man etwas »einstecken«. Aus Situationen gestörter Kommunikation gehen allerdings oft beide Partner als Verlierer hervor.

Ende einer Klassenfahrt oder: Wenn die Fäuste sprechen

»Und wie war's in der Toskana?«, will Nicole wissen, »Wir fahren ja nur an den Mummelsee oder in die Pfalz.« – »Na ja«, antwortet Aysha, »anfangs war's richtig toll; die Jugendherberge lag so, dass wir von oben die herrliche Landschaft sehen konnten. Aber irgendwie war auch von Anfang an der Wurm drin. Du weißt ja, dass sich einige in der Klasse nicht verknusen können …« – »Du meinst, die alten Konflikte sind mit auf Klassenfahrt gegangen?«, fragt Nicole nach.
»Ja, es fing schon im Bus an, als Ansgar und Grigori sich nicht einig werden konnten, welche CD der Busfahrer als Begleitmusik für die Fahrt einlegen sollte. ›Metal, das ist keine Musik, das ist doch bloß Krach!‹, provozierte Ansgar. – ›Und Hip-Hop ist was für Halbhirne wie dich und deine Freunde!‹, konterte Greg. Schließlich wurde gar nichts gehört und beide hatten wahrscheinlich 'ne Mordswut im Bauch …
Morgens kamen wir an, bezogen unsere Zimmer und dann gab es zur Begrüßung durch die Herbergseltern eine tolle warme Minestrone …« – »Du sagst ›herrlich‹, machst dazu aber ein Gesicht, als hätte dir jemand in die Suppe gespuckt«, bemerkt Nicole. – »Genauso widersprüchlich fühle ich mich auch,« gesteht Aysha: »Stell dir vor, Ansgars Freunde oder er selbst hatten Gregs Löffel einfach verschwinden lassen. Und als der zu suchen anfing, sagte doch tatsächlich einer: ›Hör mal, Russenbaby, her auf deinen Leffel zu suchen, der ist nicht zu sähn.‹ Und ein anderer setzte drauf: »Bei euch in Transsibirien isst man die Suppe doch

Letzte Spur eines verzweifelten Kommunikationsversuchs?
Am 26. April 2002 erschoss der ehemalige Schüler Robert Steinhäuser am Erfurter Gutenberg-Gymnasium 16 Menschen und anschließend sich selbst: Warum konnte er seine verletzten Gefühle und die vermeintliche Aussichtslosigkeit seiner Lebenssituation nur noch durch Waffengewalt mitteilen?

sowieso noch mit den Händen!‹ Frau Anstätt, die den Zoff schon lange kennt, zischelte nur: ›Haltet Ruhe! Wir sind hier im Ausland. Was sollen die von uns denken?‹ Eine Weile gab's dann tatsächlich Ruhe. Wir haben auch tolle Busfahrten nach Pisa und Florenz gemacht. Da gab's echt schöne Sachen zu sehen. Ich hab dir übrigens ein Modell vom Schiefen Turm mitgebracht, pack mal aus!« – Oh, danke, Ayshe!«, freut sich Nicole, »der ist wirklich ganz toll. Aber sag: Haben die Typen dann wieder ordentlich miteinander geredet?« – »Schön wär's gewesen!«, stöhnt Aysha, »nein, die haben ständig weiter gezofft. Am Ende der Rückfahrt steigt doch der Greg mit einem blauen Auge aus dem Bus. Ich hab dann Ansgar gefragt: ›Ihr habt euch doch nicht etwa geschlagen?‹ ›Doch!‹, antwortet der, betont obercool: ›weil das Schwein ganz einfach keine andere Sprache mehr verstanden hat.‹«

Siehe Kapitel 2 ◄
Seite 53

Oft leben, handeln und sprechen Menschen in Unkenntnis ihrer wahren Gefühle, Wünsche und Motive. Diese können sich dann als Störfaktoren der sprachlichen Mitteilung und des gesamten sozialen Umgangs äußern. Auch von einem Eisberg sieht man nur den kleinsten Teil – der große Rest verbirgt sich unter der Wasseroberfläche.

1 Was erfahrt ihr aus Ayshes Bericht über die wahren Gründe des »Zoffs« zwischen Ansgar und Grigori? Welche Gefühle bestimmen die Kampfhähne bewusst, welche eher unbewusst?

2 Untersucht die Gründe, warum die Kommunikation zwischen den Kontrahenten immer schlechter wird: Beachtet das Sprachverhalten, die gegenseitige Wahrnehmung und etwaige Interessenkonflikte.

3 Aus welchen Motiven stiftet Lehrerin Anstätt »Frieden«? Wie haltbar ist er?

4 Die Kommunikation zwischen Nicole und Aysha klappt störungsfrei. Inwiefern trägt Nicole durch die Art ihres Zuhörens dazu bei?

→← Störungen der Kommunikation* können das Glücksgefühl des Einzelnen und das Zusammenleben in der Gemeinschaft empfindlich beeinträchtigen. Oft verweisen sie auf ungeklärte Konflikte zwischen den Kommunikationspartnern, die aus gegensätzlichen Ansichten und Interessen oder aus starren Vorurteilen über den anderen rühren.

Besser sich verständigen – aber wie?

JAN VAN SCOREL, Turmbau zu Babel
Der Turmbau zu Babel kam zu einem Zeitpunkt ins Stocken, als das Großprojekt schon beachtlich weit fortgeschritten war, weil – so die Bibel – die Kommunikation* unter den Menschen nicht mehr funktionierte. Fantastische Erzählung oder Mahnung für die ungewisse Zukunft der Menschheit?

Störungen der Kommunikation zwischen Menschen sind normal und als Ausdruck von Konflikten nur zu menschlich. Es wäre aber ein Fehlschluss, es resignierend bei dieser »sachlichen« Einsicht belassen und sagen zu wollen: »Geht nicht besser, war immer so, soll wohl so sein!« Denn wer beim Joggen ein lästiges Steinchen in den Schuh bekommt, wird sicherlich erst einmal innehalten und den lästigen »Störenfried« beseitigen, um wieder Spaß am Laufen zu haben und das gesteckte Ziel tatsächlich erreichen zu können. Denkbar wäre auch der umgekehrte Weg: Da Störungen stets Aufmerksamkeit erzwingen und vom Wichtigen abhalten – ob als »Steinchen« im Jogging-Schuh oder in der gegenseitigen Verständigung –, sollte man sich klugerweise zuerst um sie kümmern und sie nach Möglichkeit beseitigen. Damit wären Streit und Missverständnisse zwar nicht ein für allemal aus der Welt, aber die Zusammenarbeit würde wieder besser klappen.

Nützliche Vorarbeit?

Endlich begannen Projekttage – »bunter« als der normale Schulalltag. Herr Weiermüller hatte das Thema »Kommunikationstraining« angeboten, was viele Schülerinnen und Schüler »echt interessant« fanden. Achtzehn begeisterte Jugendliche hatten sich schnell auf ein Verfahren geeinigt: Sie bildeten vier Teams. Jedes Team sollte Vorschläge erarbeiten, wie eine der vier Seiten einer Nachricht »geregelt« werden könnte, damit die Verständigung in der Schule (und auch anderswo) in Zukunft besser klappt. Zwei Tage gingen Wandy und Claudius, die zu verantwortlichen Leitern der gesamten Projektgruppe gewählt worden waren, durch die Räume, in denen die Kleinteams emsig diskutierten (bisweilen auch stritten). Dann riefen sie zu einer ersten Bilanz der geleisteten Arbeit auf.

- Interessiert zuhören, was der andere sagt
- Nicht dumm anmachen, nicht niedermachen
- Darauf achten, wie der andere die Beziehung versteht
- Im anderen den Menschen sehen, freundlich sein
- Dem anderen im Gespräch zeigen, dass man versteht
- Niemandem eine Beziehung aufzwingen, die er/sie nicht will
- Offen sagen, wenn man sich falsch verstanden fühlt
- Bei Kritik auch konstruktive Wege zeigen (wenn's geht)
- Eine Beziehung, die man (so) nicht will, freundlich aber bestimmt ablehnen
- Denjenigen Mut machen, die den Mund nicht so aufkriegen

- Beim Thema bleiben
- Verständlich miteinander reden
- An Fakten halten
- Unnötige Fremdwörter vermeiden
- Geordnet argumentieren
- Nicht lügen, nichts erfinden
- Weitschweifigkeit vermeiden
- Anschauliche Beispiele finden
- Argumentieren statt behaupten

NACH-
RICHTEN

- Angst vor Offenheit respektieren
- Vor anderen nicht angeben
- Keine Masken, keine Verstellung
- Sagen, was Sache ist im Gefühl
- Nicht künstlich klein machen (Ich mein ja bloß)
- Ehrlichkeit, Offenheit, Echtheit
- Kein Angeben mit Pleiten und Pannen
- Mut zur eigenen Meinung
- Unwissen zugeben können

- Keine widersprüchlichen Appelle (Wasch mich, mach mir aber den Pelz nicht nass!)
- Andere nicht herumkommandieren
- Höflich sein (bitte! sagen, wenn man was will)
- Gründe nennen, warum der andere (für mich) etwas tun soll
- Niemanden unter Druck setzen (Mach mal, Feigling!)
- Die Würde des anderen achten
- Keine heimlichen, verdeckten Appelle (Die Tafel muss geputzt werden!)

1 Ordnet die vier Arbeitsergebnisse der Projektgruppe der jeweils richtigen Seite des Nachrichtenquadrats zu.

2 Sucht nach Möglichkeiten, die von den Teams erarbeiteten Vorschläge zu verbessern: zum Beispiel einander ähnelnde Tipps zusammenfassen, neue Ideen ergänzen oder die Aufzählungen in eine bessere Reihenfolge bringen

3 Mitten in der Arbeit an der Verbesserung der Kommunikation sagt ein Mitglied der Projektgruppe: »Was wir hier machen, das sind doch alles Kinkerlitzchen. Wo's wirklich ernst wird, helfen die schönen Ideen rein gar nichts!« – Führt ein Metagespräch*, wie man mit einem solchen Einwand umgehen könnte.

→← Eine Patentlösung für das Problem gelingender Verständigung gibt es nicht. Die Arbeit an ihrer Verbesserung ist daher notwendig – und auch möglich.

Jugendliche im Deutschen Bundestag: Demokratie hat nur dann Zukunft, wenn sachlich und fair gestritten wird. Eine Verständigung – häufig ein Kompromiss – sollte die Interessen möglichst vieler berücksichtigen.

Ist doch logisch – oder?

Der König sprach: »Ehrwürdiger Nagasena, möchtest du noch weiter mit mir diskutieren?«
»Wenn du nach Art eines Weisen diskutieren willst, o König, dann schon; willst du aber nach Art eines Königs diskutieren, dann nicht.«
»Wie diskutieren denn Weise, ehrwürdiger Nagasena?«
»Bei den Diskussionen der Weisen, o König, zeigt sich ein Auf- und Abwickeln, ein Überzeugen und Zugestehen; Nebeneinanderstellungen und Gegenüberstellungen werden gemacht. Und doch geraten die Weisen dabei nicht außer sich. So, o König, diskutieren Weise.«

Q Aus dem Milinda-Panha, einem altindischen Text aus dem 1. Jahrhundert v. Chr.

Ist es euch auch schon einmal so ergangen wie Nagasena, der mit seinem Gesprächspartner nur dann weiter streiten will, wenn dieser bestimmte Gesprächsregeln einhält? Nagasena stellt der Macht des Königs eine andere Macht gegenüber: die der klugen Gesprächsführung. Nur diese akzeptiert er, denn sie zielt auf gegenseitige Überzeugung.
Eine Möglichkeit, andere zu überzeugen, ist es, nach den Gesetzen der Logik zu argumentieren. Der Begriff »Logik« stammt vom griechischen »logos« und meint soviel wie »vernünftige Rede«. Der griechische Philosoph Aristoteles hat ein regelrechtes System logischer Schlussfolgerungen entwickelt. Es geht dort um die Frage, wie man von gegebenen Aussagen zu einer neuen Aussage gelangen kann – und zwar so, dass sich die neue Aussage sicher aus den vorhandenen ergibt. Das logische System des Aristoteles war bis in die Gegenwart die Basis wissenschaftlicher Argumentation.
Aber auch im Alltag spielt die Logik eine wichtige Rolle, denn auch hier gilt oft die Kraft des vernünftigen Arguments. Allerdings ist nicht selten das, was in Alltagsgesprächen als logisch bezeichnet wird, sachlich falsch und oft auch unlogisch. Um dies nachzuweisen, muss man manchmal genau hinsehen.

Wirklich schlüssig?

Muslime sind Monotheisten*.
Monotheisten sind religiöse Menschen.
Also: Alle religiösen Menschen sind Muslime.

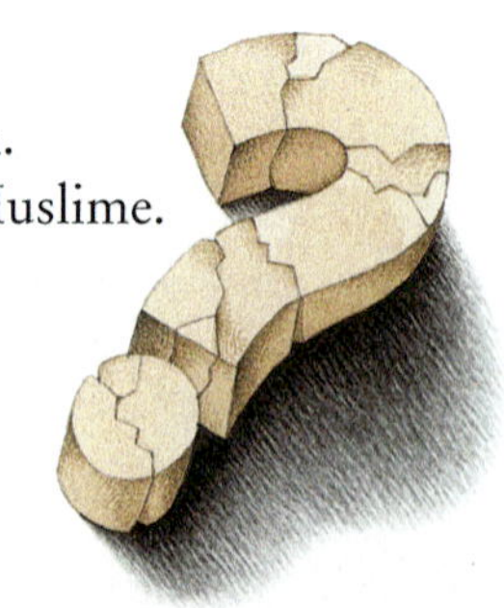

Juden essen kein Schweinefleisch.
Vegetarier essen kein Schweinefleisch.
Also: Alle Juden sind Vegetarier.
Oder: Alle Vegetarier sind Juden.

Christen glauben an ein Leben nach dem Tod.
Mustafa glaubt an ein Leben nach dem Tod.
Also: Mustafa ist Christ.

Was ist ein Syllogismus?

Eine häufige Form des logischen Schließens ist der Syllogismus. Der Begriff stammt wie der Begriff »Logik« aus dem Griechischen. »Syllogistai« heißt »zusammenrechnen«. Ein berühmter Syllogismus lautet folgendermaßen:

Alle Menschen sind sterblich.	A : B
Sokrates ist ein Mensch.	C : A
Also: Sokrates ist sterblich.	C : B

Zwei Aussagen werden so miteinander verknüpft, dass sich daraus zwingend eine dritte Aussage ergibt. Man bezeichnet die beiden ursprünglichen Aussagen als Prämissen (Voraussetzungen), die neue sich daraus ergebende Aussage als Konklusion (Schlussfolgerung).

Merke: Damit die beiden Prämissen überhaupt zu einer Konklusion führen können, müssen sie einen Begriff haben, der in beiden erscheint (hier: Mensch bzw. A) und der sie miteinander verbindet.

1 Findet eine Begründung dafür, wieso die Aussage »Die Kugel ist eckig« nicht nur falsch, sondern unlogisch ist. Formuliert ähnliche unlogische Aussagen und formuliert eine Spielregel der Logik.

2 Untersucht die drei vorgestellten Schein-Syllogismen (Seite 98) und findet heraus, worin jeweils die Fehlschlüsse bestehen. Versucht gültige Syllogismen zu formulieren, indem ihr Prämissen oder Konklusion verändert.

3 Formuliert eigene Syllogismen.

4 Tauscht euch aus: Können ausschließlich Aussagen, die nach den Gesetzen der Logik verknüpft sind, überzeugen? Bezieht den Blick auf die Wirklichkeit, wie er sich in Magrittes Gemälde gestaltet, in eure Überlegungen mit ein.

5 Überprüft, ob Syllogismen auch bei ethischen Argumentationen angewendet werden können. Dabei enthält die erste Prämisse (Voraussetzung) eine Norm, z.B.: »Menschen sollten immer die Wahrheit sagen.«

René Magritte, Das Reich der Lichter
Zeigt das Bild Tag oder Nacht? Oder beides zugleich? Oder vielleicht auch nichts von beiden?

Ist doch logisch – oder?

Eine irakische Mutter lässt an jener Stelle Erde durch ihre Finger rieseln, an der ihr Kind wenige Tage zuvor durch ein Attentat ums Leben gekommen ist: Ist es die »Logik des Herzens«, die bei diesem Anblick Betroffenheit auslöst, so dass viele Menschen innerlich Anteil nehmen?

Die Fähigkeit zur Empathie* schließt auch die Anteilnahme an positiven Gefühlen ein: Gelaye aus Westafrika hat sich zum Geburtstag besonders schön gemacht und alle freuen sich mit ihr.

Der französische Mathematiker und Philosoph Blaise Pascal hat einen merkwürdigen Satz geprägt: »Das Herz hat seine Gründe, die der Verstand nicht kennt.«
Tatsächlich wird niemand erst einen Syllogismus bilden, um das sichere Gefühl zu haben: Zu diesem Menschen fühle ich mich hingezogen, weil er oder sie mich versteht und ich ihn oder sie mag. Und niemand wird einen logisch strengen Beweis führen, um ganz sicher zu sein: »So muss ich mich entscheiden, weil die Stimme meines Gewissen das von mir verlangt.« Aber es gibt auch Leute, die sagen: »Gefühle sind keine Argumente!« Was ist nun richtig?
Vielleicht muss man beides können: logisch und mit dem Herzen denken, um nicht nur ein Mensch, sondern »menschlich« zu sein.

Verwirrende Gefühle

Tom Sawyer, der jugendliche Held des Romans von Mark Twain, hat durch eine mutige Aussage vor Gericht Indianer-Joe als Mörder bloßgestellt. Seither muss Tom ständig um sein Leben fürchten, denn Indianer-Joe hat sich der Strafe durch Flucht entzogen. Bei einem Schulausflug verirren sich Tom und Becky, seine liebste Freundin, in der weit verzweigten McDougals-Höhle. Doch der tapfere Tom gibt nicht auf und tastet sich durch die dunklen Gänge, um irgendwo doch einen Ausgang zu finden. Plötzlich sieht er in einiger Entfernung, mit Todesschrecken, den rachedurstigen Indianer-Joe – ohne selbst von ihm gesehen zu werden. Wie durch ein Wunder entdeckt Tom eine kleine Öffnung, die ins Freie führt. Richter Thatcher, Beckys Vater, veranlasst, dass der Haupteingang von nun an aus Sicherheitsgründen durch eine dicke Eichentür verschlossen wird. Da erst lüftet Tom sein Geheimnis: Indianer-Joe sitzt in der Falle …

Innerhalb weniger Minuten hatte sich die Nachricht verbreitet und ein Dutzend Bootsladungen Männer waren unterwegs zu McDougals Höhle und die Fähre voller Passagiere folgte. Tom Sawyer saß im Boot von Richter Thatcher.
Als der Eingang zur Höhle aufgeschlossen wurde, bot sich in dem dort herrschenden Dämmerlicht ein trauriger Anblick. Indianer-Joe lag ausgestreckt am Boden, tot, das Gesicht nahe dem Türspalt, als seien seine Augen bis zuletzt sehnsüchtig auf das Licht der Welt draußen gerichtet gewesen. Tom war bewegt, denn er wusste aus eigener Erfahrung, wie dieser Kerl gelitten hatte. Er empfand Mitleid, trotzdem erfüllte ihn aber ein ungeheures Gefühl von Erleichterung und Sicherheit, und das machte ihm in einem bisher ungeahnten Maße klar, welche schwere Bürde der Furcht auf ihm gelastet hatte, seit dem Tag, an dem er seine Stimme gegen diesen blutdürstigen Ausgestoßenen erhoben hatte.

Gibt es zwei Arten zu denken?

Das meinen etliche Hirnforscher: Sie behaupten, die linke Hälfte des Hirns sei hauptsächlich für das logische Denken und für das Argumentieren zuständig, während die rechte Hälfte eher für gefühlsmäßiges »Denken« genutzt werde. Es ist nach dieser Theorie möglich, dass jemand mathematisch ein »Genie«, was aber Gefühlsreichtum, Einfühlungsfähigkeit und Verständnis für sich und andere angeht, gleichzeitig ein »Trottel« sein kann.

Ein Mensch ohne Einfühlungsgabe – ein Vogel im Gefängnis des eigenen Ich?

Seite 124
Was wird aus der Wirklichkeit?

Dicht neben Indianer-Joe lag sein Bowie-Messer; die Klinge war zerbrochen. Der große Balken, der als Türschwelle diente, war in mühsamer Arbeit durchgeschnitzt worden – eine ganz sinnlose Arbeit, denn draußen bildete der Fels eine natürliche Schwelle, und auf dieses harte Material hatte das Messer keinerlei Wirkung gehabt, es war dabei zerbrochen. Aber auch ohne das steinerne Hindernis wäre die Arbeit umsonst gewesen, denn selbst wenn Indianer-Joe den Balken fortgeschnitzt hätte, wäre es ihm niemals gelungen, seinen Körper unter der Tür hindurchzuzwängen, und das hatte er gewusst. Also hatte er nur die Schwelle zerhackt, um die öde Zeit zu verbringen – um seine gemarterten Sinne zu beschäftigen. Gewöhnlich waren immer ein halbes Dutzend Kerzenstümpfe ringsum in den Spalten der Eingangshalle zu finden, zurückgelassen von den Touristen; jetzt aber war keine mehr da. Der Gefangene hatte sie zusammengesucht und gegessen. Es war ihm auch gelungen, einige Fledermäuse zu fangen; die hatte er ebenfalls gegessen und nur ihre Krallen zurückgelassen. Der unglückliche Mensch war verhungert.

Q MARK TWAIN: Die Abenteuer von Tom Sawyer (Auszug)

1 Indianer-Joe wird von MARK TWAIN einerseits als »blutdürstiger Ausgestoßener«, andererseits als »unglücklicher Mensch« bezeichnet: Versuche diesen Gegensatz zu erklären.

2 Tom fühlt sich in die Verzweiflung eines Menschen ein, der ihm nach dem Leben trachtete: Was sagt diese Haltung über Tom aus?

3 Die modernen Kommunikationsmedien heben natürliche Grenzen von Raum und Zeit auf: Sind damit auch Verständnis und emotionale Nähe zwischen den Menschen gewachsen? Oder sind neue, unsichtbare Grenzen entstanden? Diskutiert darüber!

4 Können Einfühlungsversuche auch lästig werden? Beratet euch gegenseitig, wie man sich dagegen wehren kann, mit Verständnis »zugeschüttet« zu werden.

Die Vermeidung von Widersprüchen und Fehlschlüssen ist die Grundlage ungestörter Kommunikation* und nachvollziehbarer Argumentation. Der Mensch ist aber mehr als eine »Rechenmaschine«: Da, wo es um wirkliches Verständnis geht, ist eher die Logik des Herzens gefragt. Hier die richtige Balance zu finden, ist eine ständige Aufgabe.

Ethisch argumentieren

Ein heißes Thema

Julia, Sebastian und Benedikt arbeiten in ihrer Freizeit bei der Stadtteil-Zeitung »Die Stechmücke« mit. Als der Hurrikan »Katrina« mehrere große Staaten im Süden der USA verwüstet und dadurch der Benzinpreis in ungeahnte Höhen steigt, kommen sie auf eine Idee: Sie stellen Menschen aus ihrer Umgebung folgende Frage: »Können wir uns den Luxus des Autofahrens in Zukunft noch leisten?« In der nachfolgenden Redaktionssitzung diskutieren sie die eingeholten Meinungen.

Klimaexperten befürchten, dass der wachsende Treibstoffverbrauch zu einem gefährlichen Klimawandel beiträgt (Stürme, Überschwemmungen, aber auch Dürren); durch den Ausstoß von Abgasen werde die Erde immer mehr aufgeheizt.
In der großen Elbflut von 2002 gingen auch viele Autos unter. Zur Rettung von Menschen war der Einsatz mächtiger Fahrzeuge nötig, die einen weitaus größeren Treibstoffverbrauch als Autos haben. Menschlich verständlich – und trotzdem Irrsinn?

»Ich denke, dass das gerade noch eine Generation lang gut geht. Was dann kommt, ich meine nach mir, ist mir so ziemlich egal. Hauptsache, gut gelebt! Und der Fahrspaß gehört für mich einfach dazu.«
Matthias U., Schüler (16 Jahre)

»Aus ganz Deutschland jetzt ein einziges riesiges Rapsfeld machen, um biologisch Dieselkraftstoff zu gewinnen? Sich selbst ändern wollen diese Leute nicht, z. B. mal aufs Auto verzichten.«
Lisa H., Studentin (25 Jahre)

»Die Erde ist auf dem besten Weg, zur Mülldeponie zu werden – eine Schöpfung im Rückwärtsgang, wenn ich an all die ausgerotteten Tierarten denke. Ob wir unserer Aufgabe als fürsorgliche ›Verwalter‹ der Schöpfung wirklich nachgekommen sind?«
Ingo B., Lehrer (42 Jahre)

»Die Menschen dieser kommenden Zeit werden es schwer haben. Ich jedenfalls möchte nicht in einer Welt leben, die von Wirbelstürmen, Überschwemmungen durch Pol- und Gletscherschmelze, Waldbränden und ähnlichen Sachen bestimmt wird, weil wir die Erde durch unser Autofahren zum Fieberpatienten gemacht haben. Und ich möchte das auch keinem anderen, der nach mir kommt, zumuten.«
Mai-Anh W., Schülerin (18 Jahre)

»Viele sagen: ›Wir rasen mit Vollgas in die Klimakatastrophe. ›Erstens heißt es richtig ›Klimawandel‹. Und zweitens: Wir Deutschen haben das Auto erfunden. Wenn wir so clever sind wie Gottfried Daimler und Adam Opel, könnten wir mit Brennstoffzellen in Autos den ganz großen Schnitt machen und zum Schluss sind alle happy.«
Fred H., Diplom-Ingenieur (28 Jahre)

Methode: Argumentationsformen erkennen, beschreiben und verwenden können

Wer zu einem Thema Stellung bezieht, sollte seine Position durch Gründe bzw. Begründungen stützen, die auch von anderen verstanden und anerkannt werden können. Um eigene und fremde Ansichten erst einmal gründlich zu analysieren, können folgende Fragen dienen:

1. Wird »offen« oder »verdeckt« argumentiert?

Im Alltag verzichtet man oft auf kleine Partikel wie »also«, »denn«, »weil«, »weswegen«: »Das Glas ist mir runtergefallen; meine Hände waren nass« – diese Satzfolge benennt auch ohne ein »weil« eindeutig die Ursache des Missgeschicks.

2. Wird ethisch* argumentiert?

Wer sagt, »ich esse jetzt mal weniger; meine Jeans passen nicht mehr«, hat zwar logisch argumentiert, aber mit Ethik* bzw. Moral hat diese Begründung wenig zu tun. Dagegen geht es in der Satzfolge »Ich helfe der alten Dame über die Straße; alleine schafft die's nicht mehr!« um etwas, das ethisch wertvoll ist – nämlich um Hilfsbereitschaft, Solidarität mit Schwächeren.

3. Wie wird ethisch argumentiert?

Manchen Menschen genügt es, sich auf ihr Gewissen, ihre gute Absicht zu berufen. Für andere ist ein Gebot oder ein Verbot schon ein hinreichender Grund, etwas zu tun und anderes zu unterlassen. (»Ich darf nicht stehlen oder lügen; Gott/der Gesetzgeber hat das verboten.«) Die Goldene Regel enthält eine etwas weiter gefasste Argumentation. (»Ich stehle nicht, denn ich will auch nicht bestohlen werden.«): siehe Seiten 54/55. Solche Orientierungen heißen »pflichtethische« Begründungen.

Nicht immer genügt der gute Wille allein: Wer verantwortungsethisch argumentiert, berücksichtigt auch die möglichen Auswirkungen einer gut gemeinten Handlung – auch die ungewollten, nicht beabsichtigten oder gar »bösen« Folgen.

Spektakuläre Motorsport-Veranstaltungen sind aus unserer Welt nicht mehr wegzudenken. PS-starke Rennwagen sind aber auch enorme »Benzinfresser«. Mit welchen Gefühlen werden Menschen späterer Zeiten, denen eine menschenfeindlich gewordene Natur die Rechnung für unser Vergnügen präsentiert, solche Bilder sehen?

1 Untersucht in kleinen Teams die Meinungsäußerungen von Seite 102; nutzt dazu die obige Analysemethode: Vergleicht anschließend eure Ergebnisse.

2 Startet unter Gleichaltrigen eine Umfrage zum Thema: »Kann man mit dem Wissen von heute noch Raucher oder Raucherin werden?«

3 Diskutiert, ob es ausreicht, stets pflichtethisch zu argumentieren und zu handeln?

Seite 81 ◄ Gedankenexperiment

4 Gestaltet ein Schreibgespräch und stellt euch vor, ihr lebt bereits im Jahr 2099: Ein Partner beginnt seine erste Mitteilung mit den Worten: »Danke, dass ihr damals, als die Folgen eures Handelns sichtbar wurden, […]« Gestaltet auch die Alternative: »Was habt ihr euch eigentlich gedacht, immer so weiter zu machen, als […]«

Ethisch argumentieren

Märchen und Sagen legen häufig dar, wie starke und mutige Helden an eine schicksalhafte Weggabelung geraten: Der eine Weg würde ins Verderben leiten; der andere aber, den sie mit beneidenswerter Sicherheit erkennen und wählen, führt zu neuen Prüfungen – die sie ebenso wie alle früheren Aufgaben kraftvoll und selbstsicher bewältigen.
Das wirkliche Leben ist oft nicht so einfach und überschaubar: Es gibt Situationen, in denen du spürst: »Wie ich's auch anstelle, ich werde es falsch machen.« Schlimmer noch: Erst mal abwarten, geht nicht. Auch der »goldene Mittelweg« scheint so unauffindbar zu sein, als sei er selbst nur ein Märchen.

Herakles im Kampf mit der vielköpfigen Hydra. An Stelle jedes abgeschlagenen Kopfes wuchsen dem Ungeheuer zwei neue. Überlegt, welche Erfahrung im Umgang mit »Problemen« dieser Teil der griechischen Sage ausdrückt.

Eine Freundschaft in der Zwickmühle

Seite 95 ◄ »Eisberg«-Modell

Wütend verlässt Robi die Spielfläche: »Herr Marksen, ich glaube, ich habe die falschen Schuhe an. Jedenfalls rutsche ich mehr, als ich stehe. Darf ich noch mal in die Umkleide, da hab ich noch ein anderes Paar?« Der Sportlehrer reagiert wie immer mit einer Mischung aus Strenge und Humor: »Okay, aber spute dich, in fünfzehn Sekunden wirfst du den nächsten Korb!« Robi nimmt auf der Treppe immer drei Stufen auf einmal und ist im Nu in der Kabine. Sofort merkt er, dass da noch jemand ist. »Mensch Paul, du hier? Du hast dich doch vorhin bei Herrn Marksen krank gemeldet? Ich denke, du bist schon halb zu Hause?!« Robi reiht betroffen Satz an Satz – was er gesehen hat, hat er gesehen. Wie kommt Paul, sein bester Freund, dazu seine Klassenkameraden zu beklauen, während die ahnungslos unten in der Halle …? Atemlos stößt er hervor: »Paul, Paul, was machst du da für Sachen? Ich versteh die Welt nicht mehr!« »Halt's Maul!«, zischelt Paul, »und übrigens muss ich weg, ich bin ja krank!« – »Ja, irgendwie schon!«, kann Robi nur noch traurig stammeln – da ist der Mensch, für den er vor wenigen Augenblicken noch durchs Feuer gegangen wäre, auch schon durch den Haupteingang weg.
»Ich kann das so nicht weiterlaufen lassen«, denkt Robi. Am Nachmittag sitzen die beiden in Pauls Bude. Robi verlangt nach Klarheit: »Wie bist du überhaupt auf den Dreh, ich meine das Zeug gekommen?«, will er wissen. »Na wie schon?«, kommt es von Paul: »Bei Micha auf der Fete war's; da ging so 'ne Zigarre herum. Habe ich halt mal probiert. Hat ja nix gekostet!« Robi geht ein Licht auf: »Gib's zu, jetzt bist du schon so weit, dass du am Tropf hängst! ›Kost nix‹ ist vielleicht gut; jedenfalls weiß ich jetzt, warum du bei den anderen die Knete …« –

»An deinen Sachen war ich nicht!«, protestiert Paul schwach. »Und wie kommst du überhaupt an das Mistzeug dran?«, bohrt Robi weiter. »Na ja«, antwortet Paul mit einem schiefen Lächeln: »Man hat halt so seine Freunde ...« – »Müssen ja schöne Freunde sein, die dich so herunterziehen!«, protestiert Robi: »Und ich dachte, ich wäre dein Freund ...« – »Das bleibst du ja auch«, kommt es von Paul, »vorausgesetzt, du kannst den Mund halten ...«
Am nächsten Morgen wird Robi in die Direktion gebeten. Dr. Kramers wirkt streng: »Tatsache ist, dass bei fünf Schülern Geld aus der Börse entwendet wurde – genau wissen wir das noch nicht, weil einige behaupten schon früher bestohlen worden zu sein. Robi, ehrlich gesagt, ich bin enttäuscht. Auch über die Art, wie du Herrn Marksen ausgetrickst hast. Ich muss aber noch abwarten, wie die Klassenkonferenz entscheidet. Jedenfalls werde ich solche Dinge an unserer Schule nicht dulden. Du musst mit einem Schulverweis rechnen.«

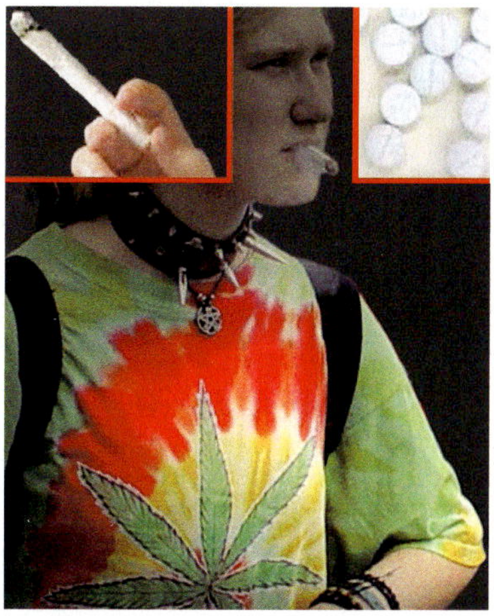

Was als lockendes Abenteuer und vermeintlich beherrschbares Risikospiel beginnt, kann in der Ausweglosigkeit enden.

1 Robi muss erkennen, dass er sich in Paul getäuscht hat: Beschreibt seine Gefühle, die er in jenem Augenblick erlebt, als er »durchblickt«.

Seite 95 ◄ »Eisberg«-Modell

2 Paul verwendet das Wort »Freund« in einer Weise, die Robi verunsichert: Diskutiert, ob Robi dem »Freund« gegenüber noch irgendwie verpflichtet ist. Findet Gründe, die für oder gegen eine solche Annahme sprechen.

3 Robi erfährt vom Verbindungslehrer, dass Drogenkonsum häufig zu einer starken Persönlichkeitsveränderung führt: In welcher Weise könnte dieses Wissen Robis Gefühl von Verantwortlichkeit verändern?

Seite 67 ◄ Methode: Mit einem Dilemma umgehen

4 Robi wird durch einen unglücklichen Zufall an Pauls Stelle zum Verdächtigen: Worin besteht sein Dilemma? Welchen Rat würdet ihr ihm geben, wenn er euch um Hilfe bei der Entscheidung bitten würde.

5 Mit welchen Risiken muss Robi bei einer Entscheidung für oder gegen Aufdeckung der wirklichen Zusammenhänge rechnen? Setzt die Geschichte eigenständig fort.

Insbesondere bei einem ethischen Dilemma kommt es darauf an, mögliche Argumente von verschiedenen Seiten aus zu betrachten und miteinander abzuwägen. Dabei ist es nützlich, die Argumentationsformen und ethischen Begründungen der Diskussionspartner zu erkennen und kritisch zu prüfen, z.B.: Wird pflichtethisch oder verantwortungsethisch argumentiert? Wenn eine Entscheidung zwischen zwei Handlungsmöglichkeiten ansteht, für die etwa gleich starke, wenn auch widersprechende ethische Gründe sprechen, ist das Dilemma perfekt – und der Entscheidungsdruck kann unerträglich werden; Entlastung und Hilfe kann aber die Beratung mit verständnisvollen und umsichtigen Menschen bringen.

Gesprächsformen

Wo kommen die klugen Gedanken her?

Sokrates (Σωκράτης), griechischer Philosoph (um 470–399 v. Chr.)

Ich selbst kann keine Weisheit zur Welt bringen. Dazu bin ich schon zu alt. Aber ich kann jungen Menschen, weil Gott das eben so gewollt hat, bei der Hervorbringung von Weisheit, von klugen und richtigen Antworten auf schwierige Fragen helfen. Und dabei ist völlig klar: Von mir haben sie diese Einsichten nicht, ich bin nur ein Geburtshelfer. Nein, diese Antworten sind ganz von selbst in ihnen gewachsen. Sie haben sie sozusagen ganz »aus sich selbst« genommen und bleiben natürlich dann auch dabei, wie eben eine Mutter bei ihrem Kind bleibt.

Q Sokrates: Theaitetos

Kochunterricht im alten Griechenland: Eine ältere Frau geht einer jüngeren beim Kochen lernen buchstäblich zur Hand; dabei gibt sie ihr reiches Wissen und ihr methodisches Können weiter.
Diskutiert: Brauchen junge Menschen um »gescheit« argumentieren zu lernen, einen ähnlichen »Lehrmeister«? Oder können sie es sozusagen schon von Natur aus und brauchen diese Kunst nur noch zu verfeinern?

Der junge Theaitet gerät in Verlegenheit und gibt dies offen zu – nach einer vorschnellen Antwort auf die Frage, was »Erkenntnis« ist. Sokrates kommt ihm zu Hilfe: »Du hast eben Geburtsschmerzen, lieber Theaitet – weil du nicht leer, sondern schwanger bist!« – »Wie bitte? Ein Mann schwanger?« Doch Theaitet bleibt gelassen. Bestimmt hat Sokrates nur einen seiner Späße gemacht um ihm aus der Verlegenheit zu helfen. Sokrates setzt aber noch eins drauf und fragt: »Hast du nicht gehört, dass ich der Sohn einer berühmten Hebamme bin? […] Mach dir klar, dass ich auch eine Art Hebamme bin.«
Nun begreift Theaitet: Der listige Sokrates spricht nicht einfach zum Scherz so, sondern hat etwas Ernstes im Sinn. Dass Sokrates von seiner Mutter die Techniken der Geburtshilfe gelernt haben will, kann doch wohl nicht wörtlich zu nehmen sein. Theaitet fängt an zu verstehen: »Ich selbst habe die Antwort auf die Frage, was Erkenntnis ist, irgendwie schon längst in mir, in meinem Unbewussten; die Antwort muss nur noch heraus – sie muss das Licht der Welt erblicken.«

Sokrates gehört zu den ersten antiken Menschen, die sich ernsthaft Gedanken über Sinn und Verbesserung der sprachlichen Kommunikation* gemacht haben. Er entwickelte eine Methode (= Weg, Pfad), durch fortwährendes Nachfragen seine Mitmenschen zum kritischen Nachdenken über alltägliche Dinge und Verhältnisse zu bringen, von denen sie zunächst annahmen, dass sie sie wirklich verstanden hatten. Fast beiläufig lernten sie dabei gute und schlechte Argumente voneinander zu unterscheiden. Sokrates wollte mit seinem Kommunikationstraining kein Geld verdienen und war auch keiner der Besserwisser, obwohl ihn manche wegen seiner »bohrenden« Fragen als »Stechmücke« bezeichneten. Berühmt wurde er durch den Satz »Ich weiß, dass ich nichts weiß« – mit dem er sich von den Menschen seiner Zeit, die glaubten viel zu wissen, unterschied.

Methode: Ein Sokratisches Gespräch führen

Menschen reden oft aneinander vorbei, wenn sie über Themen wie »Ehrlichkeit«, »Gerechtigkeit«, »Treue«, »Glück »oder »gutes Leben« diskutieren. Sie gebrauchen zwar dasselbe Wort, aber irgendwie versteht jeder etwas anderes darunter. Das Sokratische Gespräch ist eine der Möglichkeiten, dieser Kommunikationsstörung »zu Leibe« zu rücken – jeder kann jedem zum »Geburtshelfer«» werden:

1. Bildet eine Kleingruppe und einigt euch auf die Untersuchung eines auch im Alltag bekannten Begriffs, z.B.: »Was ist Glück?«

2. Wählt einen Gesprächsleiter aus, der die Teammitglieder bittet, etwas aus eigener Erfahrung zum Glücksbegriff zu sagen – ein Satz kann schon genügen: »An einem herrlich warmen Sommertag lag ich am Sandstrand und war unglaublich glücklich dabei.«

3. Überprüft am Beispiel, welche Aspekte der beschriebenen Erfahrung sich zu einem allgemeinen und begründeten Urteil eignen, z.B. über die Glückserfahrung grundsätzlich.

Aufgabe des Gesprächsleiters ist es, Urteile dieser Art schriftlich festzuhalten. Solche allgemeinen Urteile könnten etwa heißen:

– Glück ist ein Gefühlszustand, (denn) es erfasst den ganzen Menschen.
– Glück kann man nicht erzwingen, (denn) es stellt sich von selbst ein.
– Glück empfindet man, wenn man keinen Zeitdruck hat.

4. Beurteilt, ob die allgemeinen Urteile (Punkt 3) mit eurer persönlichen Erfahrung (Punkt 2) übereinstimmen: Enthalten die allgemeinen Merkmale vielleicht weitere wichtige Aspekte, die in dem Beispielsatz über das »Glück an einem Sommertag« nur undeutlich zu erkennen oder gar nicht enthalten waren? Einigt euch auf eine Antwort auf die Ausgangsfrage nach dem Glück, die von allen Mitgliedern aus guten Gründen anerkannt werden kann. Fasst diese allgemein anerkannte Antwort, euren Konsens*, in einen einzigen Satz und haltet ihn schriftlich fest.

Falls sich jemand auch nach der Einigung unzufrieden fühlt, ist es Zeit für ein Hintergrundgespräch: Vielleicht sind unbemerkt Störungen aufgetreten, die geklärt werden sollten. Möglicherweise hat gerade der »Störer« ein Gespür dafür, dass die gemeinsam gefundene Antwort noch nicht vollständig ist oder einen »Haken« hat. Dann ist eine Fortsetzung des Sokratischen Gesprächs angesagt …

1 Der berühmte Satz des SOKRATES (Seite 106) enthält einen Widerspruch. Weshalb ist er trotzdem kein Unsinnssatz?

2 Stell dir vor, in einem »Sokratischen Gespräch« über die Frage »Was ist Körperpflege?« gibt ein Teammitglied häufig Antworten, die nach Werbe-Slogans der Kosmetik-Industrie klingen: Wie würdest du als sokratischer »Geburtshelfer« darauf reagieren?

»Mit jemandem zu reden und ihm zuzuhören bedeutet […], ihn wie eine Person zu behandeln, zumindest zu beginnen, ihn menschlich zu behandeln.«
FERNANDO SAVATER: Tu, was du willst

3 Diskutiert: Welchen Wert könnte ein Sokratisches Gespräch haben, das trotz größter Anstrengung ohne eine gemeinsam gefundene Antwort auf die gestellte Frage geblieben ist?

4 PLATON*, der Schüler des SOKRATES, war überzeugt, dass die Seele das von Sokrates entdeckte unbewusste Wissen bereits vor der Geburt in der Welt der Ideen erworben hat. Vergleicht Erfahrungen, die für oder gegen eine solche Annahme sprechen (z.B. »geniale« Einfälle).

Der Humanist* ERASMUS VON ROTTERDAM (1466–1536) schrieb das Buch »Lob der Verrücktheit«: Hatte er die innere Widersprüchlichkeit der menschlichen Seele in seinem eigenen Inneren erkannt?

Außer dem Sokratischen Gespräch gibt es noch andere Methoden, an schwierige Themen und Probleme argumentativ heranzugehen: z.B. kreatives Schreiben, partnerschaftliches Schreibgespräch und freie oder moderierte Diskussion. Sofern eine innere Klärung erst noch geleistet werden muss oder die Beteiligten sich nicht einigen können, ist nicht jede Methode gleichermaßen hilfreich.

Gefühlsstürme: im kreativen Schreiben verarbeiten

Lisa und Anke sind schon lange das, was man beste Freundinnen nennt. Daran ändert sich auch nichts, als Anke sich »erfolgreich« in Benjamin verliebt, denn auch Lisa findet Benjamin »ganz süß«. Oft sieht man die drei zusammen ins Kino gehen oder im Café sitzen. Eines Abends fährt Lisa im Bus allein nach Hause. Am Schillerplatz steigt Benjamin ein und setzt sich spontan zu ihr. Als der Bus unter der schwach beleuchteten Eisenbahnbrücke durchfährt, versucht er die völlig überraschte Lisa zu küssen. Aufgewühlt kommt Lisa nach Hause. Spät in der Nacht steht sie noch einmal auf und schreibt in ihr Tagebuch:

Fantasie I *Jetzt ist es vier Wochen her, dass Benjamin im Bus … – natürlich kam es Anke zu Anfang seltsam vor, dass Beni und ich immer öfter am selben Tag keine Zeit mehr für sie hatten. Schließlich aber hat sie »begriffen«. Muss halt sehen, wo sie bleibt. Ich finde, im Krieg und in der Liebe ist alles erlaubt.*

Fantasie II *Jetzt ist es vier Wochen her, dass Benjamin im Bus … – mehrere Tage habe ich überlegt, wie ich es Anke rüberbringen kann. Dass Jungs auch so sein können. Erst hat sie mir´s gar nicht geglaubt und dann hat sie geweint; unsere Freundschaft ist jetzt fester als je zuvor.*

Jugendliche Straftäter: strafen oder helfen?

Eine Gruppe von Schülerinnen und Schülern der achten Klasse hat die Zeit zwischen Schulschluss und Heimfahrt einige Male zu einem »sportlichen« Wettkampf missbraucht – »Klauen« im Supermarkt. Tagessieger ist gewesen, wer die meisten Gummibärchen beiseite geschafft hat:

Nun ist die Sache aufgeflogen – und die Aufregung in Schule und Familien groß: Nach einer Strafanzeige durch den Leiter des Supermarktes müssen die jungen Leute damit rechnen, wegen organisierten Diebstahls vor den »Kadi« geladen zu werden. Der Vorfall wird Anlass einer heftigen Diskussion: »Wie sollen wir mit den Dieben umgehen?«
Filiz schlägt vor, die Klasse zu Schreibgesprächen in Paare einzuteilen, damit der »Stress«, den das Thema auslöst, abgebaut und die Auseinandersetzung wieder sachlicher wird.

»Wenn die beste Freundin
Wenn die beste Freundin
mit der besten Freundin,
um was einzukaufen,
durch die Straßen laufen,
durch die Straßen latschen,
um sich auszuquatschen,
sagt die beste Freundin
zu der besten Freundin:
Meine beste Freundin! …«
MARCELLUS SCHIFFER:
Es liegt in der Luft (1928)

Gerecht oder unmenschlich? Im mittelalterlichen Europa wurde Dieben zur Strafe nicht selten die Ohren geschlitzt (»Schlitzohr«) oder abgeschnitten; in schwereren Fällen hackte man ihnen die Hand ab. Vergleichbare Strafmaße werden heute gelegentlich wieder in streng islamischen Ländern verhängt. Die Folge ist eine bleibende schwere Behinderung für ein späteres Leben als »gebesserter« Mensch.

Emily Ich kann die Aufregung verstehen: Klauen tut man einfach nicht. Und eine Strafe ist nur gerecht.
Max Du machst eine falsche Voraussetzung, insofern nicht klar ist, ob es durch den Jugendrichter überhaupt zu einer Bestrafung kommt.
Emily Frei gesprochen werden sie bestimmt nicht – durch Video-Aufnahmen ist ihr Vergehen klar bewiesen.
Max Wenn du nur im Gegensatzpaar schuldig/unschuldig denkst, hast du mich wohl nicht ganz verstanden.
Emily Dann behebe das Missverständnis und teile mir mit, welche falsche »Voraussetzung« ich mache.
Max Ganz einfach: Du denkst konsequent als Pflichtethikerin: »Wer klaut, gehört bestraft!« Ich gehe an die Sache verantwortungsethisch heran und frage mich: Warum haben die geklaut? Was waren ihre Gründe, ihre Motive? Und vor allem: Wie könnte man ihnen helfen, wieder auf einen besseren Weg zu kommen?
Emily Als »Verantwortungsethiker« solltest du eher darauf achten, was passieren kann, wenn die ungestraft davon kommen! Früh übt sich, was ein Meister werden will …
Max Einen solchen Gedanken finde ich gefährlich, denn …

1 Lisa reagiert in einer verwirrenden Situation kreativ – sie entwirft zwei Modelle. Diskutiert, was ihr kreatives Schreiben zur Klärung des konfliktreichen »Gesprächs« leisten kann.

2 Erfindet ähnliche Situationen, in denen innere Stimmen in einen kämpferischen Dialog zueinander gesetzt werden.

Seite 67 ◀ Methode: Mit einem Dilemma umgehen

3 Emily lehnt die Vorstellung ab, Vergehen der oben beschriebenen Art könnten auch als eine Art Hilferuf verstanden werden. Setzt das Schreibgespräch fort und versucht mit guten Argumenten bei Emily Verständnis für diese Alternative zu wecken. Versucht aber auch, Max auf mögliche Risiken und Nebenfolgen seiner Sichtweise zu lenken. Vergleicht anschließend eure Ergebnisse.

Seite 93 ◀ Kommunikationspsychologie: Das Nachrichtenquadrat

4 Gestaltet eine Podiumsdiskussion als gemeinsames Rollenspiel aus Experten und »gewöhnlichen« Menschen. Wählt einen der Themenvorschläge aus oder findet eigene:
- Computer: Lernchance oder Verdummungsmaschine?
- Wieviel Schlaf braucht der Mensch? Wochenende zwischen Durchfeiern und Erholung.

→← Die Wahl der für ein Problemthema geeigneten Gesprächsform – z.B. das Sokratische Gespräch – ist von mehreren Faktoren abhängig. Die Wahl der Methode ist eine wichtige Vorentscheidung dafür, ob die Ziele »Klärung der eigenen Position« und »Konsensfindung« gleichermaßen erreicht werden können. Eine Entscheidung über die Gesprächsform sollte die Interessen aller Beteiligten berücksichtigen.

Kommunikation* üben

Friedrich Nietzsche (1844–1900) verbrachte viele Stunden seines Lebens philosophierend in der Einsamkeit der Alpen. Erst nach seinem Tode begannen andere zu erahnen, welch wichtigen Beitrag zum Verständnis des Menschen, seiner Sprache und Kultur er geleistet hatte.

Der Dichter und Philosoph Friedrich Nietzsche schrieb: »Die Bedeutung der Sprache für die Entwicklung der Kultur liegt darin, dass in ihr der Mensch eine eigene Welt neben die andere, die natürliche stellte.« Ihr wisst: Menschen haben nicht nur die gesprochene Sprache als Mittel, die Welt zu verstehen und zu gestalten; aber die sprachliche Kommunikation* verdient besondere Aufmerksamkeit, wenn das gegenwärtige und zukünftige Zusammenleben wahrhaft menschlich gestaltet werden soll. Bei diesem noch immer unvollendeten Vorhaben ist jeder gefragt mitzutun – und ist mitverantwortlich fürs Gelingen oder Scheitern. Die Übungen auf dieser Seite zeigen, welche Fortschritte dorthin ihr gemacht habt.

Seiten 98–101 ◂
Ist doch logisch – oder?

1 Jemand gibt dir kommentarlos einen Zettel mit der Aufschrift »Dieser Satz ist falsch!«: Vor welchem logischen Dilemma stehst du nun?

2 Michel wehrt sich gegen den Vorwurf seiner Lehrerin, er sei der faulste Schüler der Klasse, mit folgendem Syllogismus: »Wer nicht arbeitet, macht auch keine Fehler. Ich arbeite bekanntlich überhaupt nicht. Also bin ich der perfekte Schüler.«
- Wo liegt Michels logischer Denkfehler?
- Welche versteckten Botschaften gibt Michel mit seiner Auskunft?

Seiten 112–125 ◂
(Kapitel 5: Medien: Ein Spiegel der Wirklichkeit?)

3 Zwischen Mensch und Haustier soll es Fälle »übersinnlicher« Kommunikation* geben. Führe ein Gedankenexperiment durch, bei dem durch eine Erfindung die gedankliche Verständigung ebenso selbstverständlich wäre wie heute das Telefonieren und Chatten. Diskutiert, ob eine solche Art der Kommunikation für das menschliche Zusammenleben wünschenswert wäre.

Seiten 90–93 ◂
Kommunikation*: Was ist das?

4 Daniel ist Schüler der 10. Jahrgangsstufe. Immer wenn Mädchen vor der Schule stehen, veranstaltet er mit seinem Mofa einen »Kavaliersstart« – mit quietschenden Reifen und aufheulendem Motor: Welche »quadratische Botschaft« sendet er damit – wortlos?

5 Wenn Menschen schweigen, kann das vieles bedeuten. Veranstaltet ein Sokratisches Gespräch zum Thema: »Was ist das eigentlich – Schweigen?«

Projekt: Argumentieren für die Zukunft – eine Pro- und Kontra-Diskussion

Manche jungen Menschen sagen heute angesichts großer »Tagesfragen« in Politik und Gesellschaft: »Was geht's mich an? Was ich nicht weiß, macht mich nicht heiß!« Zwar kann an der Logik dieser Satzfolge kein Zweifel sein – aber ist sie auch ethisch vertretbar? Müsste es nicht eher heißen: »Mit steigendem Wissen über unsere Umwelt und die vom Menschen eingerichtete Lebenswelt wächst auch die Verantwortung«? Wenn dieser zweite Satz stimmt, dann seid ihr als Experten für Kommunikation* aufgerufen, daran mitzuarbeiten, diese einzige Welt, die wir kennen, menschlicher zu gestalten. Gegenwärtig werden z.B. Themen wie diese kontrovers diskutiert:

- Ballerspiele am PC = Schule der Aggression?
- Gesetzliches Rauchverbot für alle?
- Windkraftanlagen in Naturschutzgebiete verlegen?
- Null Promille für Autofahrer?

1. Stimmt in der Lerngruppe ab: Welches Thema ist am wichtigsten, geht uns jetzt oder in (naher) Zukunft am meisten an?
2. Macht euch fit für die anstehende Diskussion, indem ihr
– eigene Erfahrungen sammelt, ordnet und schriftlich fixiert;
– euch Sachwissen durch Recherchen verschafft (z.B. über gesetzliche Bestimmungen, wissenschaftliche Erkenntnisse, technische Entwicklungen, Meinungstrends).
3. Klärt, wem beim gewählten Thema eher die Pro- und wem eher die Kontra-Seite liegt. (Besonders Mutige können im Rollentausch versuchen, eine Seite mit guten Gründen zu vertreten, für die sie vermutlich nicht stimmen werden.)
4. Bestimmt je drei Vertreter der Pro- und Kontra-Seite sowie einen Moderator.
5. Richtet euren Gesprächsort – das Forum – in der dargestellten Anordnung ein:
6. Tretet abwechselnd vor das Publikum und tragt eure »Statements« im freien Vortrag vor – mit stichhaltigen Argumenten und anschaulichen Beispielen. (Notizzettel sind erlaubt; unerwünscht ist das Ablesen fertiger »Konzepte«.) Dem ersten Durchlauf aller Vertreter kann ein zweiter und dritter folgen, in denen ihr auf bereits geäußerte Argumente der Gegenseite »kämpferisch« eingeht.
Aufgabe des Moderators in dieser Phase ist es,
– für die Möglichkeit von Rede und Gegenrede zu sorgen;
– auf die Beschränkung der Redezeit zu achten (z.B. mittels »Gong« oder Glocke);
– bei Störungen (z.B. durch Verletzung des Fairness-Gebotes) regulierend einzugreifen;
– eine abschließende »Abstimmung« durch das Publikum herbeizuführen.

Lesetipp

RHETT GODFREY: Teen Code – wie Ihr mit uns reden sollt, München: Scherz Verlag 2004

Die Gänsefeder – ein kleines, scheinbar unbedeutendes Schreibgerät, aber Beginn einer Entwicklung, die bis heute währt.
Die Gänsefeder formt Zeichen – Schriftzeichen –, hält Gedanken fest. Mit ihrer Hilfe überbrücken wir Räume und überdauern Zeiten, bahnen wir uns Wege zu anderen, Fremden, manchmal auch zu uns selbst. Was war vor der Gänsefeder? Wie lebten Menschen vor der Erfindung der Schrift?

»Die Gänsefeder war nur der Anfang – Ausgangspunkt für Orientierung, Schritt vom Dunkel des Vergessens und Nichtwissens ins Licht des Geistes und der Freiheit ...«

Q Nach dem kanadischen Medienfachmann MARSHALL MCLUHAN (Das Medium ist Massage)

Als Erfinder der Buchdruckerkunst gilt JOHANNES GUTENBERG (ca. 1394–1468). Er konstruierte die erste Druckerpresse mit beweglichen gegossenen Lettern. In Mainz errichtete er eine Druckerei, in der die lateinische Bibel, die sogenannte Gutenberg-Bibel, entstand. Der Buchdruck schuf die Voraussetzung, Schriften schneller und in größerem Umfang zu verbreiten. Damit blieb geistliches und zunehmend auch weltliches Schrifttum nicht länger einer kleinen Elite aus Wissenschaftlern, Mönchen und Adligen vorbehalten; Bücher und andere Schriften erreichten von nun an auch breitere Schichten des Bürgertums. So war eine wichtige Voraussetzung für allgemeine Bildung und politische Emanzipation (Befreiung, Gleichberechtigung) geschaffen.

Medien – ein Spiegel der Wirklichkeit?

Durch die Schrift lernen die Schüler vieles, aber nicht die Sachen selbst. Sie meinen, sie wüssten viel, aber oft sind sie unwissend. Im Vertrauen auf das Geschriebene vernachlässigen sie ihre unmittelbaren Erfahrungen und hören nicht auf ihre innere Stimme. Ihr Wissen bleibt oft angelernt und äußerlich und die Schüler sind nicht von ihrem Wissen durchdrungen. Wissen und Wissende stehen beziehungslos einander gegenüber.

Q Nach dem griechischen Philosophen PLATON* (Phaidros)

Seiten 90–93 Kommunikation: Was ist das?

1 Schreibe den Text »Gänsefeder« weiter, indem du nachvollziehst, wie sich die Kommunikation* mit Hilfe der Schrift bis in die Gegenwart technisch weiter entwickelt hat. Verdeutliche die Leistung der Schrift für den Menschen.

2 Denke über die Einwände gegen die Schrift nach: Hast du ähnliche Erfahrungen gemacht?

3 Welche anderen wichtigen Mitteilungsformen außer der Schrift kennt ihr?

4 Untersucht das Verhältnis von Schrift und Wirklichkeit: Klärt dazu die Begriffe »Medium« und »Medien«.

5 Überlegt gemeinsam: Sind Medien ein Spiegel der Wirklichkeit?

Medien kennen und vergleichen

Aus dem Tagebuch eines 14-Jährigen

6.30 Uhr – der Wecker klingelt, schnell aus den Federn! Heute ist Montag, der Sportteil wieder besonders lang, die Fußballberichte vom Wochenende müssen noch vor der Schule wenigstens überflogen werden.
Kurz vor halb acht, eben noch den Rucksack überprüfen, ja, die Internet-Recherche zum Thema »Konklave*« ist eingesteckt! – Im Bus wie immer Gedränge, am Fenster neben dem Ausstieg ist noch eine kleine Lücke. In dicken schwarzen Lettern fliegen Schlagzeilen am fahrenden Bus vorbei: »Wir sind Papst!« Komisch, so was! – »Wir sind Meister!« Ja, das wäre man schon eher gewöhnt!
16.00 Uhr – endlich zu Hause. Zum Abspannen erst mal 'ne halbe Stunde ans Computerspiel. Dann ist wohl Hausaufgabenzeit, wenn noch Zeit fürs Kicken mit den Freunden auf dem Bolzplatz bleiben soll. Die Zeit ist knapp, denn um 19.15 Uhr läuft »Berlin. Berlin«. Das darf ich auf keinen Fall verpassen!

Freizeitbeschäftigungen Jugendlicher

Nach Untersuchungen haben Schüler an Wochentagen rund 4,1 Stunden frei verfügbare Zeit. Beliebteste Freizeitaktivitäten sind Musik hören, Fernsehen, DVD, danach folgen Sozialkontakte wie Ausgehen und Freunde treffen. Die Bedeutung verschiedener Medien* (Audio, Video und PC) ist enorm. Im Vergleich zu älteren Jugendlichen sehen Kinder im Alter von 12 bis 14 Jahren häufiger fern, spielen sehr oft Computer, hängen einfach nur herum oder treiben in ihrer Freizeit mehr oder weniger organisiert Sport. Das Schaubild unten zeigt, wie junge Leute im Alter von 12 bis 25 Jahren im Laufe einer Woche ihre Freizeit verbringen.

Seite 24 ◄
Freizeit und Arbeit

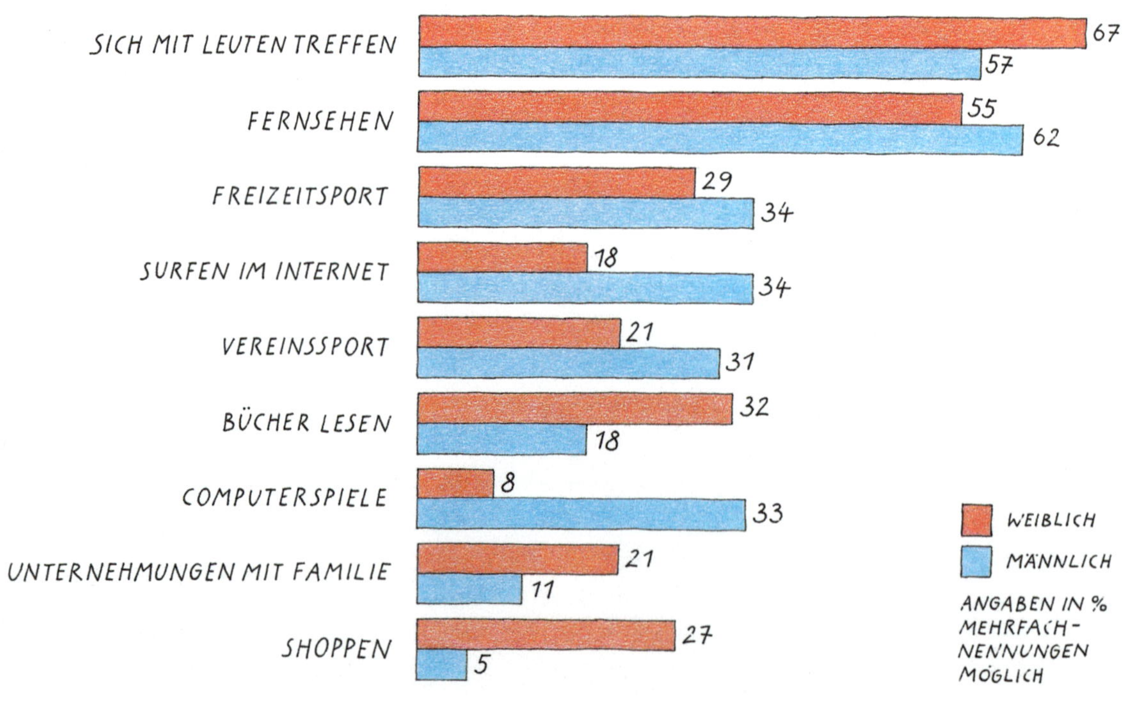

Nach der Shell Jugendstudie 2002
(Infratest Sozialforschung), S. 78

»Was mache ich in meiner Freizeit?« Eine Umfrage		Ja	Nein
1	Wir haben zu Hause mehr als ein Fernsehgerät.		
2	Wir haben mindestens einen DVD-Spieler.		
3	Wir haben einen Computer, den ich für Computerspiele nutze.		
4	An Schultagen verbringe ich mehr als drei Stunden vor dem Bildschirm (Fernsehgerät, Videorekorder und Computer).		
5	An freien Tagen verbringe ich mehr als drei Stunden vor dem Bildschirm.		
6	Wenn ich vor dem Bildschirm sitze, bin ich meistens allein.		
7	Ich schaue fern, weil ich mich über etwas informieren möchte.		
8	Meine Lieblingsfilme sind: …		

Methode: Eine Umfrage auswerten

• Fertige einen Auswertungsbogen an, in dem die Zahl der Beteiligten, der Jungen/Mädchen sowie die Klassenstufen verzeichnet sind. Den Antworten kannst du dann ebenfalls eine Rubrik »Mädchen« und »Jungen« zuordnen.
• Sortiere die Fragebögen nach Mädchen und Jungen und trage die entsprechenden Zahlen ein – zum Beispiel mit Hilfe einer Strichliste auf dem Auswertungsbogen. Kontrolliere alle Zahlen.
• Versuche die Auswertung zu beurteilen: Gibt es Auffälligkeiten – z.B. im Vergleich »Mädchen/Jungen« oder zwischen den Klassenstufen? Notiere deine Beobachtungen und diskutiere sie anschließend in deiner Lerngruppe.

Beispiel ◄ Seite 114

1 Protokolliere eine Woche lang deinen Medienkonsum in Form eines Tagebuchs. Unterscheide, welche Medien du nutzt und erstelle dein persönliches Mediendiagramm*.

2 Führt eine Umfrage unter Jugendlichen eures Alters durch, zum Beispiel in den Klassen 7 und 8. Nutze dazu die obige Umfrage. Ihr könnt den Fragebogen auch ergänzen.

3 Stellt die Ergebnisse im Diagramm* dar: Wertet sie aus und vergleicht.

4 Unterscheide Kommunikation* durch Medien und andere Verständigungsformen. Wie beurteilst du den hohen Stellenwert medialer Kommunikation bei Jugendlichen deiner Altersgruppe?

Massenmedien prägen unsere Lebenswelt in besonderem Maße. Sie sind Einrichtungen der Gesellschaft, die sich zur Verbreitung von Informationen (Kommunikation*) technischer Mittel bedienen: vor allem Erzeugnisse der Druckpresse (Bücher, Zeitschriften, Zeitungen) und die elektronischen Funkmedien (Television, Hörfunk, Internet).
Typisch für moderne Massenmedien ist die Trennung zwischen Sendern und Empfängern, dem Publikum – es findet kein unmittelbarer Kontakt statt. Erst das Internet hat eine Überwindung dieser starren Grenzen in Gang gesetzt: Jeder kann sich heute online öffentlich austauschen.

Gewalt durch Medien – in Medien?

Gewalt im Fernsehen

Vor einer Reihe von Jahren strahlte das ZDF die Serie »Tod eines Schülers« aus, in der sich der Held nachts vor einen nahenden Zug wirft. Anschließende Studien über Eisenbahnselbstmorde junger Männer im Alter von 15 bis 29 Jahren in Deutschland zeigten, dass die Selbstmordrate in den Jahren 1981 und 1982 wesentlich über derjenigen in den vorangegangenen oder nachfolgenden Jahren lag. Im Gefolge des Kult-Films »Scream« wurde Frankreich von einer Welle der Gewalt erfasst. Im Film ermordet ein Killer mit einer Maske, die dem berühmten Bild von EDWARD MUNCH »Der Schrei« nachempfunden ist, ahnungslose Opfer auf brutale Weise. Mehrfach wurden die betreffenden Filmszenen Vorbild für wirkliche Morde.
Der Zusammenhang zwischen Film und Tat konnte hier eindeutig nachgewiesen werden. Aber kann man das verallgemeinern? Bringt ein Mensch jemanden oder sich selbst um, nur weil er dies im Fernsehen gesehen hat?

Der Ballade ◀ (dramatisches Gedicht) liegt ein Pressebericht aus dem Jahr 1930 zugrunde.

Die Ballade vom Nachahmungstrieb

Es ist schon wahr: Nichts wirkt so rasch wie Gift!
Der Mensch, und sei er noch so minderjährig,
ist, was die Laster dieser Welt betrifft,
früh bei der Hand und unerhört gelehrig.

Im Februar, ich weiß nicht am wievielten,
geschah's, auf irgendeines Jungen Drängen,
dass Kinder, die im Hinterhofe spielten,
beschlossen, Naumanns Fritzchen aufzuhängen.

Sie kannten aus der Zeitung die Geschichten,
in denen Mord vorkommt und Polizei.
Und sie beschlossen, Naumann hinzurichten,
weil er, so sagten sie, ein Räuber sei.

Sie steckten seinen Kopf in eine Schlinge,
Karl war der Pastor, lamentierte viel
und sagte ihm, wenn er zu schrei'n anfinge,
verdürbe er den anderen das Spiel.

Fritz Naumann äußerte, ihm sei nicht bange.
Die andern waren ernst und führten ihn.
Man warf den Strick über die Teppichstange.
Und dann begann man, Fritzchen hochzuziehn.

Er sträubte sich. Es war zu spät. Er schwebte.
Dann klemmten sie den Strick am Haken ein.
Fritz zuckte, weil er noch ein bisschen lebte.
Ein kleines Mädchen zwickte ihn ins Bein.

Er zappelte ganz stumm, und etwas später
verkehrte sich das Kinderspiel in Mord.
Als das die sieben kleinen Übeltäter
erkannten, liefen sie erschrocken fort.

Noch wusste niemand von dem armen Kinde.
Der Hof lag still. Der Himmel war blutrot.
Der kleine Naumann schaukelte im Winde.
Er merkte nichts davon. Denn er war tot.

Frau Witwe Zickler, die vorüberschlurfte,
lief auf die Straße und erhob Geschrei,
obwohl sie doch dort gar nicht schreien durfte.
Und gegen sechs erschien die Polizei.

Die Mutter fiel in Ohnmacht vor dem Knaben.
Und beide wurden rasch ins Haus gebracht.
Karl, den man festnahm, sagte kalt: »Wir haben
es nur wie die Erwachsenen gemacht.«

Q ERICH KÄSTNER, 1899–1974

In 78,7 % aller Sendungen im deutschen Fernsehen kommt Gewalt vor. In jeder Stunde Fernsehprogramm werden durchschnittlich 4,12 schwerste Gewalttaten wie Morde und 5,11 schwere Gewalttaten, zum Beispiel grobe Körperverletzungen, also gut neun Gewalttaten gezeigt. In nur 26,2 % der Fälle haben die gezeigten Gewalthandlungen negative Folgen für den Gewalttäter.

Wer hat Recht?

»Gewalt durchs Fernsehen – bloße Panikmache!«
Dass die Kinder (durch Gewaltszenen im Fernsehen) wirklich gewalttätiger und hemmungsloser wurden, ist nicht bewiesen. Direkte Nachahmung ist nur eine von verschiedenen möglichen Reaktionen. Andere bekannte Reaktionsarten sind Abwehr, Fiktionalisierung (etwas als bloße Fiktion – wie ein Märchen – wahrnehmen) oder Abscheu.

Q NACH ALLAN GUGGENBÜHL: Die unheimliche Faszination der Gewalt

»Fernsehen macht gewalttätig!«
Wichtig ist der Befund, dass der Fernsehkonsum mit späterer Aggressivität auch bei denjenigen Jugendlichen zusammenhängt, die zuvor keine aggressiven Verhaltensweisen gezeigt hatten. Das Fernsehen macht also nicht nur diejenigen gewalttätig, die hierzu ohnehin neigen, sondern auch jene, die eigentlich nicht dazu neigen.

Q Nach MANFRED SPITZER: Vorsicht Bildschirm

Seiten 48/49

1 Vergleiche die beiden Positionen von SPITZER und GUGGENBÜHL: Beziehe dazu begründet Stellung.

2 Verfasse einen Leserbrief an Sendeanstalten, in dem du die These, Gewalt im Fernsehen mache gewalttätig, unterstützt oder ablehnst.

3 Werde dir über deine vorläufige eigene Position klar. Führt dann eine Diskussion in eurer Lerngruppe durch: »Gewalt durchs Fernsehen?«

Werbetext aus der Zeitschrift »Video Games«

Ego-Shooter Spiele

Bei dieser Art von Video- oder Computerspielen kämpft der Spieler hinter der Waffe gegen den Feind. Er sieht das gesamte Geschehen aus der Perspektive des Schießenden. Er schaut nicht zu, sondern befindet sich selbst mitten im Spiel, was den Realitätsgrad des Spiels verstärkt. Die erschossenen Gegner verschwinden nicht einfach, sondern gehen zu Boden und verbluten. Durch die im letzten Jahrzehnt wesentlich verbesserte Grafik sind die Spiele immer realistischer geworden, so dass auch die Verletzungen, die dem Feind zugefügt werden, wirklichkeitsgetreu gezeigt werden. In vielen Spielen ist die Tötung des Gegners ausdrückliches Ziel, da ein nicht ausgelöschter Gegner umgekehrt zur Bedrohung für den Spieler wird. In solchen realistisch vorgestellten Tötungsszenerien verwandelt sich das Opfer in »blutig auseinander strebende Fleischfetzen«.

Entfesseln Computer- und Videospiele Gewalt?

Am 1. November 1999 erschoss ein 16-Jähriger in Bad Reichenhall vier Menschen und danach sich selbst. Im selben Monat ermordete ein 15-jähriger Schüler seine Lehrerin mit 22 Messerstichen. Am 27. April 2002 erschoss ein 19-jähriger Schüler in seiner Erfurter Schule 17 Menschen, darunter 13 Lehrer. Als die Polizei das Gebäude stürmen wollte, tötete er sich selbst.

In allen drei Fällen hatten die Täter einen großen Teil ihrer Freizeit mit Gewalt-Videospielen verbracht: Sind die genannten Gewalttaten Auswirkungen brutaler Videos und Computerspiele?

Kann man Gewalt lernen?

In Ego-Shooter-Spielen ist man selber an gewalttätigen Aktionen beteiligt. Es besteht ein Unterschied zwischen dem aktiven Ego-Shooter-Spieler und dem vergleichsweise passiven Zuschauer von Gewaltfilmen. Das Spielen von Ego-Shooter-Gewalt-Videospielen führt zu einer Verknüpfung des Selbst des Spielers mit Gewalthandlungen. Dieses [...] geschieht automatisch und ohne bewusste Entscheidung. Jeder unterliegt diesen Prozessen, auch wenn er es nicht will [...].
Unempfindlich werden gegenüber Gewalt ist ein kaum merklicher Prozess, der durch wiederholtes Erleben von realer Gewalt oder Gewalt in den Medien eintritt. Er zeigt sich als Verminderung emotionaler (gefühlsmäßiger) Reaktionen auf Ereignisse, die normalerweise eine starke emotionale Reaktion hervorrufen würden. Er zeigt sich aber auch an der Veränderung von Einstellungen – von der Meinung, Gewalt sei selten und unwahrscheinlich, bis zur Meinung, Gewalt sei normal und unvermeidbar. Zusammen führen emotionale Verrohung und veränderte Einstellungen zu einer Verminderung der Kritikfähigkeit gegenüber gewalttätigen Verhaltensweisen.

Q Nach Manfred Spitzer: Vorsicht Bildschirm

Lernen durch Nachahmung?

1 Stellt eine Rangliste der unter euch beliebtesten Computerspiele auf und informiert euch über deren Inhalte.

2 Vergleiche, wie jugendliche Fernsehkonsumenten und Ego-Shooter-Spieler jeweils mit Gewalt in Berührung kommen.

3 Liste die Gefahren von Gewaltdarstellungen in den Medien auf. Berücksichtige insbesondere mögliche Auswirkungen auf das moralische Empfinden und Handeln.

4 Diskutiert abschließend: Wird unsere Gesellschaft durch Medien gewalttätiger? Wie sollen wir reagieren?

Vergleicht eure Ergebnisse mit der vorläufigen Diskussion von Seite 117.

Nach neueren Ergebnissen der Hirnforschung ist die Entwicklung des menschlichen Gehirns mit der Pubertät* noch nicht abgeschlossen. Sie reicht möglicherweise bis ins dritte Lebensjahrzehnt. Erfahrungen legen sich wie Spuren auf die Gehirnrinde, verfestigen sich mit der Zeit und prägen so die Struktur des Gehirns. Auch das Sehen von Gewalt am Bildschirm und das Trainieren von Gewalt in Computerspielen zählen zu den Erfahrungen, die Menschen prägen – sie wirken sich auf ihre Einstellungen und ihr Verhalten, auf Gewaltbereitschaft und Gewalttätigkeit aus.

Vom schönen Schein der Dinge

Wunschbild oder Wirklichkeit?

Theresa hat sich in den italienischen Popstar Luca verliebt. Ihr ganzes Zimmer ist mit Postern von ihm tapeziert; sie wünscht sich nichts sehnlicher als ihrem Idol einmal wirklich zu begegnen. In der »Bravo« liest sie einen Bericht über eine Tournee:

Seite neunzehn, mein Herz beginnt zu bibbern – Luca! Ich blättere hastig weiter. Wow! Ein riesengroßes, wunderschönes Foto und dazu zwei kleinere. Er sieht noch süßer aus als auf den anderen Bildern, die ich sonst von ihm habe, schöner und zärtlicher und – ach!
Ich bleibe stehen. Auf dem großen Foto ist Luca im Halbprofil zu sehen. Seine leicht gebogene Nase, seine langen Wimpern … Es sieht so aus, als würde er mich direkt angucken und mir irgendwas zuflüstern – »Ich liebe dich«, vielleicht … Die zwei kleinen Fotos sind bei einem Konzert aufgenommen. Luca trägt eine schwarze Schiebermütze und sieht einfach umwerfend aus.
Zu Hause schließe ich meine Zimmertür ab, damit mich niemand beim Lesen stört. Dann überfliege ich den Text. Eigentlich stehen nur die alten Kamellen über Luca drin: dass er in Padua wohnt und am liebsten mit seinem Hund Yoshimoto spazieren geht und gebratene Sardinen sein Leibgericht sind. Erst im letzten Abschnitt wird es spannend. Luca hat immer noch keine Freundin – puh! – und auf die Frage, welche Frauen er mag, antwortet er, sie sollten nicht so groß sein. Außerdem mag er braune Haare und rot geschminkte Lippen …
Super! Ich bin gerade mal einen Meter fünfundsechzig groß und ich habe braune Haare, nur Lippenstift konnte ich bisher auf den Tod nicht ausstehen. Vielleicht muss ich mir einfach einen Ruck geben und mir vornehmen, Farbe auf den Lippen zu mögen – wer weiß.
Ohne zu zögern laufe ich ins Bad. Überall fliegen Tinas grässliche Schminkutensilien herum. Ich schraube einen Lippenstift auf – er ist leuchtend rot. Bäh! Der nächste ist etwas braunstichig – schon besser. Vorsichtig ziehe ich meine Lippenkonturen nach und male dann das Innere aus. Ein mindestens fünfzehnjähriges und ziemlich fremdes Mädchen guckt mich aus dem Spiegel an. […]
Zurück ins Zimmer. Ich baue mich vor dem größten und schönsten Luca-Poster auf und lächle ihn an. Und er? Er lächelt zurück, irgendwie breiter als sonst, und zwinkert mir schließlich kurz zu.

Q Susanne Fülscher: Fever

Viele Jugendliche identifizieren sich mit Stars oder Idolen. Manche richten ihre Glückserwartungen auf die ganze Person ihres Stars, so wie bei Theresa. Oft stehen die Stars auch für ein bestimmtes Lebensgefühl, einen »Lifestyle«, der sie mit ihren jugendlichen Anhängern verbindet. Daher haben viele Stars großen Einfluss auf ihre Fans.

Kann man mit Gesichtern wie diesen für alles werben, wie Fachleute aus der Werbebranche meinen? Kritiker fürchten, dass Werbung süchtig macht. – Und was meint ihr …?

1 »Er lächelt zurück, irgendwie breiter als sonst […]« – Was ist mit Theresa los? Wie beurteilst du ihre Wahrnehmung?

2 Gibt es für dich auch einen Luca oder eine …? Oder vielleicht einen Sport-/Fußballverein? Tauscht euch in eurer Gruppe aus.

3 »Mit diesem Gesicht kann man für alles werben …«: Welche Werbestrategie verbirgt sich hinter diesem Slogan.

4 Verändere und gestalte die Werbung auf dieser Seite, indem du deinen eigenen Star an die Stelle der obigen Bilder setzest und ein beliebiges Produkt aus den Bereichen Mode, Nahrung oder Lifestyle in den Werbetext einfügst.

5 Tausche nun das Produkt deiner Werbung aus: Lass deinen Star für etwas werben, das zu seinem Image nicht so recht passt: zum Beispiel ein Model mit Superfigur für Schokolade. Sprecht gemeinsam über die Wirkung einer solchen Werbung.

6 Überlegt, warum Unternehmen ihre Produkte gerne durch Stars anpreisen lassen. Erörtert dann das Für und Wider von Werbung mit Stars.

Seite 119 ◂ (Zusammenfassung)

7 Gibt es für euch einen Unterschied zwischen Werbung für Erwachsene und Werbung für Kinder und Jugendliche? Diskutiert in eurer Gruppe und bezieht in eure Überlegungen die Ergebnisse der Hirnforschung mit ein.

→← In Deutschland sind 20 Prozent der gesamten Werbung an Kinder und Jugendliche adressiert. Werbeführer sind die im Fernsehen ausgestrahlten Werbespots. Kommerzielle Sender wie RTL, SAT 1, PRO 7, RTL 2 und Kabelkanal produzieren schätzungsweise etwa 900 Stunden Kinderwerbung im Jahr. Werbung funktioniert nach relativ einfachen Mechanismen: Ein Produkt wird angepriesen, Informationen werden gegeben und Bedürfnisse werden geweckt. Der Konsument kann aus den gegebenen Informationen Kaufentscheidungen ableiten oder sie kritisch hinterfragen.

Wir machen Werbung

Im August 2005 fand in Köln der Weltjugendtag der katholischen Kirche statt. Etwa eine Million Jugendliche aus allen Teilen der Welt kamen zusammen. Sie dokumentierten ihr Bedürfnis nach Gemeinschaft und religiöser Orientierung. Bereits im Vorfeld wurden die Jugendlichen eingeladen, einander vorzustellen, wen oder was sie verehren. Ihre Ideen dazu präsentierten viele von ihnen auch in Bildern und Installationen.

Meine Idole von einst: Sterne, die nur so aufflackern. Wenn du morgen nicht mehr da bist, interessiert das, ehrlich gesagt, doch kein Schwein. Mein Stern ist Jesus. Sabrina, 18 Jahre

Ich glaube nicht an Gott. Religion hat für mich keine Bedeutung. Mir ist wichtig, sich gegen Ausländerhass und Rassismus einzusetzen. Anke, 13 Jahre

Ich glaube, dass es einen Gott gibt, der die Menschen beschützt und der in schwierigen Zeiten den Menschen zu Seite steht. Damit Gott einem hilft, soll man beten, fasten und nach Mekka reisen. Serab, 15 Jahre

»Was betet ihr an?«
Menschen sind und bleiben Wesen, die danach suchen, was sie verehren können. Die Anbetung des Gottes in der Bibel war niemals selbstverständlich. Normal ist vielmehr, dass sich Menschen Idole machen, die ihnen entsprechen. Sie streben nach Symbolen und Bildern, die Wege zum Letzten und absolut Gültigen weisen. Welche Wege suchen junge Menschen, um sich im Leben zurecht zu finden?

LUKAS HÄNSCH, Alltagshelden (2005). Über seine Collage schreibt er: »[…] Und so habe ich mich in meinem Projekt mit den Helden der Geschichte, der Politik, der Musik, aus dem Sport usw. oder ganz einfach aus dem Alltag beschäftigt. Mit Persönlichkeiten – egal ob real oder fiktiv –, die für bestimmte Gruppen ein Vorbild sind: jemanden, den sie »anbeten«; jemanden, den sie verehren.«

Was Jugendlichen heilig ist

Meine Familie ist mir heilig, weil ich zu ihr den größten Bezug habe und weil ich ohne meine Familie nicht leben könnte. Elena, 14 Jahre

Basketball ist mir heilig, weil ich diesen Sport liebe, weil es etwas ist, was mir Spaß macht und weil es etwas ist, was ich beherrsche. Kevin, 15 Jahre

Was ist mir heilig? Die Fähigkeit, nicht das gehorsam zu übernehmen, was andere sich ausgedacht haben. Ein individuelles Lebewesen zu sein. Philipp, 17 Jahre

Fachübergreifend (Religion, Deutsch, Kunst): Eine Werbeanzeige gestalten

Manche Jugendliche schließen sich einer religiösen Gemeinschaft an; andere haben keine religiösen Bindungen. Doch wisst ihr genug über die Sehnsüchte oder Überzeugungen anderer in eurer Umgebung? Wenn nein, dann organisiert eine Gesprächsrunde, in der ihr euch mit gleichaltrigen Jugendlichen trefft. Sprecht darüber, welche Lebensfragen, Ängste oder Hoffnungen euch bewegen und ob Religion dabei eine Hilfe sein kann. – Versucht, eure Altersgenossen durch eine eigene Werbeanzeige für ein solches Vorhaben zu gewinnen.

1. Gestaltet eine ganzseitige Werbeanzeige für einen Gesprächsaustausch junger Leute zum Thema: »Was sind eure Idole?«
2. Zur Vorbereitung sammelt ihr Werbeanzeigen, die euch ansprechen: Analysiert, wodurch die positive Wirkung auf euch ausgelöst wird.
3. Listet auf, welche Informationen eure Werbeanzeige enthalten und welche Wirkung sie haben soll. Überlegt, auf welche Weise ihr dieses Ziel erreichen wollt. Ihr könnt euch auch zusätzliche Hilfe von euren Deutsch- und Kunstlehrern holen.
4. Bildet Gruppen, die für Einzelfragen (Werbeslogan, Textinformationen, Grafik) zuständig sind: Organisiert eine Redaktionskonferenz, in der die unterschiedlichen Gestaltungsvorschläge besprochen und angeglichen werden.

Eine gute Werbeanzeige steht und fällt mit einem griffigen Slogan, klaren Informationen und einer ins Auge springenden visuellen (bildhaften) Gestaltung. Wichtig ist auch, dass die Aufmachung die Gefühle des Adressatenkreises (zum Beispiel die der Kunden) positiv anspricht.

Was wird aus der Wirklichkeit?

Der erste Fernsehapparat hieß »elektronisches Teleskop« und sollte die Reichweite der menschlichen Wahrnehmung vergrößern. Aus der Bildübertragung wurde der Weltempfang, ein Massenmedium. Seit der Einführung der elektronischen Medien sind die Distanzen endgültig aufgehoben. Inzwischen können wir in »real-time«, in »Echtzeit« sehen, was am anderen Ende der Welt passiert. [...]
Aber sind das wirklich echte Bilder? [...] Wenn man sich überlegt, welche Möglichkeiten das Werbefernsehen heute ausnutzt, um Bilder zu manipulieren, kann man sich vorstellen, dass [...] etwas so verändert werden kann, dass der Laie unmöglich noch unterscheiden kann, was echt ist und was ihm simuliert (vorgetäuscht) wird. – Alles kann Täuschung sein.
Nach Jochen Köhler und Hanns-Christoph Koch (WDR, 17.4.1994)

1. Formuliere die Aussagen der Karikatur und des Textes jeweils in einem Satz: Wie wird in beiden Fällen die Beziehung zwischen Medien und Wirklichkeit dargestellt?
2. In diesem Kapitel habt ihr über verschiedene Medien sowie deren Methoden und Wirkungen nachgedacht: Überprüft mit Hilfe der Bilder, ob und auf welche Medien die Aussagen der Karikatur und des Textes zutreffen.
3. Blickt noch einmal zurück auf die Auftaktseite dieses Kapitels und diskutiert anhand der Gedanken McLuhans und Platons* die Frage: Sind Medien ein Spiegel der Wirklichkeit? Oder ist unsere Wirklichkeit ein Spiegel der Medien?

Projekt: Wie Medien sich verändern

Um zu ermessen, welchen Einfluss moderne Medien auf den Umgang der Menschen miteinander haben, muss man genau hinschauen:

- Erforscht, wie sich die persönliche Kommunikation* durch die Erfindung des Internets und der SMS-Nachrichten verändert hat?
- Tragt Material zusammen, das dokumentiert, wie sich die Menschen z.B. vor 50 Jahren untereinander verständigt haben. Befragt dazu eure Großeltern – vielleicht stellen sie euch alte Briefe zur Verfügung. Sicher habt ihr auch eigene Briefe – von Freunden oder Verwandten …
- Vergleicht die Art der Kommunikation in Briefen und Telefongesprächen mit dem Stil in E-Mails und SMS-Nachrichten: Stellt z.B. jeweils ein Verzeichnis gebräuchlicher Abkürzungen zusammen.
- Fazit: Was hat sich im Laufe der Zeit verändert? Denkt über Vor- und Nachteile der neuen Kommunikationsformen nach.

Eure Ergebnisse könnt ihr in einer Bilddokumentation oder als Fotoroman präsentieren.

Lesetipp

Narinder Dhami: Alice Fernsehsuperstar, Berlin: Carlsen Verlag 2001 (Eine ganz normale Familie wird für eine Fernsehserie ausgewählt: Alice wird dabei zum Star und plaudert allerlei Geheimnisse ihrer Familie aus …)

Vor 5000 Jahren

... verehrten die Ägypter neben zahlreichen anderen Göttern den Gott Anubis. Er wurde als Hund bzw. Schakal oder als Mensch mit Hundekopf dargestellt und galt als für die Mumifizierung zuständig. Die Einbalsamierung von Verstorbenen diente jedoch nicht nur der Konservierung des Körpers. Papyrusrollen, die zwischen den Beinen ägyptischer Mumien gefunden wurden, bezeugen, dass die Ägypter an ein Leben nach dem Tod glaubten. Die in diesen so genannten Totenbüchern enthaltenen Texte und Bilder sollten den Verstorbenen als Wegweiser im Totenreich dienen. Der ägyptische Schöpfungsmythos* ermöglicht uns heute, die untergegangene religiöse Vorstellungswelt der Ägypter nachzuvollziehen.

Totenbuch des Ani, um 1300 v. Chr.

In dieser Szene aus dem bildlich dargestellten Totenbuch (Ausschnitt) muss sich der Tote einer Prüfung unterziehen. Anubis geleitet den Verstorbenen in die Gerichtshalle. Dann kniet der schakalköpfige Gott nieder und überprüft die Balance einer Waage: In der einen Waagschale befindet sich das Herz des Verstorbenen, in der anderen das Symbol für die Göttin Ma´at, die für Gerechtigkeit, Wahrheit und Ordnung steht. Nur wenn bezeugt ist, dass der Verstorbene im Sinne von Ma´at gelebt hat, entgeht er der tierartigen Fresserin und wird von dem falkenköpfigen Horus zu Osiris, dem Totenrichter geleitet.

Sechstes Kapitel

Religionen: kennen – und verstehen?

Schutzengel

Der Schutzengel: die Sympathie,
wir brauchen ihn immerzu.
Wir haben ihn als Kind, sonst wären wir längst überfahren,
wir wachsen damit auf, wir verlassen uns auf ihn –
und dabei ist es nur ein Hauch,
was uns schützt, was uns von dem Ungeheuerlichen trennt,
von dem Rettungslosen,
wo nichts mehr für dich zeugt, kein eignes Wort,
keine eigne Tat [...]
Max Frisch: Tagebuch 1946–49

Spuren religiöser Vorstellungswelten: Der Engel (lateinisch »angelus«, Bote) ist in den monotheistischen* Religionen »Nachrichtenüberbringer« zwischen Gott und den Menschen.

1 Aus welchen großen Religionen sind euch Engelvorstellungen bekannt? Erzählt die Engelgeschichten, die ihr aus Filmen oder Büchern kennt.

2 Überlegt, ob Max Frisch religiöse Fragen thematisiert, die auch euch beschäftigen: Was ist seine »Antwort«? Stimmt ihr damit überein? Welche Antwort gaben die alten Ägypter?

3 Forscht nach weiteren Spuren von Religionen in eurem Alltag: Gebäude, Symbole/Zeichen, Personen/Figuren usw.

4 Wie erklärt ihr euch, dass alle bedeutenden Kulturen Religionen hervorgebracht haben?

Gläubiger Hindu: Wie viele andere Hindus schreitet er zum rituellen Bad in den Ganges, während im Morgengrauen dichter Nebel über dem Fluss aufzieht.

Im Gottesdienst wird aus der Torah, dem wichtigsten Teil der heiligen Schrift des Judentums, gelesen.

Von den Ursprüngen

Die jüdische Bibel ist innerhalb eines Zeitraums von rund 1000 Jahren entstanden. Jahrhundertelang überlieferte mündliche Erzählungen schrieben gelehrte jüdische Männer schließlich auf Hebräisch nieder und fassten sie zusammen. Um 300 v. Chr. schlossen sie die Sammlung ab. Die Schriften erzählen von den Erfahrungen der Menschen mit Gott – was sie erlebt und wie sie es gedeutet haben. Die darstellenden Texte, Erzählungen und Lieder erzählen vom Anfang der Welt – wie Gott Himmel und Erde erschuf. Sie berichten vom Nomaden Abraham, der im Vertrauen auf Gottes Versprechen seine Heimat verließ, um sich in einem neuen Land niederzulassen – dem heutigen Israel. Sie erzählen, wie die Vorfahren der Juden, die Hebräer (»Wanderer«), in Ägypten unterdrückt wurden und mit Mose den Weg in die Freiheit fanden.
In der Hebräischen Bibel finden sich außer solchen erzählenden Überlieferungen und Liedern von den Ursprüngen jüdischen Glaubens auch Gebete (Psalmen) und Worte der Weisheit.

Christen nennen die Hebräische Bibel häufig »Altes Testament«.

Der Nahe Osten zur Zeit der Bibel

MARC CHAGALL, Mose vor dem brennenden Busch

Wer ist der Gott Israels?

Als Mose eines Tages die Herde weidete, sah er einen brennenden Dornbusch. Gottes Stimme sprach zu ihm: »Ich habe das Elend meines Volkes gesehen. Führe du mein Volk heraus in ein Land, in dem Milch und Honig fließen. Denn ich bin JHWH, der ›Ich-bin-da‹«.
Nach dem Auszug aus Ägypten gelangten die Hebräer an den Berg Sinai. Dort schloss Gott einen Bund mit dem Volk: Er verpflichtete sich, die Menschen zu behüten. Die Menschen versprachen, an diesen einzigen Gott zu glauben und einander zu achten. Dazu gab Gott den Menschen Weisungen, damit sie ein gutes Leben führen können – vor allem die Zehn Gebote.
Doch während Mose noch auf dem Berg Sinai die Gesetzestafeln erhielt, bekamen die Israeliten Angst. Sie dachten: »Wir sehen nichts von diesem Gott. In Ägypten, da sahen wir die Götter und konnten sie anfassen.« Und so machten sie sich aus Holz eine Stiergottheit, das sogenannte Goldene Kalb*, vergoldeten die Statue und tanzten um sie herum. Eine solche Fruchtbarkeitsgottheit hatten sie bei den Ägyptern auch gesehen. Sie hatten schon vergessen, was Mose ihnen erzählt hatte: dass es nur einen einzigen unsichtbaren Gott gibt – JHWH.

Q Nach dem zweiten Buch der Torah (Exodus)

1 Was wisst ihr schon aus der Hebräischen Bibel? Tragt euer Wissen zusammen.

2 Die Geschichte vom »Tanz um das Goldene Kalb« zeigt, wie schwer es der Glaube an einen unsichtbaren Gott bei den Israeliten anfangs hatte. Stellt die Szene von MOSES Rückkehr vom Sinai im Rollenspiel dar, in dem beide Seiten ihre gegensätzlichen Standpunkte vertreten.

3 Erklärt das Bild MARC CHAGALLS mit Hilfe dieser Doppelseite.

4 Das »Sch'ma Israel« wird von religiösen Juden jeden Tag gebetet. Erläutert, was über Gott und was über Israel gesagt wird:
Wer spricht – und wer wird angesprochen?

5 Zusammen mit dem Vers aus dem 3. Buch Mose (19, 18) spricht man vom »Doppelgebot der Liebe«: Erklärt diesen Begriff.

Basisworte der Bibel

»Höre, Israel (Sch'ma Israel – שְׁמַע יִשְׂרָאֵל)! Der Ewige, unser Gott, der Ewige ist einzig. Darum sollst du den Herrn, deinen Gott, lieben mit ganzem Herzen, mit ganzer Seele und mit ganzer Kraft.«
Das Grundbekenntnis Israels aus dem 5. Buch Mose 6, 4

»Du sollst deinen Nächsten lieben wie dich selbst.«
Aus dem 3. Buch Mose 19, 18

»Es ist dir gesagt worden, Mensch, was gut ist und was der Herr von dir erwartet. Nichts anderes als dies: Recht tun, Güte und Treue lieben, in Ehrfurcht den Weg gehen mit deinem Gott.«
Aus dem Buch des Propheten Micha (Micha 6, 8)

Leben in der Diaspora*

Jüdische Gemeinden gibt es heute fast überall auf der Welt. Oft wurden sie von Handelsreisenden gegründet, noch viel öfter aber von Flüchtlingen. Die erste größere Flüchtlingsbewegung fand im 6. Jahrhundert v. Chr. statt. Der babylonische König NEBUKADNEZAR zerstörte Jerusalem, die Hauptstadt des südlichen Reiches Juda, und verschleppte große Teile der oberen Gesellschaftsschicht in seine Heimat. Andere flohen nach Ägypten und blieben dort.
Der Glauben der Judäer wurde durch dieses Erlebnis erschüttert: Hatte Gott nicht Abraham das Land für alle Zeiten versprochen? War nicht der Tempel in Jerusalem Gottes »Wohnung«? Ein Teil der Judäer verlor in der Verbannung (Exil) seinen Glauben.
Andere Juden aber hielten gerade jetzt an ihm fest – und versuchten bewusster denn je nach den Weisungen der Torah zu leben. Die sich neu bildenden jüdischen Gemeinschaften feierten ihre Gottesdienste ohne Opfer-Zeremonien und ohne Tempelpriester. Wo immer Juden lebten, entstanden Synagogen als Versammlungsorte der Gemeinden. Auch in der Diaspora* glaubten und bekannten diese Juden: JHWH, der Gott unserer Vorfahren, ist der einzige Gott – er hat die Welt erschaffen, er bleibt seinem Volk Israel treu.

Feindschaft gegen Juden

Nach der Zerstörung Jerusalems durch die Römer (70 n. Chr.) flüchteten zahlreiche Juden auch nach Europa. Dort lebten sie mit den Christen im Mittelalter eng zusammen. Viele Christen entwickelten den Juden gegenüber feindselige Gefühle – auch, weil sie ihre Religion nicht verstanden und akzeptierten. So begannen sie Schauermärchen über Juden zu verbreiten, ihnen eine Kleiderordnung aufzuzwingen und getrennte Wohnbezirke (Gettos) festzulegen.
Im 19. Jahrhundert, nach langen Zeiten der Ausgrenzung, wurden den Juden in Deutschland und Europa allmählich annähernd gleiche Rechte zugestanden. Doch zugleich verbreiteten sich neue »Rassenlehren«. Ihre Anhänger behaupteten, die »Rasse der Arier« sei höherwertig gegenüber der »Rasse der Semiten« (gemeint waren die Juden). Erneut machten viele Menschen die Juden für allerlei Probleme verantwortlich.
Unter dem Eindruck des »modernen« Antisemitismus entstand unter den bedrängten Juden die Idee einer jüdischen »Heimstätte«, wo sie vor Verfolgung sicher sein konnten. Der Wiener Journalist THEODOR HERZL (1860–1904) wurde zum Begründer des Zionismus* – einer überwiegend nicht-religiösen Bewegung von Juden, die sich von der »Rückkehr« nach Palästina ein selbstbestimmtes Leben in Freiheit versprachen.

Seite 158 ◀

Landung eines schrottreifen Flüchtlingsdampfers am Strand von Tel Aviv (1939)

FELIX NUSSBAUM, Jaqui auf der Straße (1944)

Schoah* und die Folgen

Die deutsch-jüdische ANNE FRANK lebte von 1942 bis 1944 in Amsterdam mit ihrer Familie in einem Versteck. Dort führte das Mädchen ein Tagebuch. 1944 wurde die Familie verraten. ANNE starb im Konzentrationslager Bergen-Belsen. Wie ANNE FRANK wurden sechs Millionen jüdische Frauen, Männer und Kinder ermordet, viele von ihnen in eigens errichteten Vernichtungslagern.

An den überlieferten Antisemitismus konnten in den 1930er Jahren die Nationalsozialisten anknüpfen und schließlich mit Unterstützung breiter Bevölkerungskreise ihre Verfolgungs- und Massenmordpläne durchsetzen. Die wenigen Juden, die der systematischen Ausrottung (Schoah*) entkommen konnten, versuchten vor allem nach Amerika oder Palästina zu flüchten.

Wie konnte es geschehen?

Einmal wird dieser schreckliche Krieg doch vorbeigehen, einmal werden wir doch wieder Menschen und nicht nur Juden sein! […] Wer hat uns bis jetzt so leiden lassen? Es ist Gott, der uns so gemacht hat, aber es wird auch Gott sein, der uns aufrichtet.

Q ANNE FRANK, Tagebucheintrag (Dienstag, 11. April 1944)

Wie kam es, dass ein Volk, das der Menschheit das Erhabenste schenkte, was Poesie, Philosophie und Musik hervorgebracht haben, das furchtbarste Verbrechen in der Geschichte beging? […] Juden und Deutsche, die beiden Völker, die sich dieselbe Frage stellen, haben keine Antwort darauf.

Q YORAM KANIUK, israelischer Schriftsteller (2002)

1 Arbeitet heraus, aus welchen Gründen es den Juden in der Diaspora* gelingen konnte, als jüdische Gemeinschaft weiter zu bestehen.

Seiten 136–141 ◂

2 Benennt Ursachen der Judenfeindschaft. Zieht dazu auch die Seiten über das Christentum hinzu.

3 Betrachtet das Bild von FELIX NUSSBAUM: Was könnt ihr darin »lesen«?

4 Informiert euch über ANNE FRANK: Wer kann ihr Tagebuch vorstellen? Vergleicht und diskutiert danach die Aussagen von ANNE und YORAM KANIUK.

Jüdisch leben

Viele Juden feiern jede Woche einen Ruhetag, den Schabbat. Er beginnt am Freitagabend nach Einbruch der Dunkelheit und endet am Samstagabend. Nach der Überlieferung empfingen die hebräischen Vorfahren der Juden das Gebot vor ungefähr dreieinhalbtausend Jahren, nachdem sie aus der ägyptischen Sklaverei befreit worden waren. Und so erklärt eine religiöse Jüdin den Schabbat:

Zeit ist nicht gleich Zeit?

»Tausend Jahre sind für dich wie der Tag, der gestern vergangen ist, wie eine Wache in der Nacht.«

Aus einem Gebet des Mose (Psalm 90, 4)

In sechs Tagen schuf Gott die Welt, sechs Tage veränderte, verbesserte und entwickelte Er, am siebten Tag ruhte Gott. Am siebten Tag soll auch der Mensch die Schöpfung nicht antasten.
Alt ist das Gebot, aber neu das Bewusstsein, dass wir Menschen dabei sind, den Planeten, auf dem wir leben, zu zerstören. Wir müssen einen Weg finden, weniger zu verbrauchen und zu benutzen. Wir müssen Ruhepausen einlegen. Die Heiligung des siebten Tages könnte ein Beitrag dazu sein. Statt Rastlosigkeit und Unruhe sollen wir an diesem Tag Stille und Ruhe in unsere Herzen und in unsere Welt einziehen lassen.
Q Nach Lea Fleischmann: Schabbat

Koscher essen

Die jüdische Tradition kennt zahlreiche Regeln für den Alltag, z.B. bei der Zubereitung von Essen. Küche, die »koscher« (brauchbar) ist, verlangt, dass Milchiges und Fleischiges nicht zur selben Mahlzeit gegessen werden; für beides gibt es auch getrenntes Geschirr. Belegt wird dies mit der biblischen Überlieferung.

Seite 33

»Warum halten sich intelligente junge Leute an Regeln, die vor Jahrhunderten entstanden sind?«, fragt sich die Jüdin Shira Berg. Und gibt selbst die Antwort: »Das bestätigt über alle Entfernung und Zerstörung hinweg die Verbindung zwischen uns und den Generationen, die vor uns waren. Gleichzeitig wird in diesen vielen Kleinigkeiten die besondere Beziehung zwischen Gott und Israel gefeiert. Die Tradition kennt eine Liste von 613 Mitzwot*, die das Alltagsleben und besondere Momente regeln.«
Heute hält sich die Mehrheit der Juden nicht mehr an die überlieferten Regeln – oder zumindest nicht an alle. Die Bedeutung, die die Regeln zur Zeit der Ackerbauern und Viehzüchter hatten, ist dennoch nicht ganz verloren gegangen: Prinzipien wie der Respekt vor Lebewesen und vor der Erde sind noch erkennbar geblieben. Koscher könnte heute auch heißen: keine Lebensmittel essen, die Produkte von Ausbeutung sind; kein Fleisch von Tieren essen, das aus Massenhaltung stammt.

Bar-Mizwah feiern

Die Bar-Mizwah spielt im Leben eines jüdischen Jungen eine ganz besondere Rolle, denn von da an ist er als vollwertiges Mitglied der Gemeinde anerkannt. DANIEL C. aus Köln erinnert sich:

Im Hebräischen werden die Vokale des Gottesnamens weder geschrieben noch ausgesprochen. Manche Juden lassen aus Respekt vor Gott die Vokale dieses Wortes auch in anderen Sprachen aus und schreiben z.B. im Deutschen »G'tt«.

Dieser ganz besondere Tag fand an einem Samstag kurz nach meinem 13. Geburtstag statt. Doch schon neun Monate vorher hatte ich angefangen, mein Hebräisch zu trainieren. Ich übte mit Hilfe einer Kassette die Abschnitte zu singen, die ich im G'ttesdienst vortragen würde.
Am Tag der Bar-Mizwah war ich sehr aufgeregt. Doch als ich nach der Hälfte des G'ttesdienstes ans Pult ging und begann, die Melodie des ersten Gebetes zu singen, war die Freude größer als die Aufregung. Dann wurde ich noch einmal zur Torah-Lesung aufgerufen. Ich schaffte es ohne Fehler! Danach ging ich inmitten eines langen Zuges aus Männern durch den Gebetssaal. Von allen Seiten wurde mir gratuliert und die Frauen, die getrennt von den Männern auf der Empore saßen, bewarfen uns von oben mit Bonbons. Alle Kinder in der Synagoge rannten los und hoben die Süßigkeiten auf. Zum Schluss, nach der letzten Lesung, überreichte mir der Rabbiner ein Gebetbuch und sprach einen Segen.
Anschließend aßen wir im Gemeindesaal. Ein Familienfreund begrüßte besonders den Teil der Familie, der aus anderen Ländern angereist war.
Am Abend fand dann eine große Feier im Schokoladenmuseum statt. Viele Gäste gratulierten mir und überreichten mir Geschenke. Der Abend verlief mit Essen, Musik und Tanz. Enge Freunde und Verwandte hielten Reden auf mich, sangen ein Lied oder trugen ein Gedicht für mich vor.
Ich habe einmal jemanden sagen hören, dass es drei wichtige Tage im Leben eines jüdischen Jungen gibt, die jeweils einen neuen Lebensabschnitt einleiten: Der erste Tag ist die Beschneidung, der Bund mit G'tt und die Einführung ins Leben; der zweite ist die Bar-Mizwah, die Anerkennung als Mann; und der dritte ist die Hochzeit, der Bund zwischen zwei Menschen. Von diesen drei Tagen soll die Bar-Mizwah der schönste Tag sein, da sich der Junge an den ersten nicht erinnern kann und der dritte noch größere Verpflichtungen mit sich bringt. Bei der Bar-Mizwah aber steht der Junge allein den ganzen Tag im Mittelpunkt.

1 Wie wird der Schabbat biblisch begründet?

2 Besprecht die Folgen, die von einem regelmäßigen Ruhetag ausgehen: Kann man heutzutage nicht auf einen solchen Tag verzichten?

3 Welche Gründe sprechen nach SHIRA BERG dafür, sich an die jüdischen Speiseregeln zu halten?
Setzt die Liste aktualisierter Speiseregeln fort und informiert euch auch über Speiseregeln anderer Religionen: Stellt Gründe (Gegengründe) zusammen und führt dann ein Streitgespräch.

Seiten 142/143, 198/199

4 Vergleicht die Feier einer Bar-Mizwah mit anderen Festen zum Erwachsenwerden, die ihr kennt.

Spielplatz in Berlin, 1930

Überfahrt nach Israel, 1949

Als Solist, 1958

Als Jude in Deutschland

Die Bilder auf dieser Doppelseite zeigen HELLMUT STERN. Von 1961 bis 1994 war er Erster Geiger bei den Berliner Philharmonikern. Heute ist er pensioniert und wird oft in Schulen eingeladen, um Jugendlichen aus seinem Leben zu erzählen. HELLMUT STERN ist Deutscher und Jude.

Beim Signieren seiner Lebenserinnerungen

Ich wurde 1928 in Berlin geboren. 1933 kamen die Nationalsozialisten in Deutschland an die Macht. Als Kind bezog ich zuerst die vielen judenfeindlichen Äußerungen, die zu hören waren, gar nicht auf mich.
Dann kam der 9. November 1938. Ich ging zur Schule. Unterwegs kam ich, wie immer, an einem Musikladen vorbei – der war völlig demoliert; auf der Straße lag ein Klavier. Ich ging weiter – da sah ich die brennende Synagoge, die hinter der Schule war. Die Kinder standen mit ihren Klassenlehrern vor der Schule, bis alle da waren. »Jetzt sofort auf dem schnellsten Weg nach Hause«, wurde uns gesagt. Auf der anderen Seite der Synagoge standen die Gaffer und guckten zu, wie die Feuerwehr nicht löschte. Die Männer passten nur auf, dass das Feuer nicht auf andere Häuser übergriff. Ich kehrte nicht nach Hause zurück, sondern ging den Kurfürstendamm entlang und sah, wie Geschäfte demoliert und Sachen mitgenommen wurden.
Von einem Land, in dem es so viel Kultur gab, war nicht zu erwarten, dass die Menschen sich wie Verbrecher benahmen. Darum sind auch so viele Juden nicht weggegangen – sie glaubten, dass ihnen in Deutschland nichts wirklich Schlimmes passieren kann. Mein Vater sagte: »Es kann.« Wir hatten bereits unsere Pässe, denn wir wollten am 21. November 1939 ausreisen. Wir durften nur zehn Mark pro Person mitnehmen.

Am 9. November 1938 brannten in ganz Deutschland Synagogen und jüdische Geschäfte. Die Nationalsozialisten hatten die Aktion geplant. An diese Nacht, die »Reichspogromnacht« genannt wird, wird bei uns jedes Jahr erinnert.

HELLMUT STERNS Flucht führte über Italien, Ägypten und Indien nach China. In der Mandschurei kam Hellmut mit kurzen Hosen an – bei minus 20 Grad Celsius. Die Familie blieb dort 11 Jahre lang und überlebte so die Schoah*.

Essen bekamen wir lange von der Arme-Leute-Küche. Unterrichtet wurde ich von einem Privatlehrer, einem Deutschen, Herrn Bender, der dafür bei uns sein warmes Mittagessen bekam – und einen Wodka. 1945 war der Krieg zu Ende – in Deutschland.

1949 konnte Familie STERN China endlich verlassen und nach Israel ausreisen. Wie viele Flüchtlinge lebten die Sterns zunächst in einem Lager. Hellmut bemühte sich um Engagements als Geiger und spielte in Kaffeehäusern, bevor er es schaffte, ins Israel Philharmonic Orchestra aufgenommen zu werden. 1956 bekamen seine Eltern eine Einreiseerlaubnis in die USA. Der Sohn besuchte dort den schwer kranken Vater – und blieb bei ihm. Jahre später suchte Hellmut eine neue Stelle in Europa – und gelangte nach Berlin. Wie fühlt er sich in Deutschland, wo er einst verfolgt wurde und wo immer noch – nicht nur unter Rechtsextremen – Judenhass zu spüren ist?

Persönlich bedroht fühle ich mich nicht. Aber ich bekomme natürlich mit, was sonst passiert. Ich spreche oft mit Jugendlichen, auch über Rechtsextremismus; das liegt mir am Herzen. Wie kann ich stolz darauf sein, dass ich irgendwo geboren bin? Ich kann stolz darauf sein, dass ich irgendetwas vollbracht habe. Wichtig ist auch das Gespräch über die Vergangenheit. Für mich gibt es keine Kollektivschuld – aber eine Kollektivverantwortung. Und die muss man Jugendlichen beibringen.

Was denkt HELLMUT STERN über das Judentum?

Ich bin in eine jüdische Familie hinein geboren, die lange in Deutschland gelebt hat. Das Judentum ist für mich eine Schicksalsgemeinschaft – auf diese Weise gehöre ich dazu. Die jüdische Religion sehe ich eher philosophisch: Die Juden haben das Prinzip Hoffnung. Das ist das, was sie zusammengehalten hat – aber auch das, wodurch sie verfolgt wurden. Auch die Zehn Gebote lese ich philosophisch: Wir haben ein Stammhirn und ein Großhirn. Mit dem Großhirn fliegen wir auf den Mars. Mit dem Stammhirn sind wir Tiere. Die zehn Gebote helfen dem Großhirn sozusagen, das Stammhirn – das wilde Tier in uns – im Zaum zu halten.

Vergleiche ◄ auch Seite 131

1 Erstellt eine Zeitleiste mit Stationen aus dem Leben von HELLMUT STERN. Haltet die geschichtlichen Ereignisse fest, die seine Lebensstationen prägten.

2 »Kollektivschuld« und »Kollektivverantwortung« – klärt diese Begriffe und erläutert, was wohl damit gemeint ist. Seid ihr einverstanden mit HELLMUT STERNS Absicht, Jugendlichen die Kollektivverantwortung beizubringen?

Seiten 129 ◄ und 132

3 HELLMUT STERN ist Vertreter eines eher nicht-religiösen liberalen Judentums: Erklärt, woran man das merkt, und vergleicht seine Sicht der Religion mit den Lebensregeln der jüdischen Tradition.

→← Die Vorfahren der Juden (Hebräer und Israeliten) waren die Ersten, die sich zu einem einzigen unsichtbaren Gott bekannten. Mit ihren Geschichten, Festen und Gedenktagen erinnern sie sich bis heute an die Ursprünge ihrer Religion und ihrer Lebensregeln (Gebote), an Befreiungserfahrungen, aber auch an Zeiten der Verfolgung – insbesondere in der Schoah*. In der Diaspora* und in Israel teilen bewusst religiöse, aber auch religionsferne Juden die Hoffnung auf Frieden (Schalom) miteinander.

Jesus: göttlicher Mensch?

Israel war zu JESU Lebzeiten eine Unterprovinz Syriens und den Römern unterstellt. JESUS VON NAZARETH wurde nach zwei- bis dreijähriger Wirksamkeit von den Römern als politischer Aufrührer zum Tod am Kreuz verurteilt. JESUS schien ihnen bedrohlich, da er als »König der Juden« ihren Herrschaftsanspruch untergrub. Viele politisch Verfolgte wurden auf diese Weise von den Besatzern zu Tode gefoltert.

JESUS VON NAZARETH

… ist im Judentum als umstrittener Wanderprediger und Wunderheiler bekannt. JOSEPHUS FLAVIUS, ein jüdischer Geschichtsschreiber aus dem ersten Jahrhundert, erwähnte JESUS in seinen Schriften. Er bezeichnete ihn als weisen Menschen.

… wird auch mehrmals im Koran erwähnt. Muslime verehren JESUS als Propheten Gottes, Diener und Gesandten Gottes. Im Koran steht nichts über JESU Kreuzigung. Muslime betrachten JESUS nicht als Gottes Sohn.

Lies dazu Lukas 12, 15–21: ◀ Risiken der Habgier

Christen glauben, dass JESUS ebenso Mensch wie Gott war (und ist). Seine ersten Anhänger waren Juden. Sie gaben ihm den griechischen Titel »Christus« (hebräisch: Messias*, »der Gesalbte«) und benannten sich nach ihm. Im 1. Jahrhundert schrieben die »Evangelisten« MATTHÄUS, MARKUS, LUKAS und JOHANNES auf, was sie über JESUS mündlich und schriftlich erfahren konnten. Ihre Schriften (Evangelien*: »gute Nachrichten«) sind wie Bekenntnisse verfasst. Die Evangelien enden nicht mit JESU Tod, sondern erzählen davon, dass er von den Toten auferweckt wurde.

Im Zentrum der Lehre JESU steht weniger eine politische als vielmehr eine religiöse Botschaft: die Verkündigung des Reiches Gottes. Seine Wundertaten und seine Zuwendung zu den Außenseitern der jüdischen Gesellschaft – den Zöllnern*, den Armen und jenen, die sich nicht streng an die religiösen Gebote hielten, sollten auf das kommende Gottesreich hinweisen – hier gelten Regeln wie z. B. diese: »Nicht die Gesunden brauchen den Arzt, sondern die Kranken. Ich bin gekommen, um die Sünder zu rufen, nicht die Gerechten« (JESUS nach Markus 2, 17).

JESUS erregte viel Aufmerksamkeit, machte sich unbeliebt vor allem unter Frommen, gewann aber auch eine Reihe Anhänger – meist einfache Fischer am See Genezareth, die ihren Beruf aufgaben und ihm als »Jünger« nachfolgten.

Eine Darstellung des »verkündigten Christus« aus dem 11. Jahrhundert in Griechenland.
Könnt ihr die Schriftzeichen auf der Christusdarstellung entschlüsseln?
Tipp: Die zwei zusammenstehenden Buchstaben sind Anfangs- und Endbuchstaben eines Wortes. »C«« steht für ein griechisches »S«.

Christen glauben, dass JESUS am Kreuz gestorben, nach drei Tagen aber von Gott zu neuem Leben auferweckt worden ist. Damit habe Gott das Handeln und die Botschaft von JESUS endgültig bestätigt. Über die Auferstehung berichtet z.B. der Evangelist MARKUS (Markus 16, 1–8).
Von der Auferweckung JESU und der Wahrheit seiner Botschaft war auch der Evangelist LUKAS überzeugt. In einer Legende (Glaubenserzählung) berichtet LUKAS über die Geburt von JESUS: Die Eltern, Josef und Maria, sind auf dem Weg nach Bethlehem. Josef muss sich wegen einer Volkszählung durch den Kaiser AUGUSTUS in seinem Geburtsort melden. Maria ist hochschwanger – sie bringt ihr Kind in einem Stall zur Welt, da sie keine Unterkunft bekommen. Mitten in der Nacht werden Hirten der Umgebung durch helles Licht aufgeschreckt:

Da trat ein Engel des Herrn zu ihnen, und Lichtglanz des Herrn umleuchtete sie, und sie fürchteten sich sehr. Und der Engel sprach zu ihnen: »Fürchtet euch nicht! Denn siehe, ich verkündige euch große Freude, die allem Volke widerfahren wird; denn euch ist heute der Heiland geboren, welcher der Christus ist, der Herr, in der Stadt Davids. Und das sei euch das Zeichen: Ihr werdet ein Kind finden, in Windeln gewickelt und in einer Krippe liegend.« Und auf einmal war bei dem Engel die Menge des himmlischen Heeres, die lobten Gott und sprachen: »Ehre sei Gott in den Höhen und Friede auf Erden unter den Menschen, an denen Gott Wohlgefallen hat!«

Q Nach Lukas 2, 1–14

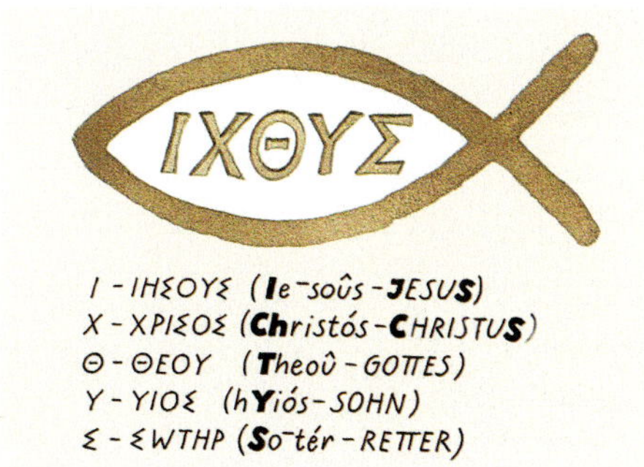

Der Fisch (griechisch: »ΙΧΘΥΣ«) war ein Erkennungszeichen der ersten Christen

1 Sucht Gründe, weshalb die Botschaft JESU die Menschen bis heute in Bewegung versetzt. Lest dazu weitere Gleichnisse, in denen JESUS seine Vorstellung vom Reich Gottes verdeutlicht (Lukas 14, 15–24; 15 sowie Matthäus 20, 1–16).

2 Sucht und benennt anhand der Bilder dieser Doppelseite Merkmale des verkündigten JESUS. Der Evangelist LUKAS bekennt sich hingegen zu einem »König«, der nicht im Luxus, sondern in ärmlichen Verhältnissen geboren wurde. Welche Botschaft steckt (für Christen heute noch) dahinter?

3 »Der Glaube von Jesus eint uns, der Glaube an Jesus trennt uns!« An wen richtet sich dieser Satz des jüdischen Schriftstellers SCHALOM BEN-CHORIN?

4 »Auch wenn sich Christen nach JESUS CHRISTUS nennen, gehört er ihnen nicht allein.« Diskutiert, ob dieser Satz berechtigt ist.

In Würde und ohne Gewalt?

»Die Würde des Menschen ist unantastbar. Sie zu achten und zu schützen ist Verpflichtung aller staatlichen Gewalt.« Grundgesetz der Bundesrepublik Deutschland, Artikel 1

Der Schutz der Menschenwürde geht auf die Ideen der Aufklärung* zurück und wurzelt darüber hinaus im jüdisch-christlichen Glauben. Heute gibt es Menschenrechte*, um die Menschenwürde in der Gesellschaft zu schützen.

Juden und Christen glauben, dass jeder Mensch eine von Gott geschenkte Würde besitzt, denn der Bibel zufolge schuf Gott den Menschen nach seinem Bild. Demnach hat jeder Mensch – ob arm oder reich, Frau oder Mann, krank oder gesund – einen Wert an sich. Seine Würde kann nicht verloren gehen, denn sie wurde ihm geschenkt.
JESUS lehrte die Menschen seiner Zeit, die eigene Würde und die anderer Menschen zu respektieren und das Leben darauf aufzubauen. Er starb für seine Überzeugung, dass Herrschaft von Menschen über Menschen überwunden werden kann – gewaltlos. Es wird überliefert, dass JESUS den Menschen, die ein Gespür für Ungerechtigkeiten hatten oder selbst darunter litten, Gottes Nähe zusprach.

JESUS handelt anders

Eine neutestamentliche Geschichte erzählt, wie Pharisäer* und Schriftgelehrte eine Ehebrecherin zu JESUS bringen. Soll die Frau tatsächlich gesteinigt werden, wie es ein altes Gebot scheinbar fordert? JESUS wird zur Rede gestellt:

Da bückte sich Jesus nieder und schrieb mit dem Finger auf die Erde. Als sie ihn aber beharrlich weiterfragten, richtete er sich auf und sprach zu ihnen: »Wer unter euch ohne Sünde ist, werfe den ersten Stein auf sie!« Und er bückte sich wiederum nieder und schrieb auf die Erde. Sie aber gingen, als sie es hörten, einer nach dem anderen hinaus [...] und er blieb allein zurück mit der Frau [...]. Da richtete sich Jesus auf und sprach zu ihr: »Frau, wo sind sie? Hat dich jemand verurteilt?« Sie aber sagte: »Niemand, Herr!« Darauf sprach Jesus: »Auch ich verurteile dich nicht; geh, sündige von jetzt an nicht mehr!«

Q Nach Johannes 8, 3–11

Gewaltfrei – immer und zu allen Zeiten?

Seite 140 Spaltungen im Christentum

Christliche Kirchen haben ihren Anspruch, die Menschenwürde zu achten und gewaltlos zu sein, oft selbst nicht eingelöst – während der Kreuzzüge des Mittelalters, aber auch in späteren Zeiten:

- Die katholische Kirche sah sich durch Reformbestrebungen im 16. Jahrhundert bedroht. In der Nacht zum 24. August 1572 ließ die Königsmutter KATHARINA DE MEDICI in Paris mehr als 3000 Hugenotten (evangelische Minderheit) ermorden.

Szene aus dem Kinofilm »Sophie Scholl – die letzten Tage« (2005)

Vergleiche Seite 131 ◀

• In der Zeit des Nationalsozialismus in Deutschland (1933–45) widersetzte sich innerhalb der Evangelischen Kirche nur ein kleiner Kreis den menschenverachtenden Überzeugungen Hitlers und seiner Anhänger. So trugen auch Christen Mitschuld an der Ermordung Millionen unschuldiger Menschen wie der 22-jährigen Christin und Widerstandskämpferin Sophie Scholl. Im »Stuttgarter Schuldbekenntnis« erklärte die Kirchenleitung kurz nach Kriegsende: »Durch uns ist unendliches Leid über viele Völker und Länder gebracht worden. [...] wir klagen uns an, dass wir nicht mutiger bekannt, nicht treuer gebetet, nicht fröhlicher geglaubt und nicht brennender geliebt haben.«

»Lass dich von deinem Gegner nicht beherrschen«

Die Aufforderung zur Gewaltlosigkeit steht in einem größeren Zusammenhang, der so genannten Bergpredigt. Darin ist wie in einer Grundsatzrede verfasst, was Jesus den Menschen als Richtlinie für ihr Zusammenleben empfiehlt.
Matthäus, Kapitel 5–7

Der christliche Theologe Jörg Zink legt die Bergpredigt so aus: »Gewaltlosigkeit, Verzicht auf Rache ist ein Weg für den, der die Spirale der immer weiter sich steigernden Gewalt in ihrer Sinnlosigkeit erkannt hat [...]. Lass dich von deinem Gegner nicht beherrschen. Lass dir von ihm dein Nachdenken nicht programmieren.«

Gewaltfrei – um jeden Preis?

Unter dem Eindruck der nationalsozialistischen Schreckensherrschaft brach der evangelische Theologe und Pfarrer Dietrich Bonhoeffer mit seiner Idee der Gewaltlosigkeit. Er befürwortete, Hitler zu töten, um größeres Leid zu verhindern: »Wenn ein betrunkener Autofahrer mit hoher Geschwindigkeit den Kurfürstendamm herunterrast, kann es nicht meine [...] einzige und vornehmliche Aufgabe sein, die Opfer des Wahnsinnigen zu beerdigen und deren Angehörige zu trösten; wichtiger ist es, dem Betrunkenen das Steuerrad zu entreißen.« Bonhoeffer wurde 1945 von den Nazis hingerichtet.

1 Gegen welche Menschenrechte wird tagtäglich, auch durch Gesetze, verstoßen? Wer tut etwas dagegen? Sammelt dazu Zeitungsartikel und -bilder.

2 Die Geschichte über die Ehebrecherin erzählt, wie Jesus mit Menschen umgeht, die ihn angreifen: Mit welcher »Strategie« gelingt es ihm, seine Gegner zu »entwaffnen«? Was ist seine Botschaft?

3 Dietrich Bonhoeffer entschied sich als gläubiger Christ für ein Attentat auf Hitler: Was hätte er auf die Argumentation von Jörg Zink antworten können?

Paulus-Darstellung aus dem 4. Jahrhundert

Sich bekennen – in verschiedenen Konfessionen

Wie es nach JESU Tod weiterging

Viele Juden, die sich zu JESUS als ihren Messias* bekannten, blieben zunächst unter dem schützenden Dach des Judentums. Unter ihnen tat sich besonders PAULUS hervor. Auf vielen Reisen versuchte er, den christlichen Glauben auch in andere Länder zu tragen. Seine Reisen waren nicht ungefährlich. Einige seiner Mitstreiter starben als Märtyrer*. Seine Mission endete vor den Toren Roms, wo er 67 unter Kaiser NERO enthauptet worden sein soll.
Heute gibt es etwa zwei Milliarden Christen – sie gehören unterschiedlichen Bekenntnissen an, denn die christliche Kirche spaltete sich über die Jahrhunderte in verschiedene Konfessionen.

confessio: lateinisch »Bekenntnis«

Der Wunsch nach Erneuerung – ein aufregendes 16. Jahrhundert

England trennt sich von der Katholischen Kirche, weil die dortige Kirche das Papsttum in Rom abzulehnen beginnt – die Anglikanische Kirche entsteht. In Deutschland kritisiert MARTIN LUTHER die katholische Kirche in einigen Punkten. Er lehnt z. B. die Lehre ab, dass Christen sich Gottes Liebe verdienen oder erkaufen könnten – es entstehen die Lutherischen Kirchen. Doch die Reformation bleibt nicht auf Deutschland beschränkt: In der Schweiz und in Frankreich bilden sich in Abgrenzung zu den lutherischen die sogenannten Reformierten Kirchen.

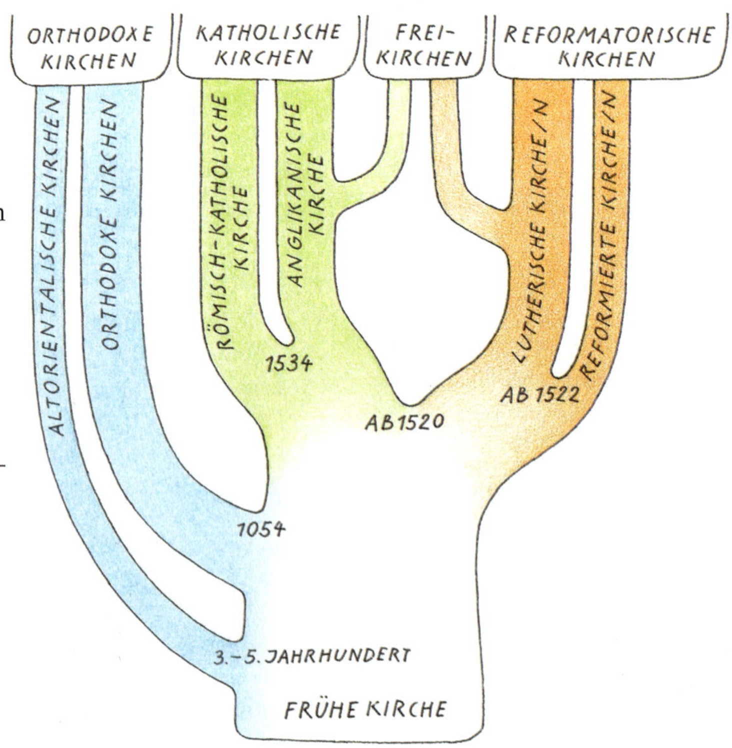

Und heute?

Messe in Narusk (Sudan)

Seiten 210–225 ◄
Kapitel 9: Globalisierung

Christen auf der ganzen Welt versuchen, die ursprüngliche Einheit der christlichen Kirche zu beleben. Sie treten für die Ökumene* ein. 1990 kamen viele christliche Kirchen zur Beratung in Seoul (Südkorea) zusammen. Die Katholische Kirche schickte Beobachter, nahm aber nicht aktiv teil. Für viele drängende Fragen konnten die versammelten Christen eine gemeinsame Glaubensgrundlage vereinbaren. Dabei nahmen sie auch zu sozialen und politischen Fragen Stellung. So heißt es unter anderem:
Christen glauben, dass Gott auf der Seite der Armen steht. Daraus ergibt sich die Pflicht für Christen, mit Gott gegen die Armut zu kämpfen.
Wir werden allen Kräften, politischen Maßnahmen und Einrichtungen widerstehen, die Armut verursachen und fortbestehen lassen oder sie als unvermeidlich hinnehmen.
Seit dem 20. Jahrhundert entstehen in der so genannten »Dritten Welt« viele neue Kirchen. Ihre Anhänger und Mitglieder leben den christlichen Glauben vielfach anders als Christen in den reichen Ländern.

Seite 140 ◄

1 Erweitert den Stammbaum der Konfessionen: Informationen zu Baptisten, Methodisten, Mennoniten, Orthodoxen, Pfingstlern und zu anderen Konfessionen bekommt ihr über www.oekumene-ack.de (Arbeitsgemeinschaft christlicher Kirchen).

Diakonie* ◄

2 Welche christlichen Organisationen kennt ihr, die sich um Menschen kümmern, die Hilfe benötigen? Recherchiert, ob es eine Einrichtung in eurer Nähe gibt, die ihr besuchen könnt.

3 Erkundigt euch, auf welche gemeinsamen Ziele sich Christen aus aller Welt 1990 geeinigt haben: Fragt z.B. direkt nach beim »World Council of Churches« (Weltkirchenrat) mit Sitz in Genf.

→← JESUS VON NAZARETH lebte im 1. Jahrhundert in Israel und wurde wegen Aufruhr zum Tode verurteilt. Seine Anhänger bekennen sich zu ihm als dem Christus (Messias*). Ihre »frohe Botschaft« (Evangelium*), dass jeder Mensch von Gott geliebt wird, ging um die ganze Welt. Sie lebt heute auch außerhalb der christlichen Religion weiter: in der Aufforderung zur Nächstenliebe und in der Überzeugung, dass jeder Mensch eine unverfügbare Menschenwürde besitzt.
Es gibt zahlreiche christliche Kirchen, die sich in ihren Bekenntnissen an der einen oder anderen Stelle unterscheiden. In der Ökumene* drückt sich der Wunsch von Kirchen nach der ursprünglichen Einheit der Christen aus.

Endlich dazugehören

Die Aufnahme von Jugendlichen in die Erwachsenenwelt wird in vielen Gesellschaften feierlich und in Form bestimmter Rituale begangen. Religiöse Gemeinschaften wie die Katholische oder die Evangelische Kirche feiern die Kommunion* bzw. Firmung oder die Konfirmation*.

»Der Herr ist mein Licht und mein Heil, vor wem sollte ich mich fürchten? Der Herr ist meines Lebens Zuflucht, vor wem sollte ich erschrecken?«
Psalm 27, 1

»Ich habe diesen Psalm als Konfirmationsspruch selbst ausgesucht. Er bedeutet für mich Segen, Bekenntnis und Gebet zugleich.«
FABIAN V., Konfirmand

Warum »Konfi-Unterricht«? Was Jugendliche meinen

»Wir reden hier freier und ehrlicher miteinander als in der Schule«, sagt die 14-jährige Leandra. »Mir ist dabei viel klarer geworden, wer ich eigentlich bin.« Zuversichtlich blickt Leandra in die Zukunft. »Gott ist die Liebe; und wer in der Liebe bleibt, der bleibt in Gott und Gott in ihm«, hat sie sich als Konfirmationsspruch ausgesucht. Ob sie allerdings nach der Konfirmation im Mai weiter regelmäßig in den Gottesdienst gehen wird, weiß Leandra noch nicht.
Ingela ist erst 13 Jahre alt, aber sie macht sich viele Gedanken. An »Gott, wie ihn die Kirche vorschreibt«, glaubt sie nicht, sagt sie. Sie will sich in kein Schema pressen lassen. Warum sie sich dann konfirmieren lässt? »Na ja, die meisten machen es wegen des Geldes und weil die Eltern es wollen.« Und hat ihr der Unterricht überhaupt etwas gebracht? Ingela antwortet prompt: »Ja, ich bin jetzt überzeugt, dass es irgend etwas geben muss, was wir Menschen nicht begreifen«, sagt sie, »eine höhere Macht oder so etwas.«

Q CHRISTINA STICHT: Konfirmation (2004)

Chiricahua National Monument in Arizona (USA)

Langes Leben und Stärkung der Gemeinschaft: die Chiricahua-Apachen

Trotz ihrer Unterdrückung durch die Landnahme der Weißen erhielten sich die Chiricahua-Apachen ihre Rituale. Das Sonnenaufgangsritual soll Mädchen ein langes Leben, Lebenskraft, Glück und Gesundheit sichern, aber auch das Wohlergehen der Gemeinschaft fördern. Sie werden mit heiligem Blütenstaub gesegnet, der ihnen Heilkräfte verleihen soll. Bei dem viertägigen Ritual erzählen Sänger die Stammesgeschichte – von der Entstehung der Welt bis zur Gegenwart.

»Ein einziges großes Fest«

Viele Jugendliche in den östlichen Bundesländern feiern die »Jugendweihe« oder die »Jugendfeier«, obwohl es den Staat der DDR nicht mehr gibt. Die Jugendweihe wurde 1955 von der DDR für alle Schülerinnen und Schüler nach der achten Klasse eingeführt – auch, um einen Ersatz für die Konfirmation zu haben. Dabei war das Gelöbnis zu Staat und Sozialismus verpflichtend. Tatsächlich geht die Jugendweihe auf seit 1859 von freireligiösen Vereinigungen veranstaltete Feiern für Jugendliche zurück, die aus der Schule entlassen wurden.

Für mich ist die Jugendweihe eine große Familienfeier und ein einziges großes Fest. Das Schönste war, die Kleidung für meine Jugendweihe zu kaufen. Der offizielle Teil der Jugendweihe kam mir wegen der konservativen Rede der Frau vom Jugendverein sehr lang vor. Aber alle schauten zu, wie ich mit meinen ersten Stöckelschuhen die kleine Treppe in der Aula der Schule »hochwackelte«. Es war ein großer Moment für mich, auf der Bühne zu stehen und mit ein bisschen Stolz auf meine Familie runter zu gucken.
Johanna K.

1 Für welches Fest habt ihr euch entschieden bzw. welches Fest liegt schon hinter euch? Berichtet von eurer Jugendweihe (Jugendfeier), Konfirmation*, Kommunion* oder …

2 Formuliert eure persönlichen Vorstellungen für ein ideales Fest zur Aufnahme in die Erwachsenenwelt und vergleicht sie miteinander.

3 Feierliche Aufnahme junger Menschen in eine religiöse Gemeinschaft oder in einen Staat – wo liegen entscheidende Unterschiede? Wo würdet ihr das »Sonnenaufgangsritual« der Chiricahua-Apachen einordnen?

Seite 142 ◄

4 Überlegt Gründe dafür, warum die Jugendweihe für viele Menschen weiterhin von Bedeutung ist, obwohl es die DDR nicht mehr gibt.

5 Welche Rituale begeht ihr im (Familien-) Alltag? An welchen wollt ihr festhalten und warum eigentlich?

→← Die Aufnahme eines jungen Menschen in die Gemeinschaft der Erwachsenen geschieht nicht nebenbei. Es wird dazu ein Fest organisiert. Wenn eine Feier so wichtig ist, dass sie in einer bestimmten Form von Generation zu Generation weitergegeben wird, nennt man sie ein Ritual. Rituale finden regelmäßig und nach einem festgelegten Ablauf statt. Rituale strukturieren den Alltag, erinnern an etwas oder wollen eine Erfahrung weitergeben. Sie existieren manchmal auch dann weiter, wenn der dahinter liegende ursprüngliche Sinn keine Rolle mehr spielt. Fast alle Menschen haben kleine »persönliche« Rituale in ihrem Alltag.

Islam

Wie gläubige Muslime ihren Alltag leben

Gegen 14 Uhr startet mein Flugzeug in Richtung Damaskus (Syrien). Zwei Stunden später zwängen sich die Stewardessen durch den Gang und teilen Essen aus. Von der Familie vor mir essen nur die Kinder. Bald beginnen die Männer eine Unterhaltung, während sie immer wieder auf die untergehende Sonne zeigen. Erst als kein Sonnenstrahl mehr das Flugzeug streift, beginnen sie zu essen. Ich schaue meinen Nachbarn fragend an, der mit einem Wort –»Ramadan!« – antwortet. Jetzt erst verstehe ich.

Am nächsten Morgen werde ich um vier Uhr von Trommelwirbeln geweckt. Später erklärt mir jemand, dass überall in den Stadtvierteln von Damaskus die Menschen vor Sonnenaufgang aus dem Schlaf geholt werden, damit sie noch genügend Zeit haben für das Frühstück. Die älteste Stadt der Welt hat viel zu bieten. Ich wandere durch den langen und vornehmen Suk von Damaskus, einen endlos scheinenden Bazar mit unzähligen kleinen Geschäften. Ich folge den Gerüchen und finde mich vor Ständen mit Gewürzen wieder, vor Nüssen und Gebäck, Obst und Seifen aus Olivenöl. Dann stehe ich plötzlich vor der Omajjaden-Moschee.

Der Marmor in dem riesigen Innenhof ist angenehm warm unter meinen nackten Füßen. Und es ist still. Die Moschee selbst hat die Ausmaße eines Doms und gründet tatsächlich auf einer Kirche. Innen sind Teppiche ausgelegt. Überall stehen und knien Männer, beten und lesen im Koran, unterhalten sich. Die Frauen sind unter sich. Von den Türmen der Moscheen ruft der Muezzin zum Gebet. An Hausdächern hängen bunte Papierstreifen, auf denen Koranverse stehen. In den Bussen höre ich immer wieder gesungene Koran-Rezitationen. An einigen Hauswänden steht in großen schwarzen arabischen Schriftzeichen, dass hier jemand wohnt, der als Pilger in Mekka war.

Q Ralf-Uwe Beck: Als Reisender in einem arabischen Land (2005)

Viele Moscheen haben einen Brunnen zur rituellen Reinigung. Vor der Gebetshalle werden die Schuhe ausgezogen, der Boden ist mit Teppich ausgelegt. Größere Moscheen haben eine Kanzel. Das Gemeinschaftsgebet findet am Freitag statt. Jedes Jahr am 3. Oktober laden alle Moscheen in Deutschland zu einem »Tag der offenen Moschee« ein. Findet heraus, ob es in eurer Nähe eine Moschee gibt, die ihr besuchen könntet: www.islam.de

Omajjaden-Moschee, Damaskus (Syrien)

Muslime in Deutschland, die während des Ramadan keinen Platz mehr in der Moschee bekommen haben und deshalb im Freien beten

Die fünf Säulen des Islam

Gläubige Muslime richten ihr alltägliches Leben nach fünf Grundpflichten aus:

Glaubenszeugnis (schahāda)
»Ich bezeuge, dass es keine Gottheit außer Allah gibt und dass Mohammed der Gesandte Gottes ist« – in diesem Satz fassen gläubige Muslime ihre Zugehörigkeit zum Islam wie in einem Bekenntnis zusammen.
Q Aus dem Koran

Fünfmaliges rituelles Pflichtgebet (salāt)
Das Gebet verläuft nach festgelegten Regeln. Am Freitag findet es in der Moschee statt.

Fasten (saum)
Alle Muslime, sofern sie gesund und erwachsen sind, fasten während des Fastenmonats Ramadan. Damit wird auch daran erinnert, dass in dieser Zeit Mohammed der Koran offenbart wurde.

Pilgerfahrt nach Mekka (hadsch)
Alle gläubigen Muslime versuchen mindestens einmal in ihrem Leben nach Mekka zu pilgern. Im Mittelpunkt der Wallfahrt steht die Erinnerung daran, dass Abraham die Kaaba erbaute. Der Beginn der Pilgerfahrt ist zehn Wochen nach dem Fastenbrechen am Ende des Monats Ramadan.

Armensteuer (zakāt)
Mit der Armensteuer wollen Muslime ihre Dankbarkeit gegenüber Gott zum Ausdruck bringen und ärmere Muslime am Reichtum teilhaben lassen. Mit der »zakāt« soll Freigiebigkeit und Liebe unter den Menschen gefördert werden.

1 Welche islamischen Grundpflichten entdeckt ihr im Reisebericht? Erläutert sie.

2 Versetzt einen gläubigen Muslimen aus Damaskus in eine deutsche Großstadt. Wie würde er das Leben dort beschreiben? Was müsste er tun, um die religiösen Pflichten des Islam einhalten zu können?

3 Kennt ihr Muslime, die sich zwar zum Islam bekennen, aber nicht so streng nach den Grundpflichten leben? Ladet sie doch mal zu einem Gespräch in euren Unterricht ein oder macht ein Interview mit ihnen. Vielleicht gelingt es, auch eine Muslima einzuladen?

Was der Koran den Muslimen bedeutet

Schriftzeugnisse aus dem 9. und 10. Jahrhundert (Hadithe*) führen den Koran auf Mohammeds Verkündigung zurück. Mohammed wird dort als arabischer Prophet beschrieben, dem Gottes Wort eingegeben wurde. Mohammeds Offenbarungen sollen 18 bis 24 Jahre nach seinem Tod vom dritten Kalifen* (»Nachfolger«) aufgeschrieben und zum Koran zusammengestellt worden sein. Einige Islamwissenschaftler hinterfragen die historische Echtheit dieser Überlieferung.

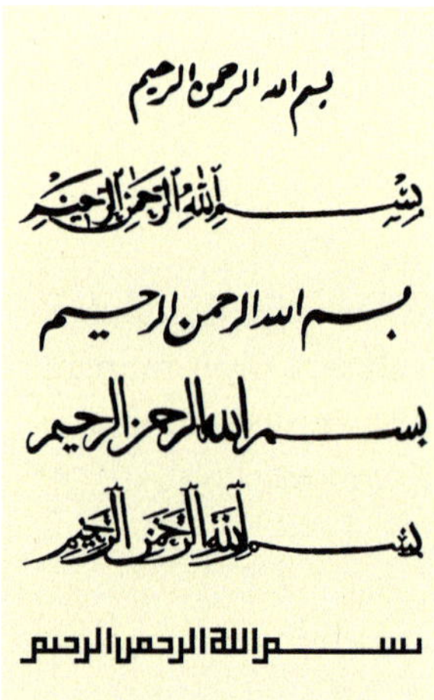

»Im Namen Gottes, des Erbarmers, des Barmherzigen«: die geläufige Eingangsformel in verschiedenen Schriftstilen

Was bis heute über Mohammed erzählt wird

- 570 n. Chr. wird Mohammed in Mekka (Arabien) geboren. Er gehört einem mächtigen arabischen Stamm an.
- Er wächst in Mekka auf, einer Stadt, in der Menschen verschiedener Religionen aufeinander treffen: Juden, Christen und Polytheisten (Verehrer vieler Götter).
- Schon der 12-jährige Mohammed geht mit seinem Onkel auf lange Handelsreisen nach Syrien und wird ein angesehener Kaufmann.
- Im Monat Ramadan hat Mohammed seine erste Vision – ihm soll der Koran innerhalb von 23 Jahren eingegeben worden sein.
- Mohammed tritt für den Glauben an einen Gott ein (arabisch »Allah«) und für eine übergreifende Gemeinschaft aller Muslime (Umma). Mächtige Stämme, die sich zu Mohammeds Lebzeiten nicht unterwerfen wollen, fürchten um ihre Vormachtstellung.
- Mohammed flieht mit seinen Anhängern 622 zunächst nach Medina; doch die Anhänger des Propheten setzen sich nach acht Jahren mit kriegerischen Mitteln durch, erobern Mekka, dann andere Städte und große Gebiete – sie gewinnen weitere Anhänger unter den arabischen Volksgruppen. 632 stirbt Mohammed in Medina, wo er begraben wird.

Mit dem Koran als religiöse Grundlage ◄ begann für die junge Religion eine religiöse und kriegerische Erfolgsgeschichte: Sie führte zum Aufstieg und Niedergang islamischer Großreiche – z. B. unter den vier »rechtgeleiteten« Kalifen* (632–661), den Umayyaden-Herrschern mit Sitz in Damaskus (661–750) oder den Abbasiden mit der Hauptstadt Bagdad, die ab 749 die östlichen Teile der islamischen Welt beherrschten. Daneben und danach entwickelten sich bis in die Gegenwart weitere islamische Machtzentren.

Eröffnung des Korans

Mit dieser Glaubensformel leben und sterben gläubige Muslime:

Im Namen Gottes, des Erbarmers, des Barmherzigen. / Lob sei Gott, dem Herrn der Welten, / dem Erbarmer, dem Barmherzigen, / der Verfügungsgewalt besitzt über den Tag des Gerichtes! / Dir dienen wir, und Dich bitten wir um Hilfe. / Führe uns den geraden Weg, / den Weg derer, die Du begnadet hast, die nicht dem Zorn verfallen und nicht irregehen.

Q Sure 1

Den Koran verinnerlichen

Koran heißt übersetzt »Rezitation«. Für gläubige Muslime ist der Koran in seiner arabischen Fassung Gottes Rede, die durch ständiges Wiederholen einzelner Suren (Kapitel, insgesamt 114) erfahren werden kann. Mit der Koran-Rezitation verbinden viele Muslime das Herbeirufen des göttlichen Segens. Die Sätze und Schriftzeichen des Koran sowie seine hocharabischen Laute gelten gläubigen Muslimen als außergewöhnlich »schön« und kunstvoll. Überall in der islamischen Welt ordnen Koran und Hadithe* das alltägliche Leben der Muslime und ihrer Gemeinschaften.

Auf einem 2285 Meter hohen Berggipfel der Halbinsel Sinai befindet sich eine kleine christliche Kapelle, die mit den Steinen einer älteren Kirche erbaut wurde. Daneben steht eine kleine Moschee zu Ehren des Propheten Mose, der hier die Gesetzestafeln empfangen haben soll (vgl. S.129). Der sogenannte Mosesberg ist noch immer Wallfahrtsziel von Christen und Muslimen: Überlegt, warum der Sinai gerade auch für religiöse Juden bedeutsam ist.

Gebote aus dem Koran

Und setze Allah keinen anderen Gott zur Seite, sonst wirst du in die Hölle geworfen, getadelt und verstoßen.

Und tötet nicht eure Kinder aus Furcht vor Verarmung. [...] Sie töten ist eine große Sünde. [...] Und tötet nicht den Menschen, den Gott für unantastbar erklärt hat, es sei denn bei vorliegender Berechtigung.

Und nähert euch nicht der Unzucht. Sie ist etwas Schändliches und sie ist ein übler Weg.

Und nähert euch nicht dem Vermögen des Waisenkindes an, es sei denn auf die beste Art, bis es seine Vollkraft (Volljährigkeit) erreicht hat.

Und gebt volles Maß, wenn ihr messt. Und wägt mit der richtigen Waage. Das ist besser und führt zu einem schöneren Ergebnis.

Q 17. Sure, Verse 39 b, 31 und 33 a, 32, 34 a, 35

Seiten 128–135 und 136–142 **1** Muslime verehren ihre heilige Schrift, den Koran, auf besondere Weise. Entdeckt ihr darin Übereinstimmungen mit und Unterschiede zu den Religionen der Juden und Christen?

Seite 129 **2** Vergleicht die Verse der 17. Sure auf dieser Seite mit 2. Mose 20, 1–17 (Hebräische Bibel).

Tipp: Mondkalender berücksichtigen **3** Die islamische Zeitrechnung beginnt mit dem Jahr 622 – warum wohl? Findet heraus, in welchem Jahr sich gläubige Muslime heute ungefähr befinden.

Gibt es den einen Islam?

»Sprich zu den gläubigen Männern, sie sollen ihre Blicke senken und ihre Scham bewahren. [...]
Und sprich zu den gläubigen Frauen, sie sollen ihre Blicke senken und ihre Scham bewahren, ihren Schmuck (d.h. die Körperteile, an denen sie Schmuck tragen) nicht offen zeigen, mit Ausnahme dessen, was sonst sichtbar ist. Sie sollen ihren Schleier auf den Kleiderausschnitt schlagen und ihren Schmuck nicht offen zeigen, es sei denn ihren Familienmitgliedern [...].«
Sure 24, 30 und 31

Im Koran gibt es Hinweise, dass muslimische Frauen einen Schleier tragen sollen. In Sure 24 werden die muslimischen Männer und Frauen aufgerufen, ihre »Blicke« zu senken und ihre »Scham« zu bewahren – die Frauen sollen insbesondere vor den Blicken der Männer geschützt werden. Die Auslegung dieser Sure ist allerdings unter Muslimen umstritten.

Frauen in Saudi-Arabien

FERESHTA LUDIN klagte bis vor das Bundesverfassungsgericht, dass sie mit Kopftuch in der staatlichen Schule unterrichten darf. Baden-Württemberg entschied sich dagegen. Warum ist das Kopftuch bei uns derart umstritten?

In der islamisch geprägten Türkei, die vor gut 80 Jahren die Unterordnung der Moschee unter den Staat eingeführt hat, ist es Frauen bis heute verboten, an »staatlichen« Plätzen einen Schleier zu tragen.

Umstrittenes Kopftuch – zwei deutsch-türkische Frauen melden sich zu Wort

Neutralität und Toleranz stehen im Widerspruch zu den Werten einer Muslima, die der Ansicht ist, dass der Koran das Tuch vorschreibt. Lehrerinnen mit einem Kopftuch wären also eine Unterstützung fundamentalistischer Männer, die kopftuchtragende Frauen als sittsam und tugendhaft ansehen, Frauen ohne Kopftuch dagegen als unmoralisch. Schülerinnen und Schüler sollten davon nicht beeinflusst werden.

Q SEYRAN ATES, Rechtsanwältin (Berlin)

Nicht jede muslimische Frau, die sich für das Kopftuch entscheidet, sympathisiert mit dem Islamismus*. Gerade Frauen außerhalb der muslimischen Welt greifen auf das Kopftuch zurück, um mit Selbstbewusstein ihr Anderssein zu markieren. Emanzipation und Kopftuch sind für viele Muslima eben kein Widerspruch. [...] Weil in vielen islamischen Ländern Frauen und Mädchen gezwungen werden, ein Kopftuch zu tragen, wollen wir sie zwingen, es abzusetzen? Fällt uns wirklich nichts Besseres ein, um ihnen zu mehr Bildung und Selbstbestimmung zu verhelfen?

Q YASEMIN KARAKASOGLU, Hochschullehrerin (Bremen)

Islamisches Recht – die Scharia

Der Koran ist kein Gesetzbuch. Er bildet zusammen mit der islamischen Glaubens- und Pflichtenlehre (Sunna) die Basis für die rechtliche Ableitung von Gesetzen. Diese sind in der Scharia festgehalten. Einige Bestimmungen der Scharia sehen harte Körperstrafen vor. In radikal-islamischen Ländern wird auf der Grundlage der Scharia sehr streng Recht gesprochen, wie z. B. das Abhacken der rechten Hand bei Diebstahl oder die Steinigung bei Ehebruch.

Seiten 45 und 150/151 ◀

Vor diesem Hintergrund sagen auch viele Muslime, dass die Auslegung der Scharia der jeweiligen Zeit angepasst werden muss. In strittigen Fragen können theologische Rechtsgutachten (Fatwas) eingeholt werden; unter Sunniten* ist dazu die Al-Azhar-Universität in Kairo befugt. Einige Muslime sind dafür, eine eigene Scharia für in Europa lebende Muslime zu entwickeln, die im Einklang mit den europäischen Gesetzen steht. In England können sich heute Muslime in strittigen religiösen Fragen an das »Islamic Sharia Council« wenden. In Deutschland gibt es keine vergleichbare Einrichtung.

»Die Herausbildung einer eigenen muslimischen Identität* in Europa ist notwendig.« ◀
Zentralrat der Muslime, 2002

Werden Frauen im Islam unterdrückt?

Ja, diese Tatsachen sind nicht zu leugnen. Frauen in ein bestimmtes Muster einpassen zu wollen, ist allerdings keine ursächlich islamische Angelegenheit. Auf alle Fälle geben die Korantexte keinen Grund, die Bevorzugung des Mannes zu rechtfertigen – nur werden sie leider häufig so ausgelegt. Eine Sache, die es auch unter Juden und Christen gibt. […] Zunächst muss man sagen, dass es im Islam immer zwei gegenläufige Strömungen gegeben hat. Die einen folgten fast von Beginn an der Idee der Macht – und die Religion band sich an eine bestimmte Vorstellung von dieser Macht. […] Die anderen fragen nach dem Koran als einem göttlichen Wort, das in den Kontext seiner Zeit gesprochen wurde und folglich für andere Zeiten interpretiert werden muss. Aber diese zweite Gruppe war immer die kleinere – und ist es bis heute.

Q Aus einem Interview mit LUISE BECKER, einer deutschen Muslima

Muslimische und nichtmuslimische Schüler/innen in einer Frankfurter Schule

1 Lasst Muslimas oder Muslime von ihren Erfahrungen mit ihrem Glauben in Deutschland berichten.

2 Mit welchen Begründungen tragen muslimische Mädchen ein Kopftuch – oder lehnen es ab? Befragt Muslimas an eurer Schule oder in der Umgebung: Erstellt ein Stimmungsbild.

3 Erklärt die Bedeutung von Koran, Scharia und Fatwa für das Leben gläubiger Muslime. Welche Probleme können sich daraus für Muslime ergeben, die in Deutschland leben?

4 Informiert euch über die Gesetze der Scharia und bekannte Fatwas: Diskutiert, welche Bestimmungen (nicht) mit deutschem Recht und den Menschenrechten vereinbar sind.

Fachübergreifend (Geografie): Mit dem Islam um die halbe Welt

Der Islam entstand im 7. Jahrhundert auf der arabischen Halbinsel. Aus einer Gruppe von Anhängern Mohammeds wurde eine Weltreligion mit einem Anteil von 19 Prozent Gläubigen an der Weltbevölkerung. Zunächst verbreitete sich der Islam in Arabien und Nordafrika. Im 8. Jahrhundert eroberten die Mauren Spanien. Im 10. Jahrhundert erfolgte die Islamisierung der Türken Zentralasiens. Ein Jahrhundert später errichtete der Islam die muslimische Herrschaft in Indien. Das Osmanische Reich der Türken trug den Islam weit nach Europa. Nehmt doch einmal diese Weltkarte zur Hand und tretet mit dem Finger die »halbe Weltreise« an …

Europa und Russland

In West-Europa haben sich durch Zuwanderung seit dem 20. Jahrhundert in Frankreich und Großbritannien große islamische Gemeinschaften gebildet. In Deutschland leben inzwischen rund 3,2 Millionen Muslime vor allem türkischer Herkunft; in Russland gibt es 12 Millionen Muslime.

Arabien und Iran

Der schiitische* Islam im Iran und der sunnitische* Islam Arabiens treten heute oft unduldsam auf: gegenüber politisch Andersdenkenden sowie Nicht- oder Andersgläubigen. Auffallend ist vor allem der zunehmende Hass auf Israel, »die Juden« und »den Westen«.
Probleme mit radikalen Gruppen bekommen teilweise auch gemäßigte und liberale Muslime wie etwa der Islamwissenschaftler Abu Zayd, der aus Ägypten fliehen musste.
Der Islam der reichen Teile Arabiens zeigt sich einerseits offen für wirtschaftliche Zusammenarbeit, aber auch abweisend gegenüber den Rechten von Frauen und Nicht-Muslimen.

Südafrika

In Südafrika bildet der Islam eine kleine Minderheit. Die Vorfahren der südafrikanischen Muslime stammen aus Malaysia. Die Briten verschleppten sie im 19. Jahrhundert dorthin zur Plantagenarbeit. Die örtlichen Muslime deuten den Islam als eine Religion, die von Unterdrückung durch die Apartheid (»Rassentrennung«) befreit. In Kapstadt beten Frauen und Männer gemeinsam; auch Frauen predigen in der Moschee.

Annemarie Schimmel, deutsche Orientalistin (1922–2003); sie erforschte zeit ihres Lebens die Begegnung des Islam mit der abendländischen Kultur.

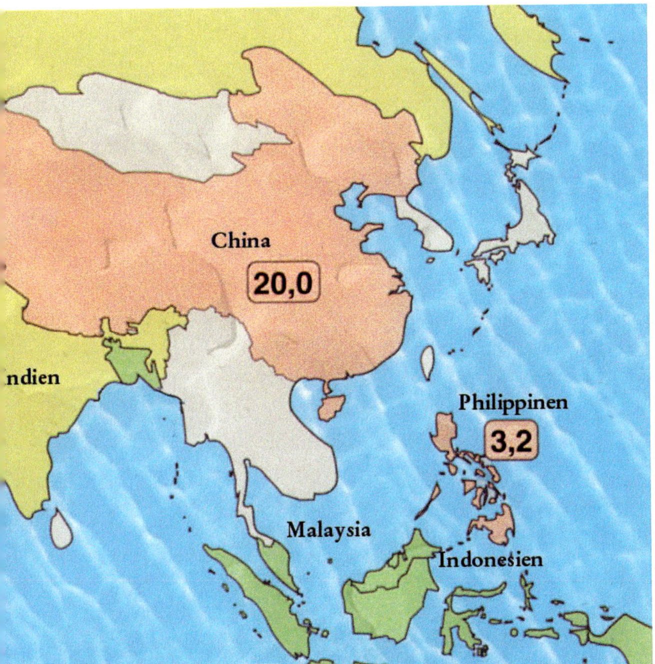

Großraum Indien
Auf dem indischen Subkontinent mit den Ländern Pakistan, Bangladesch und Indien gibt es rund 350 Millionen Muslime – sie leben zum Teil in großer Armut. Im Mittelalter unterwarfen islamische Eroberer aus dem Westen den nordindischen Raum. Der indo-pakistanische Islam hat ein altes religiöses und literarisches Erbe. Es wurzelt in der Verbindung verschiedener Religionen – dem indischen Hinduismus, der buddhistischen wie auch der christlichen Tradition. Die Islamwissenschaftlerin Annemarie Schimmel hat den Deutschen diesen Islam näher gebracht. In den letzten Jahren haben radikale Strömungen großen Zulauf bekommen.

Indonesien
Die zahlenmäßig stärkste islamische Nation mit einem Anteil von 87 Prozent der Gesamtbevölkerung finden wir in Indonesien. Der Islam kam im 16. Jahrhundert friedlich dorthin. Händler brachten auch den Sufismus* mit. Er verband sich dort mit ortsansässigen alten religiösen Traditionen. Im verarmten Nordwesten Sumatras kämpfen heute fundamentalistische »Gotteskrieger« für ihre Vorstellungen eines islamischen Gottesstaates.

Europäer haben viel von den wissenschaftlichen Forschungen islamisch geprägter Araber gelernt – z. B. die Papierherstellung. Das christliche Europa ist ohne die Einflüsse des Islam nicht denkbar. Welche anderen Einflüsse kennt ihr noch?

1 Welche islamischen Länder kennt ihr? Berichtet von Erfahrungen mit dem Islam, von denen ihr gehört habt.

2 Mit welchen aktuellen Anlässen wird der Islam oft in Verbindung gebracht? Diskutiert, ob und inwieweit das eurer Meinung nach gerechtfertigt ist.

3 Forscht nach, welche deutschen Worte einen arabischen Ursprung haben.

Nach islamischer Überzeugung hat sich Gott über Propheten wiederholt geoffenbart – zuletzt im 7. Jahrhundert gegenüber Mohammed. Es wird erzählt, dass ihm der Koran innerhalb von 23 Jahren offenbart worden sei.
In strittigen Fragen des Zusammenlebens entscheiden in Teilen der islamischen Welt theologische Rechtsgutachten auf Grundlage der Scharia. In Europa lebende Muslime stehen vor der Frage, wie sie ihr Leben als gläubige Anhänger des Islams gestalten, ohne die Werte und Rechtsgrundlagen ihrer Umgebung zu verletzen.
Gläubige Muslime halten im Alltag fünf Pflichten ein: das Sprechen des Glaubenszeugnisses, das rituelle Pflichtgebet, das regelmäßige Fasten, die Armenabgabe und die Pilgerfahrt nach Mekka.
Die islamisch geprägte Welt reicht heute vom Westen Afrikas bis zur südlichen Spitze der Philippinen. Wie andere Religionen auch ist der Islam im Erscheinungsbild sehr vielfältig.

Bereits mit drei Jahren begann Nasr Hamid Abu Zayd, den Koran auswendig zu lernen. Als Kind durfte er sogar in der Moschee zum Gebet rufen. In seiner Biografie beschreibt er, was sein Leben als Muslim prägte. Er lehrt heute Islamwissenschaften in den Niederlanden.

Jerusalem – die heilige Stadt

Jerusalem gestern und heute

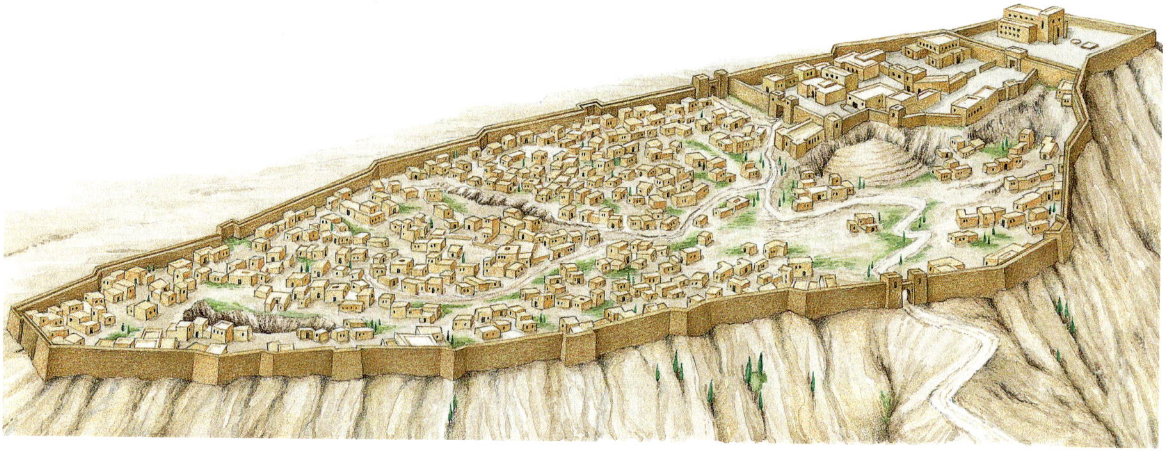

So könnte Jerusalem vor fast 3000 Jahren unter König SALOMO ausgesehen haben (Rekonstruktionszeichnung).

Jerusalem heute

Mehr als 700.000 Menschen leben heute in der Hauptstadt des modernen Israel.
Jerusalem wurde vor 4500 Jahren erstmals auf einer Tontafel erwähnt und vor etwas mehr als 3000 Jahren unter König DAVID Hauptstadt des biblischen Israel. In seinem Namen (abgeleitet aus dem hebräischen »Jeruschalajim«) steckt das Wort »Schalom« – »Frieden«. Wahrscheinlich ist aber keine Stadt der Welt so oft zerstört und wiederaufgebaut worden wie Jerusalem.
Die heutige Altstadt besteht aus je einem jüdisch, einem muslimisch und zwei christlich geprägten Vierteln – ihre Gotteshäuser und Ruinen, deren Spuren teilweise auf biblische Zeiten verweisen, erzählen viel über die Bedeutung der »Heiligen Stadt« für die drei verwandten Weltreligionen – aber auch viel vom Streit um sie.

»Zehn Maß Schönheit kamen in die Welt; Jerusalem nahm neun und der Rest der Welt eines.«
Aus einer jüdischen Überlieferung

»Nächstes Jahr in Jerusalem« – Was die Stadt den Juden bedeutet

Juden aus aller Welt treffen sich an der Westmauer des alten Tempels, der sogenannten Klagemauer. In die Ritzen zwischen den Steinen stecken einige von ihnen Zettel mit Gebeten.

Modell des Zweiten Tempels zur Zeit der Römer (Ausschnitt). – Nachdem der prachtvolle Erste Tempel, den König SALOMO um 930 v. Chr. hatte erbauen lassen, im 6. vorchristlichen Jahrhundert von babylonischen Truppen zerstört worden war, bauten die aus der Verbannung zurückgekehrten Juden ungefähr 70 Jahre später ihren Tempel wieder auf. Dieser Zweite Tempel war schlichter und wurde mehrmals umgebaut, zuletzt durch König HERODES um 20 v. Chr. Nach jüdischen Aufständen zerstörten die Römer diesen Zweiten Tempel 70 n. Chr. bei der erneuten Eroberung Jerusalems. Von ihm blieb nur die heutige Westmauer übrig.

Messianische Hoffnungen

»Am Ende der Tage wird es geschehen. […] Dann schmieden sie (die Völker) Schwerter zu Pflugscharen […].«
Aus Jesaja 2

Religiöse Juden hoffen auf den Messias* oder auf eine messianische Zeit. Verfolgung und Verachtung sollen ein Ende finden, denn ein Retter wird kommen, der dem Volk Israel Frieden und Befreiung bringt. Es wird »Schalom« auf der Erde sein – für alle Völker.
Nach der Überlieferung soll der Messias nach Jerusalem kommen und den Tempel wieder aufbauen. Von Jerusalem wird Frieden ausgehen und die ganze Erde erreichen. Aus Verbundenheit mit der Stadt ihrer Sehnsucht grüßen sich Juden in aller Welt zum Pessachfest* mit dem Wunsch »Nächstes Jahr in Jerusalem!«

1. Was würde ein Jude auf die Frage antworten, warum Jerusalem für das Judentum eine derart große Bedeutung hat?
2. Erklärt den Gruß »Nächstes Jahr in Jerusalem!«
3. Sammelt Bilder von Jerusalem und gestaltet damit ein Plakat: Markiert die Orte, die für Juden eine besondere Bedeutung haben.

Jerusalem – die heilige Stadt

»Die Wohnung Gottes unter den Menschen« – Was Jerusalem den Christen bedeutet

Via Dolorosa in der Jerusalemer Altstadt mit Pilgern, die ein Kreuz tragen

Jerusalemer Gartengrab aus der Zeit Jesu

Die Evangelien* enthalten Erzählungen über die letzten Lebenstage Jesu in Jerusalem: dass er mit seinen Jüngern das Abendmahl feierte, im Garten Gethsemane von Judas an die Römer verraten wurde, mit dem Kreuz auf seinen Schultern durch die Stadt zur Hinrichtungsstätte gehen musste, dass er dort starb und begraben wurde. Das Neue Testament bezeugt außerdem, dass Jesus nach drei Tagen aus seinem Felsengrab vom Tode auferstanden ist. Auch die christliche Hoffnung auf Auferstehung und Gottesnähe aller Menschen am Ende der Zeit findet ihren Ausdruck im Bild vom neuen (himmlischen) Jerusalem.
Seit Jahrhunderten pilgern Christen aus allen Ländern zu Orten wie diesen.

Garten Gethsemane vor den Toren der Jerusalemer Altstadt

Christliche Hoffnungen

»Dann sah ich einen neuen Himmel und eine neue Erde. [...]
Ich sah die heilige Stadt, das neue Jerusalem [...].
Da hörte ich eine laute Stimme rufen: »Seht, die Wohnung Gottes unter den Menschen! Er wird in ihrer Mitte wohnen und sie werden sein Volk sein. [...]
Er wird alle Tränen von ihren Augen abwischen: Der Tod wird nicht mehr sein, keine Trauer, keine Klage, keine Mühsal. Denn was früher war, ist vergangen. [...]
Die Stadt braucht weder Sonne noch Mond, denn die Herrlichkeit Gottes erleuchtet sie.«

Aus der »Offenbarung« des Johannes, Kapitel 22 (Neues Testament)

Der Felsendom und die Al-Aksa-Moschee in Jerusalem

»Oh Jerusalem!
Von deinen Mauern aus
Wird die Welt zur Welt.
Oh Jerusalem!

Der Tau, der sich
auf dir niederlässt,
heilt jede Krankheit,
denn er kommt
aus den Gärten
des Paradieses«.

Überlieferte Aussprüche des Propheten Mohammed

»Al-Kuds, die Heilige« – Was Jerusalem den Muslimen bedeutet

Auch wenn Jerusalem im Koran nicht erwähnt wird, ist die Stadt für Muslime nach Mekka und Medina der drittwichtigste Ort des Islam. Besonders bedeutsam ist der Berg, an dessen westlichem Rand sich die Klagemauer befindet: der Haram al-Sharif (»heiliger Bezirk«). Dort soll Gott schon mit Abraham gesprochen haben. Der Koran überliefert, dass Mohammed nach seinem Tod von diesem Berg aus vom Engel Gabriel in den Himmel geholt wurde. Um den Felsen herum, in dem man nach muslimischer Überzeugung noch Hufabdrücke von Mohammeds Pferd erkennen kann, wurde später der Felsendom errichtet. Als zentrales Gebetshaus dient die benachbarte Al-Aksa-Moschee.

1 Ordnet die Stationen aus Jesu letzten Lebenstagen in Jerusalem den christlichen Pilgerstätten zu. Markiert, wenn ihr ein Plakat gestaltet habt, die für Christen und Muslime bedeutsamen Orte in Jerusalem.

Seite 153, Aufgabe 3 ◄

2 Wozu besucht ein Muslim wohl den Felsendom – und wozu die Al-Aksa-Moschee? Versucht eine Antwort zu finden.

3 Vergleicht die Aussprüche über Jerusalem miteinander: Überlegt, was ähnlich ist und worin sie sich unterscheiden.

4 Nennt wichtige Streitpunkte zu Jerusalem.

5 Jüdische, christliche und muslimische Frauen und Männer tauschen sich über Jerusalem aus – mit dem Ziel, die anderen von der Wichtigkeit der Stadt für jeweils ihre Religion zu überzeugen: Spielt dieses Gespräch.

→← Für Judentum, Christentum und Islam ist Jerusalem eine »heilige« Stadt. Jede der drei Religionen kennt dort zentrale Orte, denen wichtige Ereignisse zugeschrieben werden. Auf diese heiligen Stätten erhebt jede Religion ihre Ansprüche – was nicht ohne Konflikte abläuft. Und doch hoffen Juden, Christen und Muslime, dass Jerusalem eines Tages zu einer Stadt des Friedens wird.

Missbrauchte Religion

Die Kreuzzüge – Gottes Wille?

Im Mittelalter breitete sich der Islam über Nordafrika nach Spanien aus. Europäische Christen trafen hier zum ersten Mal auf Muslime. Die Begegnung der beiden Religionen führte zu Konflikten.

Ein Christ konnte im Neuen Testament lesen:

[Jesus:] »Denkt nicht, ich sei gekommen, um Frieden auf die Erde zu bringen. Ich bin nicht gekommen, um Frieden zu bringen, sondern das Schwert«.
Matthäus 10, 34

Ein Muslim konnte im Koran lesen:

»Kämpft gegen diejenigen (Juden und Christen), die nicht an Gott und nicht an den Jüngsten Tag glauben und nicht verbieten, was Gott und sein Gesandter verboten haben, und nicht der Religion der Wahrheit angehören. […] Denen, die auf dem Weg Gottes getötet werden, lässt Er ihre Werke niemals fehlgehen. Er wird sie […] ins Paradies eingehen lassen […]«.
Sure 9, 29 und 47, 4–6

Kampf um das Heilige Land

Obwohl die Bibelstelle aus dem Matthäus-Evangelium, im Zusammenhang gelesen, keinen Aufruf zur aktiven Gewalt beinhaltet, forderte Papst Urban 1054 die Christen auf:

Ein gottloses Volk hat die Länder der Christen besetzt. Tretet den Weg zum heiligen Grab an. Nehmt dem gottlosen Volk das Land weg und macht es euch untertan. […] Jeder, der Frau und Kinder um Gottes Willen verlässt, bekommt hundertfachen Lohn und ewiges Leben. Eure Sünden werden euch vergeben sein, ewiger Ruhm im Himmel ist euch gewiss.
Q Aus einer Rede von Papst Urban II

Nur wenige Zeitgenossen nahmen kritisch Stellung zu den Kreuzzügen. Radulfus Niger, ein christlicher Geistlicher aus England, schrieb 1188: »Wer immer also den Glauben mit Gewalt zu verbreiten sucht, verlässt den Weg Gottes.«

Und so machten sich 1096 hunderttausende Kämpfer auf den Weg nach Jerusalem. Ein Teil von ihnen begann am Rhein die jüdischen Stadtviertel zu plündern und Juden zu ermorden – um angeblich Jesus zu rächen, den die Juden hingerichtet hätten. In Jerusalem überfielen die Christen die »Ungläubigen« und schlugen vielen die Köpfe ab. 1099 eroberten sie die Stadt.

Christ und Muslim spielen friedlich Schach

Jerusalem wird geplündert

Töten für Allah?

Am 11. September 2001 zerstörten muslimische Terroristen die Twin Towers in New York, indem sie amerikanische Linienflugzeuge in ihre Gewalt brachten und in die Türme steuerten. Mehr als 3000 Menschen kamen an diesem Tag durch mehrere solcher Anschläge ums Leben.

»Schlage hart in das Genick der Ungläubigen, ja töte sie. Und wisse, dass das Paradies auf dich wartet.«
Q Aus einem Schriftstück, das in der Reisetasche eines der Selbstmord-Attentäter gefunden wurde

Tu Gutes, so wie Allah dir Gutes getan hat. Und suche nicht Unheil auf der Erde, denn Allah liebt nicht die Unheilstifter.
Q Aus dem Koran, Sure 28, 77

Wer sich des Terrorismus, der Gewalt und der Ermordung unschuldiger Zivilisten als politisches Mittel bedient, kann sich nicht auf den Islam berufen. Wir beten für eine friedliche Welt, die frei ist von Gewalt und Terrorismus.
Q Zentralrat* der Muslime in Deutschland, 16. 09. 2001

1 Klärt, wodurch sich im Mittelalter Spannungen zwischen Christen und Muslimen ergaben und was die Gründe für Spannungen heute sind.

2 »Gott will es!«, riefen die Zuhörer Papst Urbans II. Nehmt Stellung zu dem Satz.

3 Überlegt, warum sich christliche Ritter und Krieger vor mehr als 900 Jahren in so großer Zahl auf den Weg nach Jerusalem machten. Sind sie mit heutigen islamischen Terroristen oder Selbstmord-Attentätern vergleichbar?

4 Nehmt Stellung zu den Überzeugungen, die zur Gewalt gegen Andersgläubige aufrufen.

Das ganze Land Israel?

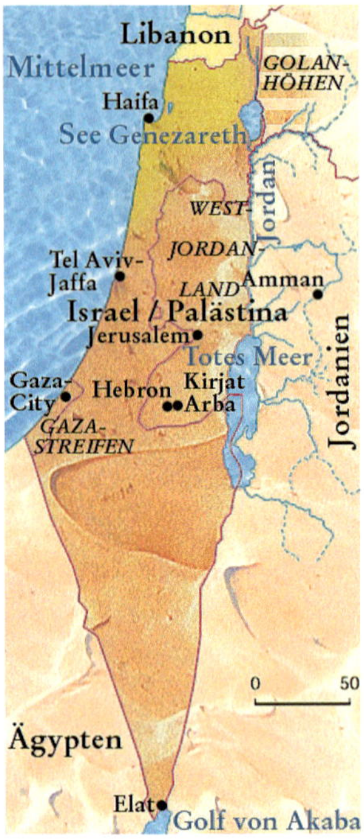

Als nach der Zerstörung des jüdischen Tempels die Juden in die ganze Welt zerstreut wurden, ließen sich andere Völker in der Region nieder; zum Teil hatten sie schon früher dort gelebt. Erst seit mehr als 100 Jahren sind wieder zahlreiche Juden zurückgekehrt. Viele von ihnen waren nach den andauernden Verfolgungen, insbesondere nach der Schoah*, fest entschlossen, in ihrer biblischen Urheimat einen eigenen Staat Israel zu errichten – er existiert in einem Teilgebiet seit 1948. Doch auch die arabischen Palästinenser erhoben den Anspruch, in ihrer jahrhundertealten Heimat einen Staat errichten zu können – in ganz Palästina. Und so streiten sich Israelis und Palästinenser, trotz aller Friedensbemühungen, bis heute um dasselbe Land.

Seiten 130/131, 153 ◄

Hass ohne Grenzen?

»Alle Menschen sind frei und gleich an Würde und Rechten geboren. Sie sind mit Vernunft und Gewissen begabt und sollen einander im Geiste der Brüderlichkeit begegnen.« Allgemeine Erklärung der Menschenrechte, Artikel 1 (1948). ◄

1981 gründete Rabbiner Meir Kahane die Partei »Kach«. Er legte die Hebräische Bibel in militanter Weise aus. Sein Ziel war es, Israel auf »biblische Grenzen« zu erweitern. So forderte er, die palästinensischen Araber zu vertreiben und ihre Moscheen zu zerstören. 1988 wurde die Partei in Israel verboten, aber ihre Ideen leben teilweise weiter.

Die größte Friedensbewegung Israels heißt »Schalom Achschaw« (Frieden jetzt). Sie wurde 1978 gegründet. Ihre Anhänger kritisieren eine einseitig militärische Lösung des Nahostkonflikts und befürworten einen politischen und gebietsmäßigen Kompromiss.

»Wir kennen die Antwort« – Fundamentalismus im Christentum

In Deutschland und in Afrika aktiv – Prediger REINHARD BONNKE

Heute ist REINHARD BONNKE einer der Prediger mit dem größten Zulauf weltweit – besonders in Nigeria. Millionen kommen dort zu seinen Massenveranstaltungen, die er selbst gerne als »Ernteeinsätze« bezeichnet – was ihm auch den Beinamen »Mähdrescher Gottes« eingebracht hat. Bei perfekt inszenierten Auftritten verkörpert Bonnke eine Mischung aus Popstar, Prediger und Wunderheiler, meint OBIORA IKE, katholischer Professor und Kirchenmann aus Nigeria. Katholiken und Protestanten, die BONNKES Auftritte miterleben, kritisieren sein »fundamentalistisches Schriftverständnis« und dass »ethische Fragen« bei ihm keine Rolle spielten. Außerdem trete er in Nigeria aggressiv gegenüber anderen Religionen auf – insbesondere gegenüber dem Islam. Das verstärke dort die ohnehin enormen Spannungen zwischen Christen und Muslimen.

Religionswissenschaftler sagen: Fundamentalismus ist ...

a) eine Bewegung gegen die Lebensweisen einer modernen Gesellschaft;
b) eine Reaktion auf die Unübersichtlichkeit der modernen Welt;
c) ein Ausdruck der Sehnsucht nach Klarheit und Ordnung, nach einem Weltsystem mit Gut und Böse;
d) eine Bestätigung, dass man selbst gut und richtig lebt, die anderen hingegen nicht.

Christliche Fundamentalisten

finden nicht nur in den USA, sondern auch in Deutschland Zulauf. Sie geben einfache Antworten auf komplizierte Fragen, nehmen die Bibel als »unfehlbares Wort Gottes« wörtlich, betrachten ihre Art der Bibelauslegung als die einzig gültige (wobei einzelne Stellen absolut gesetzt werden), lassen Zweifel, Fragen und Kompromisse nicht zu.

1 Formuliert, wie Israelis und Palästinenser ihren Anspruch auf Israel/Palästina begründen.

2 Wenn Recht gegen Recht steht – welche Mittel gibt es, den Konflikt zu beenden?

3 Worauf berufen sich diejenigen Israelis und Palästinenser, die Gewalt als Mittel wählen? Seht ihr Ansätze, dass beide Seiten aufeinander zugehen?

4 Überlegt, ob sich die vier genannten Merkmale des christlichen Fundamentalismus auch im jüdischen und islamischen Fundamentalismus finden und wo die Unterschiede liegen.
Wie könnten die jeweiligen Religionsgemeinschaften darauf reagieren?

5 Begründet: Welche der Erklärungen für den Fundamentalismus überzeugt euch am meisten?

→← Die drei monotheistischen Religionen sind sich nie ohne Spannungen begegnet. Obwohl sie alle den Frieden predigen, ließen sich nicht wenige ihrer Anhänger immer wieder, bis heute, zu Gewalt und Krieg hinreißen. Dabei stütz(t)en sie sich oft auf bestimmte Aussagen ihrer heiligen Schriften, die sie fundamentalistisch ausleg(t)en. Um sich von diesem Missbrauch zu befreien, müssen sich die Religionen auf verallgemeinerbare ethische* Maßstäbe der Vernunft und der Menschlichkeit besinnen.

Hinduismus

Ewiger Kreislauf

In Indien ist die älteste Religion Ostasiens entstanden – der Hinduismus. Die Menschen haben die Natur beobachtet und überlegt: So wie nach einem Tag die Nacht kommt und es dann wieder Tag wird, so befindet sich die ganze Welt in einem ewigen Kreislauf.

Denn allem, was geboren wurde,
ist ja der Tod sicher
und sicher ist Geburt für den, der tot ist.

Q Aus der Bhagavadgita, der heiligen Schrift der Hindus

Das Leben der Menschen

Auch der Mensch ist Teil des ewigen Kreislaufs (»Samsara«). Das bedeutet, dass er immer wieder neu geboren wird. Das Leben, das man gerade lebt, ist die Folge eines früheren Lebens (»Karma«). Jeder bekommt nach Überzeugung der Hindus das Leben, das er verdient.
Gibt es kein Entkommen aus diesem ewigen Kreislauf? Der Hinduismus lehrt, dass verschiedene Wege zur Erlösung führen: der Weg der Erkenntnis (durch Enthaltsamkeit) oder der Weg des Handelns (durch Gebete, Riten, Wallfahrten) oder der Weg der Gottesliebe.
So kann es jedem Menschen gelingen, vom Kreislauf der Wiedergeburt befreit zu werden, wenn er auf seinem Weg erkennt: Mein Selbst (»atman«) wird wieder eins mit dem Göttlichen (»brahman«), so wie es am Anfang war.

Ein Gleichnis: Was soll es bedeuten?

Der Weise Alter Sadhu erzählt von drei Figuren: eine ist aus Salz, eine aus Stoff und die dritte aus Stein. »Wenn man diese im Wasser versenkt, so wird die erste sich auflösen und ihre Form verlieren, die zweite eine Menge Wasser in sich aufnehmen, aber ihre Form behalten, die dritte wird dem Wasser unzugänglich bleiben.«
So spricht der Weise von dem Erlösten, der sein Selbst (atman) in das allumfassende Selbst (brahman) versenkt, vom Gottergebenen, der voll Wissen von Gott ist, und vom Welt-Menschen, der nicht den kleinsten Tropfen wahren Wissens in sich aufnehmen wird.

Das Göttliche

Hinduisten verehren verschiedene Götter, z. B. Brahma, Vishnu, Shiva, Krishna, Rama und Kali. Als Hindu kann man einen, mehrere oder viele Götter verehren; denn in den vielen ist einer.

Ein und derselbe Mond spiegelt sich in allen Wassern.
Alle Monde im Wasser sind eins in dem einen einzigen Mond.
Q Altindische Weisheit

Die zehn Verkörperungen Vishnus

Hinduismus heute

Mehr als 800 Millionen Menschen gehören heute dem Hinduismus an, vor allem in Indien. Sheila A., Sekretärin aus Kalkutta, die in Deutschland lebt, erzählt:
Hinduismus ist eine Religion der Liebe. Das wichtigste ist, anderen keinen Schaden zuzufügen, sondern mit Liebe zu helfen und meine Pflichten zu erfüllen. Was das ist, muss ich selbst erkennen. Durch meinen Glauben an den Hinduismus hat mein Leben Sinn.
Ein Merkmal des Hinduismus ist das Kastenwesen. Es besagt, dass jeder Mensch in eine bestimmte gesellschaftliche Gruppe hineingeboren wird – diese Gruppen (»Kasten«) sind einander untergeordnet. Die niedrigste Kaste ist die der »Unberührbaren«. Auch wenn im modernen Indien grundsätzlich jedem alle Ämter offen stehen, bleibt das Kastenwesen in den Köpfen vieler bestehen.

1 Tragt weitere Beispiele für Kreisläufe in der Natur zusammen.

2 Benennt die Ziele, die ein Hindu in seinem Leben erreichen will.

3 Der Hinduismus ist auch für viele Menschen in Deutschland eine anziehende Religion geworden: Tragt Gründe zusammen, woran das liegen könnte.

4 Was bleibt für euch rätselhaft?

Eine andere Gesellschaft durch Gewaltlosigkeit?

»Mahatma« heißt aus dem Sanksrit übersetzt »dessen Seele groß ist«.

Oft verbirgt sich hinter der Gewalt gegen eine Gruppe von Menschen ein Herrschaftsanspruch, der von den Opfern aufgedeckt werden muss. Erst wenn diejenigen, die unterdrückt werden, sich selbst und ihrer Situation bewusst werden, kann der Weg frei werden für die Veränderung ungerechter Verhältnisse. MAHATMA GANDHI, einer der großen Hindus des 20. Jahrhunderts, setzte in seinem Leben nicht auf Gewalt und Gegengewalt, sondern auf die Kraft des passiven Widerstandes.

MAHATMA GANDHI auf dem Salzmarsch im Frühjahr 1930 – ein Protestmarsch gegen die britische Kolonialmacht, die das indische Volk unter anderem durch hohe Steuern auf Salz ausbeutete. Inder durften nur Salz aus den britischen Regierungsläden beziehen. Tausende von Bauern stellten nach dem Salzmarsch ihr Salz selbst her.
GANDHI führte Indien 17 Jahre später in die Unabhängigkeit. Er scheiterte jedoch in seinem Bemühen, Muslime und Hindus in einem vereinten Indien zusammenzubringen; 1948 wurde er von einem fanatischen Hindu ermordet. Pakistan trennte sich 1947 von Indien; 1971 spaltete sich Bangladesch von Pakistan ab.

Woher die Kraft und Inspiration*?

Jain-Mönche gehen nur zu Fuß und nur bei Tageslicht, um keine Tiere zu zertreten (Seite 231). Gandhi wurde von diesem religiösen Ideal der kompromisslosen Gewaltlosigkeit beeinflusst.

Seite 139 Bergpredigt

»Wenn ein Mensch an die Sinnesobjekte denkt, entsteht Verhaftung an sie, aus der Verhaftung entspringt Begierde, aus der Begierde flammt wilde Leidenschaft. Aus der Leidenschaft entsteht Zerstörung des Verstandes, an dieser geht der Mensch zugrunde.«
Bhagavadgita, aus dem zweiten Kapitel

GANDHI wuchs in einer Familie auf, die großen Wert auf ihre Religiosität legte. So ist es zu erklären, dass er auch später kein Fleisch aß, häufig fastete und eher enthaltsam lebte. Sehr früh lernte er durch seine Eltern verschiedene auch nicht-hinduistische Glaubensrichtungen kennen und tolerieren. Seine Eltern verehrten neben Vishnu auch Shiva. Sie hatten engen Kontakt zu Jain-Mönchen und Menschen anderer Glaubensrichtungen. GANDHI wurde als junger Erwachsener von der »Bhagavadgita« und von der christlichen Bergpredigt beeinflusst. Er befürwortete das Kastenwesen, verurteilte jedoch scharf den Ausschluss der so genannten »Parias« – der »Unberührbaren« –, die als Kastenlose weder Tempel betreten noch am gesellschaftlichen Leben teilnehmen durften. GANDHI gab ihnen den Namen »Harijans« (Kinder Gottes).

Gandhi: Wirkungen über Indien hinaus

Martin Luther King mit seiner Frau Coretta King (1956)

Gandhi war der erste Mensch in der Geschichte, der Jesu Liebesethik über eine bloße Beziehung zwischen Einzelpersonen hinaushob und sie zu einer gewaltigen und wirksamen sozialen Macht in großem Maßstab steigerte. [...] Darin, wie Gandhi auf Liebe und Nicht-Gewaltanwendung das Gewicht legte, entdeckte ich die Methode für eine Sozialreform, nach der ich so viele Monate gesucht hatte.

Q Martin Luther King, afro-amerikanischer Baptisten-Pastor und Bürgerrechtler, der 1968 von einem weißen Attentäter erschossen wurde

Methode: Rollenspiel

Wenn wir die ganze Menschheit auf ein Dorf von 100 Einwohnern reduzierten, wäre der Lebensstandard der Bewohner etwa so verteilt: 6 Personen würden 59 Prozent des gesamten Weltreichtums besitzen; 80 Menschen hätten keine ausreichenden Wohnverhältnisse, 50 wären unterernährt, 70 wären Analphabeten, ein Mensch hätte einen akademischen Abschluss.

- Übertragt die Angaben zum Weltdorf auf eure Klasse: Plant höchstens sechs Gruppen, die als »Familien« aus Asien (zweimal), Afrika, Europa, Nordamerika und Südamerika stammen.
- Verteilt die Rollen und legt sie durch Rollenkarten fest (z.B.: »Ich bin ein Analphabet aus ...«). Versucht nun, das Leben im Dorf zu spielen. Berücksichtigt Lebensbereiche wie Wohnen (schlafen, essen), Arbeit, Unterricht, Einkauf, Religion, Kultur.
- Lasst die Handlungen von anderen (Beobachterteam) protokollieren.
- Zieht Bilanz: Wie habt ihr welche Interessenkonflikte ausgetragen?
- Wie hätte eurer Meinung nach Gandhi gehandelt?
- Wie müsste oder sollte ein Dorf aussehen, damit es genügend Platz für alle bietet?

Seite 218 ◄ (Kapitel 9: Globalisierung)

Seiten 44/45 ◄ (Kapitel 2: Mit Konflikten leben)

1 Ein herrschendes System* kann »strukturelle« Gewalt ausüben (z.B. Unterdrückung durch eine Regierung): Nennt Beispiele.

2 Welche Formen von Gewalt kennt ihr noch? Wie unterscheiden sie sich?

3 Religionen prägten Gandhis Lebenseinstellung in besonderer Weise. Was müsste sich in eurem Alltag ändern, wenn ihr seine Überzeugung teilen wolltet?

4 Informiert euch über Martin Luther King und andere Menschen, die auf gewaltlose Weise strukturelle Gewalt bekämpf(t)en.

→← Der ältesten Weltreligion Ostasiens gehören mehr als 800 Millionen Menschen an. Ihre Anhänger deuten die Welt als einen ewigen Kreislauf, dem man entrinnen soll. Der Hinduismus zeigt dazu verschiedene Wege auf, die jedem Menschen die Möglichkeit geben soll, erlöst zu werden. Für Gewaltlosigkeit als Ausdruck hinduistischer und christlicher Ethik* setzte sich besonders Mahatma Gandhi ein.

Buddhismus

»Vier Ausfahrten« – aus Buddhas Leben

Vom Prinzen Siddharta Gautama, der vor 2500 Jahren in einer vom Hinduismus geprägten Gegend – im heutigen Nepal – geboren wurde, weiß man das meiste aus später entstandenen Legenden:

Der Junge wuchs in Luxus auf. Als junger Mann ließ er sich mehrmals vor die Stadt fahren – nach der Überlieferung handelte es sich um vier Ausflüge. Dabei traf er nacheinander auf einen Greis, einen Kranken und einen Toten. Diese Begegnungen mit dem Elend erschütterten ihn. Bei der vierten Ausfahrt begegnete Siddharta einem Mönch im einfachen gelben Gewand, in dessen Gesicht er eine große Ruhe sah. Da beschloss er, seine Frau und seinen Sohn zu verlassen und nach dem zu suchen, was frei von Elend ist: nach dem höchsten Frieden. So lebte Siddharta sechs Jahre als Bettelmönch. Doch auch so fand er die Wahrheit nicht. Eines Tages setzte er sich unter einen Feigenbaum und meditierte* sieben Wochen lang. Auf diesem Weg gelangte er zur »Erleuchtung«. Ab diesem Tag zog er als Buddha (»der Erwachte«) umher und gab seine Erkenntnisse weiter.

Buddha-Statue in Taiwan/China: Viele Buddha-Statuen zeigen Buddha bei der Meditation. Die Hände liegen auf den gekreuzten Beinen. Die Augen sind halb geschlossen, das Gesicht wirkt entspannt. Der (manchmal dicke) Bauch drückt innere Stärke aus. Buddha hat einen Zustand absoluten Friedens erreicht.

Buddhistische Mönche in einem Tempel in Thailand am Computer

Buddhas Erkenntnis

Im nordindischen Benares lehrte Buddha zum ersten Mal:

Alles Leben ist Leiden. Geburt, Alter, Krankheit und Tod sind Leiden. Mit Unlieben vereint sein, ist Leiden, von Lieben getrennt sein, ist Leiden. Dass man nicht bekommt, was man sich wünscht, ist Leiden.

Buddha erklärte auch, was der Grund allen Leidens ist:

Der Durst, die Gier nach Leben, Macht und Lust lässt den Menschen nicht zur Ruhe kommen.

Buddhas Lehre: Der Weg zum Frieden

Buddha verkündigte einen Weg, wie man das Leiden überwinden könne: Der Mensch muss sich von der Gier befreien. Wer den achtfachen Pfad geht – den Weg in der Mitte zwischen grenzenlosem Vergnügen und strengem Verzicht – kann der Wiedergeburt entgehen (denn diese ist ja nur eine Fortsetzung des Leidens). Ziel ist das Nirwana – die vollkommene Freiheit, die Befreiung von der Gier.

Der achtfache Pfad

Rechtes Erkennen: über das Leid wissen
Rechter Wille: lieben statt hassen
Rechtes Reden: nicht lügen
Rechtes Handeln: nicht stehlen oder töten
Rechtes Leben: anderen nicht schaden
Rechte Anstrengung: schädliche Empfindungen vermeiden
Rechte Achtsamkeit: aufmerksam beobachten
Rechte Meditation: Konzentration

Die Lehren Buddha Gautamas fanden zahlreiche Anhänger; viele von ihnen begleiteten ihn. Mit achtzig Jahren legte sich Buddha zum Sterben auf ein Lager. Aus einer tiefen Meditation* ging er nach buddhistischer Vorstellung in das Nirwana über.

Annähernd 400 Millionen Menschen, vor allem in Ostasien, folgen der Lehre Buddhas. In Deutschland bekennen sich nach Schätzungen fast 250.000 Menschen zum Buddhismus, rund die Hälfte sind Asiaten.

Sansgri G., Übersetzerin aus Bangkok, die in München lebt, erzählt: *Meine Religion lehrt mich, mein Leben so zu gestalten, dass ich glücklich bin. Sie gibt mir Sicherheit und dadurch Freude. Ich weiß, warum ich glaube: damit ich ein froher und guter Mensch sein kann.*

1 Beschreibt, was das Leben des Prinzen Siddharta verändert hat. Inwieweit findet sich seine Lehre in der Legende von den »vier Ausfahrten« wieder?

2 Erklärt den Namen »Buddha«.

3 Was spricht euch von Buddhas Erkenntnissen an? Was bleibt euch fremd?

4 Überlegt, was Menschen in westlichen Ländern heutzutage am Buddhismus fasziniert.

→← Buddhisten folgen der Erkenntnis ihres Lehrers Buddha Gautama, dass alles Leben mit Leiden verbunden ist. Sie versuchen, sich durch rechtes Tun und besonders durch Meditation von dieser Welt und dem Kreislauf der Wiedergeburt zu erlösen und ins Nirwana zu gelangen.

Auf dem Weg zu Gott – Leben im Kloster

Junge Menschen auf der Suche

Roger Schutz wurde 2005 in Taizé von einer verwirrten Frau getötet.

Viele Jugendlichen sind schon in Taizé gewesen, einem kleinen Ort in Südfrankreich. Die 15-jährige Katharina berichtet:

Als ich nach Taizé kam, war ich erst einmal überrascht, wie es dort aussieht. Danach stand auch schon der erste Gottesdienst an und den fand ich sehr merkwürdig, da man zehn Minuten schwieg – ich rede sehr viel und dadurch fiel mir das Schweigen am Anfang sehr schwer. Die Lieder hatten meistens nur einen Satz, der aber mindestens sechsmal wiederholt wurde. Aber nach zwei Gottesdiensten gefielen sie mir richtig gut.
Am besten war das Schweigen, da man so richtig in sich hineinhören konnte. Außerdem kann man dann über Dinge nachdenken, über die man sonst nicht nachdenken würde, weil man vielleicht nicht die Ruhe dazu hat. Am meisten hat mich erstaunt, dass, wenn ich jemanden angelächelt habe, man mir meistens zurückgelächelt hat. Dann hatte man einfach das Gefühl akzeptiert zu werden, so wie man ist, ob nun zu dick, zu groß, zu dünn oder zu viele Sommersprossen. Jeder hat mit einem gesprochen. Ich glaube, dass das typisch für Taizé ist.

Was ist dieses Taizé?

Im August 1940 kam »Bruder« Roger zum ersten Mal auf den Hügel von Taizé und gründete dort eine ökumenische* Gemeinschaft – hier lebte er zusammen mit evangelischen und katholischen »Brüdern«. Zunächst nahm »Frère« Roger politische Flüchtlinge auf, nach dem Krieg deutsche Kriegsgefangene. Seit den 1960er Jahren kamen immer mehr junge Menschen in die Zeltstadt. Dort beten, singen, sprechen und leben sie eine Zeitlang miteinander – nach einem Tagesablauf ähnlich wie in einem Kloster.

Leben im Kloster

Das Leben in einer Gemeinschaft hat im Christentum eine lange Tradition. Manche Menschen wollen ihr Leben so nach dem Evangelium* ausrichten, dass sie meinen, dies am besten in einer Gemeinschaft Gleichgesinnter tun zu können – in Armut, Ehelosigkeit und Gehorsam.
Sie gehen in ein Kloster (lateinisch: abgeschlossener Bereich).
Seit dem 9. Jahrhundert gibt es zahlreiche Ordensgemeinschaften.
Im Mittelalter waren die Angehörigen von Klöstern die Hauptträger von Wissenschaft und Literatur – meist konnten nur Mönche lesen und schreiben. Auch die ersten Schulen entstanden in Klöstern. Einige Klosterbauten sind heute noch berühmt. Viele Klöster laden heutzutage zu »Tagen der Einkehr« auch Jugendliche ein.

Ein Jugendlicher möchte Mönch werden

Den Entschluss, Mönch werden zu wollen, traf ich sehr früh, mit fünfzehn Jahren. Aber ich weiß heute noch nicht, ob dieser Weg der richtige sein wird. Ich habe die Frage nach dem Sinn des Lebens gestellt – wie es jeder Jugendliche macht, spätestens, wenn es um die Wahl eines passenden Berufes geht. Es sind vor allem die klösterliche Gemeinschaft und der klar strukturierte Rhythmus zwischen Gebet und Arbeit, die mich faszinieren.
Ein Freund von mir sagte einmal: »Das Klosterleben ist doch sowieso nur Gefangenschaft in einem Mönchsbunker mit Langeweilegarantie auf Dauer.« – Eben nicht! Mönche erarbeiten sich das, was sie zum Leben brauchen, größtenteils selbst. Das kann harte Arbeit im Garten, aber auch in der Buchbinderei oder in der Bäckerei bedeuten. Ich spüre ein Gefühl von Geborgenheit und Heimat im Kloster.
Für andere ist dies eher eine fremde und nicht zu verstehende Atmosphäre. Für mich ist es das Schönste im Leben.
Benjamin G., 17 Jahre

Klosterleben in Tabgha (Israel)
Es gibt »beschauliche« Ordensgemeinschaften und »tätige«, die sich z.B. um Jugendliche kümmern oder um Obdachlose. Bekannte Ordensgemeinschaften der Christen sind Benediktiner (hier im Bild), Franziskaner und Dominikaner. Aber nicht nur im Christentum gibt es Klöster, auch in Hinduismus, Buddhismus und Islam.

Pilgerreise (Wallfahrt) in Thüringen:
Sich Zeit nehmen – aufbrechen aus dem Gewohnten – sich auf einen Weg machen – mit anderen etwas erleben – dabei sein – Gastfreundschaft erleben – Traditionen leben.

1 Frühes Aufstehen, kein Alkohol, regelmäßiges Gebet. Trotzdem oder gerade deshalb strömen jährlich Tausende von Jugendlichen aus aller Welt nach Taizé. Warum tun sie das? Welche Sehnsüchte verbinden sie miteinander?

2 Informiert euch über ein Kloster in eurer Nähe: Welche Regeln und welchen Tagesablauf halten die Angehörigen ein? Könnt ihr euch ein solches Leben vorstellen?

3 Das, was Menschen auf Pilgerreisen suchen – sucht ihr das auch manchmal? Berichtet und diskutiert …

Seit den Anfängen des Christentums gibt es Klöster, in denen Mönche (oder Nonnen) in Abgeschiedenheit von der Welt versuchen, nach Gottes Willen zu leben. Auch heute zieht es Jugendliche an Orte, an denen religiöse Erfahrungen gemacht werden können. Manche suchen die Stille, andere den Austausch – alle aber begeben sich auf die Suche nach einem sinnvollen Leben.

Medientipp

Die große Stille (2005): ein ungewöhnlicher Film über das abgeschiedene Leben hinter Klostermauern in den französischen Alpen. Philip Gröning erzählt von Menschen, die ihre Lebenszeit Gott gewidmet haben.

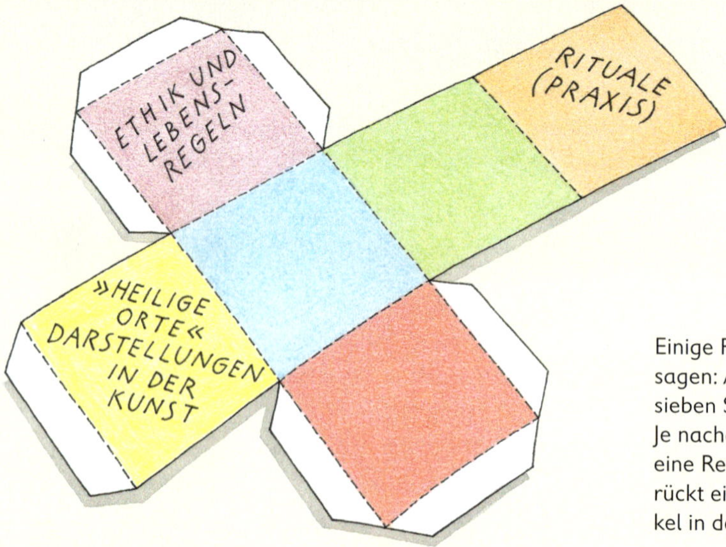

Einige Religionswissenschaftler sagen: Alle Religionen haben sieben Seiten (Dimensionen). Je nachdem von welcher Seite eine Religion betrachtet wird, rückt ein besonderer Blickwinkel in den Vordergrund.

Mögliche Würfelseiten

- Rituale und Praxis, z.B. im Judentum: Bar-Mizwah (S.133)
- Erzählungen mit mythischem Charakter, z.B. im Christentum: Umstände der Geburt Jesu (S.137)
- Ethik und Lebensregeln, z.B. Zehn Gebote (S.129)
- Einrichtungen, z.B. im Christentum: Diakonie* (S.141)
- Aufstellung von Lehrsätzen, z.B. im Islam: »Es gibt keine Gottheit außer Gott« (S.145)
- »Heilige Orte« – Darstellungen in der Kunst, z.B. Tempel (S.153)
- Emotionen und Erfahrungen, z.B. GANDHIS Kindheit in einem religiösen Elternhaus (S.162)

1 Bastelt in Gruppen einen Würfel aus Papier. Bevor ihr die Seiten beschriftet, überlegt, welche Dimension ins Innere des Würfels passt.

2 Stellt nun fest, ob ihr in diesem oder in anderen Kapiteln des Buches etwas zu den verschiedenen Seiten (Dimensionen) von Religion finden könnt. Ordnet eure Ergebnisse.

3 Zu welcher Dimension konntet ihr nur wenige Informationen finden? Wisst ihr trotzdem Beispiele?

Religionen kennen und verstehen – ein Würfelspiel

- Bastelt in euren Gruppen einen zweiten Würfel. Beschriftet alle Seiten mit den Religionen, die in diesem Buch vorkommen. Eine Seite bleibt als Joker unbeschriftet.
- Würfelt nun reihum mit beiden Würfeln: Wer z.B. die Würfelseiten »Heilige Orte« und »Islam« würfelt, sollte heilige Orte des Islam nennen. Wird der Joker gewürfelt, kann eine Religion frei gewählt werden. Wer die Frage richtig beantwortet, erhält einen Punkt.

Orte des Schweigens

Der Christus-Pavillon, gebaut für die Weltausstellung EXPO in Hannover (2000). Er wurde nach der Weltausstellung ab- und im ehemaligen Kloster Volkenroda (Thüringen) wieder aufgebaut.

»Der ganze Pavillon setzt auf die Verlangsamung der Sinne. Er ist von außen nicht eigentlich spektakulär, er wirkt aber unwahrscheinlich eindrucksvoll für alle, die sich seiner Atmosphäre aussetzen.«
MARGOT KÄSSMANN, Bischöfin der Evangelisch-lutherischen Landeskirche Hannovers

Projekt: Einen Raum für Stille entdecken

1. Macht einen Ausflug zu einem Ort der Stille in eurer Umgebung. Probiert aus, wie die Stille auf euch wirkt. Gleiches könnt ihr auch im Klassenraum versuchen. Für den Anfang reichen fünf bis zehn Minuten: Setzt euch in kleinen Gruppen zusammen und zündet eine Kerze in der Mitte an. Beschreibt anschließend, wie sich die Stille angefühlt hat. – Was war angenehm, was hat gestört? Welche Körperhaltung habt ihr eingenommen? Habt ihr die Augen geschlossen oder sind eure Augen an einem Gegenstand hängen geblieben? Wohin sind eure Gedanken spazieren gegangen?
2. Zeiten der Stille im Schulalltag: Legt zwei feste Zeiten in der Woche fest, an denen der Klassenraum für fünfzehn Minuten ein Raum der Stille wird. Die Teilnahme ist freiwillig; nur solltet ihr euch gegenseitig darauf verpflichten, die Stille einzuhalten.
3. Still sein heißt nicht untätig zu sein. Viele unserer Gedanken »hören« wir erst, wenn wir innerlich ruhig werden. Wollt ihr einige dieser Gedanken loswerden – z. B. über eine angenehme (unangenehme) Erfahrung mit Religion? Dazu könnt ihr den Religions-Würfel benutzen. Bastelt ihn größer und macht einen Briefkasten-Schlitz hinein – schon habt ihr einen Briefkasten für bisher unausgesprochene Gedanken. Sichtet nach einer bestimmten Zeit eure Post und sprecht über die Gedanken, die alle am meisten interessieren.

Innerlich und äußerlich still werden könnt ihr üben – ein anderes Wort dafür ist Meditieren*.

Medientipps

Bonhoeffer. Die letzte Stufe (2000): Im Zentrum des Spielfilms steht die Lebensgeschichte des Theologen und Widerstandskämpfers DIETRICH BONHOEFFER in der Zeit des Nationalsozialismus.

Gandhi. Spielfim von RICHARD ATTENBOROUGH, Großbritannien 1983 (188 Min.): Der Film erzählt die wichtigsten Stationen aus dem Leben MAHATMA GANDHIS. Er zeigt das Indien aus der Sicht der Unterdrückten und Gandhis Methode des gewaltsamen Widerstandes.

Lesetipp

MARC GELLMAN und THOMAS HARTMAN: Wie buchstabiert man Gott? Hamburg: Carlsen Verlag 1996

Du wirst umworben.
Viele sagen dir, wie du leben und denken sollst.
Manche wollen dir in den Geldbeutel greifen,
andere nach deinem Denken
und nach der Seele.

1 Schaut euch diese beiden Seiten genau an: Welche Motive oder Gruppen könnt ihr erkennen?

2 Überlegt, was die dargestellten Personen oder Gruppen anbieten können.

3 Diskutiert, wer euch hilft – bei schlechten Noten oder Ärger in der Familie.

Siebtes Kapitel

»Sekten« und okkulte Jugendkulturen

Alles »Sekten« oder was? Religionsgemeinschaften in Deutschland

Neben den beiden großen Kirchen und den anderen Weltreligionen gibt es bei uns zahlreiche kleinere Religionsgemeinschaften. Umgangssprachlich werden diese oft als »Sekte« bezeichnet. Dieser Begriff leitet sich aus dem Lateinischen »sequi« ab (»jemandem folgen bzw. nachfolgen«). Allerdings klingt »Sekte« negativ – so, als wären alle kleinen Religionsgemeinschaften irgendwie unanständig oder gefährlich.

Justus und Rebekka besuchen in Dresden einen Experten für Religionsfragen, Dr. Harald Lamprecht. Er ist Beauftragter für Sekten- und Weltanschauungsfragen der Evangelischen Kirche in Sachsen.

Rebekka *Wie viele Religionsgemeinschaften oder Kirchen gibt es in Deutschland überhaupt?*
Dr. Lamprecht Uns sind etwa 600 bis 800 verschiedene Religionsgemeinschaften bekannt. Dazu gehören kleine umstrittene Gemeinschaften ebenso wie die großen Kirchen. Zu letzteren zählen in Deutschland die römisch-katholische Kirche und die evangelische Kirche. Ursprünglich waren sie auch einmal kleine umstrittene Gemeinschaften, die dann aber rasch viele Anhänger fanden.
Justus *Und die kleineren Gemeinschaften?*
Dr. Lamprecht Manche dieser kleineren Kirchen haben nur wenige Mitglieder und sind auch nur in regional überschaubaren Gebieten wie dem Erzgebirge oder in einigen Großstädten tätig. Andere sind im ganzen Land anzutreffen und haben mehrere hunderttausend Mitglieder.
Rebekka *Wenn ich mich umhöre, so werden die kleineren Religionsgemeinschaften häufig als »Sekte« bezeichnet …*
Dr. Lamprecht Ich mag das Wort »Sekte« nicht. Es klingt so, als würden alle kleineren Religionsgemeinschaften ihre Mitglieder ausbeuten oder unterdrücken. Das trifft jedoch nur für einige Gruppen zu. Viele Anhänger oder Mitglieder der kleineren Religionsgemeinschaften führen ein glaubwürdiges und hilfsbereites Leben. Hier wird niemand unter Druck gesetzt.
Justus *Aber es gibt auch Probleme?*
Dr. Lamprecht Ja, ich erhalte täglich Anfragen von Menschen, die sich bedrängt fühlen. Denn manche Gruppen haben auf alle Fragen des Lebens einfache Antworten. Das fasziniert. Aber – es gibt keine einfachen Antworten.

Wer oder was ist (k)eine Sekte?

Fast alle Religionsgemeinschaften waren zu Beginn ihres Auftretens »Sekten« – sie sonderten sich von der ursprünglichen Mehrheit ab:
Die christliche Kirche ist vor beinahe 2000 Jahren als kleine jüdische Abspaltung entstanden – bevor sich die »Sekte« dann in wenigen Jahrhunderten über das damalige Römische Weltreich ausbreitete. Die evangelische Kirche ist vor knapp 500 Jahren aus der römisch-katholischen Kirche hervorgegangen; auch sie galt lange Zeit als »Sekte« – nichts bleibt, wie es ist …

Letzte Fragen – hilfreiche Antworten?

Viele Menschen fragen sich:
- »Warum geschehen Katastrophen wie Erdbeben, Hochwasser, Flugzeugabstürze?«
- »Hat das Leben einen Sinn?«
- »Warum erleide ich Unglück, während es bösen Menschen gut geht?«
- »Wie wird die Welt enden?«

Einige Religionsgemeinschaften und so genannte »Sekten« geben vor, sie wüssten ganz genau, was zu tun ist.
»Du musst dich nur
… uns anschließen
… unsere Bücher und Zeitschriften lesen
… unsere Sicht der Dinge übernehmen.«

Das klingt zuerst verlockend. Gemeint ist jedoch:
»Du sollst
… jeglichen Kontakt zu anderen abbrechen
… vergessen, was du bisher gelernt hast
… nicht mehr selbst nachdenken, sondern das den religiösen Führern überlassen.«

Methode: Sich mit Brainstorming und Cluster einem Begriffsinhalt annähern

1. »Brainstorming« bedeutet im Englischen wortwörtlich »Gedankensturm«: Schreibt alle Ideen auf, die euch beim Begriff »Sekte« oder einem anderen zentralen Begriff einfallen. Der Reiz liegt in der Fülle der Einfälle. So erfahrt ihr, was jede(r) Einzelne sich denkt, wenn er oder sie den zu klärenden Begriff hört oder sieht. Um zur genaueren Begriffsbestimmung zu gelangen, könnt ihr mehrere Ergebnisse von Brainstormings vergleichen und euch in einer größeren Gruppe auf Begriffe einigen, die besonders viel oder nur wenig mit dem zu Klärenden gemeinsam haben.
2. »Cluster« bedeutet im Englischen »Büschel«, »Gruppe« oder »Anhäufung«: Schreibt den zu klärenden Begriff auf ein Blatt Papier und notiert dazu ringförmig verwandte Begriffe oder Einfälle. So ergibt sich ein Netz von Begriffen (Cluster), das hilft, den zu klärenden Schlüsselbegriff genauer zu bestimmen.

Siehe Methodenkasten auf dieser Seite

1 Schreibt spontan auf, was euch beim Begriff »Sekte« einfällt: Benutzt entweder die Brainstorming- oder die Cluster-Methode.

2 Fragt Freunde und Verwandte, was sie sich unter einer »Sekte« vorstellen.

3 Erkundigt euch nach Religionsgemeinschaften in eurer Nähe. Schaut im Telefonbuch unter »Kirchen« oder »Religionen« nach.

4 Nutzt das Internet zur Recherche – dort gibt es viele Informationsangebote, z.B.: www.confessio.de; www.relinfo.ch; www.agpf.de; www.ausstieg.info.

5 Versucht, die »letzten Fragen« dieser Seite zu ergänzen und diskutiert: Warum interessieren sich gerade Religionsgemeinschaften für diese Fragen?

Der Sekten-Begriff eignet sich nur ungenügend, um kleine Religionsgemeinschaften zu kennzeichnen – er ist von vornherein abwertend gemeint. Kleine Religionsgemeinschaften sind nicht zwangsläufig gefährlich. Einige verlangen jedoch, dass man sich von allen bisherigen Freunden, von allem bisherigen Wissen lossagt. Bei solchen Gruppen ist Vorsicht angezeigt.

Kleine Religionsgemeinschaften – zwei Beispiele

Die Zeugen Jehovas – eine Gemeinschaft gibt Halt

Die Zeugen Jehovas sind eine der bekanntesten Religionsgemeinschaften in Deutschland. Ihre Mitglieder gehen häufig von Tür zu Tür und werben für den eigenen Glauben. In Deutschland zählt die Gemeinschaft mehr als 200.000 Mitglieder und Anhänger. Die Zeugen Jehovas zeichnen sich durch Strenge und Verbindlichkeit aus. Viele Alltagsfragen sind genau geregelt.

Die Zeugen Jehovas entstanden um 1870 in den USA. Es fanden sich einige Männer zusammen, die über den »Verfall der Sitten« in Kirche und Gesellschaft ihrer Zeit besorgt waren. Sie glaubten, dass das Ende der Welt unmittelbar bevorstünde. So studierten sie die Bibel und suchten nach Andeutungen und versteckten Hinweisen. In der biblischen Beschreibung einer Schlacht von Harmagedon* sahen die »Bibelforscher«, wie sich die Männer zunächst nannten, den Schlüssel zum Verständnis ihrer Zeit. Mit Eifer versuchten sie, ein Datum für Harmagedon und das dann beginnende Friedensreich zu errechnen. Die ersten Termine bezogen sich auf 1872/73. Später korrigierten sich die Anhänger der neuen Glaubensgemeinschaft und erwarteten das Ende der Welt für 1914, schließlich um 1975.

Auf diese frühen Bibel-Studienkreise gehen die heutigen Zeugen Jehovas zurück. Seit 1975 berechnen sie das Weltende nicht mehr. Dennoch sind sie sich einig, dass diese Welt in naher Zeit untergehen wird. Dieses Weltende stellen sich die Zeugen Jehovas so vor, dass Gott die schlechten und ungläubigen Menschen vernichten werde. Rettung fänden bei der großen Schlacht all jene, die sich den Zeugen Jehovas angeschlossen hätten. Ihnen wird ein »Paradies« verheißen, welches in den Zeitschriften und Büchern der Zeugen Jehovas farbenfroh illustriert ist.

Schon gewusst? Weltweit gibt es mehr als sechs Millionen Zeugen Jehovas. Die meisten leben in den USA. Ein beachtliches Wachstum verzeichnen die Zeugen Jehovas in Lateinamerika und in zahlreichen Ländern der sogenannten »Dritten Welt«. In Deutschland stagnieren die Zahlen.
Die Gemeinschaft gibt die Zeitschriften »Der Wachtturm« und »Erwachet!« heraus. Beide werden in gewaltigen Auflagen gedruckt: »Der Wachtturm« erscheint in 150 Sprachen bei einer Auflage von 26,4 Millionen Exemplaren; »Erwachet!« in 82 Sprachen und 22,8 Millionen Exemplaren.

Zweierlei Geborgenheit

In einer Zeit, in der in unserer Gesellschaft die Vorstellungen über Werte stark voneinander abweichen und wenig Orientierung vermitteln, suchen viele Menschen einen Halt. Strenge und verbindliche Gemeinschaften erfahren manche Menschen als eine Stütze; andere erleben diese »klaren« Antworten als einengend.

In einem Brief beschreibt Susanne ihre Kindheit in einer Zeugen Jehovas-Familie:

Seit ich denken kann, war ich eine Außenseiterin. Allein, isoliert, einsam, abgeschottet, etwas Besonderes und »nicht von dieser Welt«. Mit der Muttermilch habe ich die Regeln und Glaubenssätze aufgesogen und verinnerlicht. Ich durfte nicht in den Kindergarten und wurde erst mit sieben Jahren eingeschult. Doch mit dem Schuleintritt war ich schon mit den Lehren der Zeugen Jehovas vertraut und »gewappnet« für »die Weltmenschen«, die zum Untergang verurteilt waren. Ich habe sehr darunter gelitten, nicht dazugehören zu können: keine Geburtstage; kein Weihnachten mit den dazugehörigen Vorbereitungen und der Vorfreude, die Kinderherzen höher schlagen lassen, mit dem geschmückten Baum am Weihnachtsabend; kein Ostern mit Eiersuche; kein Silvester; kein Fasching. Die Entsagungen und der Verzicht waren der Preis für das erhabene Gefühl, zu einem erlesenen Volk zu gehören.

Paul hat andere Erfahrungen gemacht:

Wir waren eine fröhliche Familie. Unsere Eltern haben sich um uns gekümmert. Mitunter konnten wir sie bei der Mission begleiten – das war manchmal nicht einfach. Ich finde gut, dass uns unsere Eltern klare Vorstellungen davon mitgegeben haben, was gut und richtig ist, und was nicht. Deshalb halten wir uns bisweilen von sogenannten »Weltmenschen« fern, weil nicht alle Freundschaften gut sind. Es gibt z. B. im Internet viel Schlechtes, von dem man sich fern halten muss. Ich bin meinen Eltern dankbar, dass sie mir einen guten Weg gezeigt haben.

1 Sucht im Internet weitere Informationen über die Zeugen Jehovas heraus.

2 Untersucht die Berichte von Susanne und Paul und tragt zusammen, was ihr aus ihnen über das Leben der Zeugen Jehovas erfahrt. Diskutiert Vor- und Nachteile dieser Lebensweise.

3 Wie würdet ihr wohl Susanne oder Paul begegnen, wenn sie in eurer Klasse wären.

Das Universelle Leben – Tierschutz als Mogelpackung?

Manche Religionsgemeinschaften werben sehr direkt – ihre Mitglieder gehen von Tür zu Tür, sprechen Menschen an und werben für ihre Zeitschriften; andere laden zu Veranstaltungen oder Konzerten ein. Schwierig wird es, wenn Organisationen verdeckt werben – ein interessantes Thema soll locken.

Es ist Sonnabend Nachmittag. Hanna kommt von einer Demonstration für die Abschaffung der Jagd. Sie erzählt: »Es war cool. Viele Tierfreunde waren mit ihren Hunden gekommen. Wir haben gegen die Jagd protestiert und verlangt, dass das blutige Abschlachten der Tiere im Wald endlich verboten wird.«
Hanna hat einen dicken Packen Flugblätter in der Hand. Zahlreiche Gruppen und Initiativen haben Informationsmaterial verteilt – Broschüren, die für vegetarisches Essen werben und Flugblätter, die über Tiertransporte berichten. Manche Materialien befremden Hanna jedoch. Sie berichtet: »Einiges war auch komisch. So haben manche Leute behauptet, wer Fleisch isst, lädt Schuld auf sich. Andere meinten gar, Fleisch mache aggressiv – und so sahen sie die Ursache vieler Kriege im Fleischkonsum.« Hanna ist unsicher. Solche und ähnliche Vorstellungen kommen ihr eigenwillig vor. Eine Frau geht ihr nicht aus dem Kopf. Diese hatte gesagt, dass auch Jesus Vegetarier gewesen sei; aber die Kirchen hätten die Bibel gefälscht. Kann das sein?

Wer oder was ist das »Universelle Leben«?

Im Mittelpunkt dieser Organisation steht die »Prophetin« Gabriele Wittek (geboren 1933). Sie meint, Stimmen aus anderen Welten hören zu können. Von ihren Anhängern wird sie als »Sprachrohr Gottes« bezeichnet. In Deutschland dürfte es etwa 4.000 Anhänger geben. Das Universelle Leben veröffentlicht eine große Anzahl von Büchern, Videos, CDs und Zeitschriften wie »Freiheit für Tiere« und »Vegetarisch genießen«.

Mit der Wahrheit lügen?

Tierschutz ist ein wichtiges Anliegen. Manche Gruppen benutzen das Thema jedoch, um Aufmerksamkeit noch für etwas anderes zu wecken und dafür zu werben. Die Kampagne kann häufig so verlaufen: Jemand spricht dich an und sagt: »Findest Du nicht auch, dass …

- … Tiere auf Tiertransporten oftmals unnötig leiden?
- … die industrielle Fleischproduktion neue Gefahren wie BSE hervorruft?
- … die intensive Tierhaltung Folgeschäden für die Umwelt in ganzen Regionen hervorruft?«

BSE: eine gefährliche Rinderkrankheit

Wer würde diese Fragen nicht bejahen? Deshalb werden solche Fragen auch als »Suggestivfragen« bezeichnet, weil sie als einzige Antwort nur ein »Ja« nahelegen. Die Zustimmung führt jedoch zugleich zu fragwürdigen Schlüssen, z.B.:

- »… solltest du kein Fleisch mehr essen, da Fleischgenuss ungesund ist.«
  Ist aus ernährungswissenschaftlicher Sicht falsch.
- »… lass dir sagen, dass auch Jesus Vegetarier war.«
  Lässt sich wissenschaftlich nicht mehr klären.
- »… solltest du anerkennen, dass mit Gabriele Wittek eine neue Prophetin auf der Erde lebt.«
  Ist letztlich eine Glaubensfrage, die nicht verbindlich entschieden werden kann.

Suggestivfragen: lateinische Ableitung aus »suggestio« (Einflüsterung, Beeinflussung)

Gesprächstechniken

In jeder gezielten Direkt-Werbung werden bestimmte Gesprächstechniken angewendet. Oft versuchen die Macher, vorab eine positive Atmosphäre herzustellen, in der sich die Angesprochenen wohl fühlen. Die Werbenden zeigen Übereinstimmung mit den Ansichten des Angesprochen oder geben zu verstehen, dass sie gerade auf ihn oder sie gewartet haben. Erst dann werden die eigentlichen Werbeinhalte angesprochen. Fachleute sprechen auch von »Love-Bombing« – die Adressaten werden »mit Liebe überschüttet«.

Seiten 106–109: Gesprächsformen

1 Untersucht Werbesendungen im Fernsehen: Beobachtet und beschreibt die dort angewandten Überzeugungstechniken – die beiden Schritte des »Love-Bombings«.

2 Entwickelt ein Rollenspiel, in dem ihr mittels »Love-Bombing« Mitschülerinnen und Mitschüler von etwas überzeugen wollt.

3 Diskutiert, warum es so schwer ist, sich den geschickten Werbetechniken zu entziehen.

Seiten 174–177

4 Vergleicht die beiden vorgestellten religiösen Gemeinschaften.

Kleine Religionsgemeinschaften sind für manche Menschen ein wichtiger Halt in einer unüberschaubaren Welt. Ihre Anhänger werben oftmals mit interessanten Themen, die den zu Werbenden reizvoll erscheinen – erst dann wird die eigene Religion thematisiert. Viele werben auch geschickt mit »Love-Bombing«, um andere für ihre religiösen Vorstellungen zu öffnen. Vorsichtig sollte man auch bei Gruppen sein, die kritische Nachfragen unterdrücken wollen.

»Sekten«, kleine Religionsgemeinschaften – und jetzt auch noch übernatürliche Praktiken? Was hat das alles miteinander zu tun? Ein gemeinsames Motiv ist die Suche nach dem Sinn des Lebens, die viele Menschen und Gruppen miteinander verbindet – auch wenn sie sich in ihren Überzeugungen und Praktiken noch so sehr unterscheiden.

In die Zukunft sehen ...?

Auch unter Jugendlichen ist das Pendeln eine weit verbreitete Methode, um in die Zukunft zu sehen. Dabei nehmen viele an, dass sie durch das Pendeln Kontakt zu »Geistern« bekommen, die ihnen etwas über die Zukunft mitteilen bzw. diese beeinflussen können.
Und so funktioniert das Pendeln meist: An einem Faden oder einer Kette wird ein Schmuckstück (Ring) oder ein speziell gekaufter Gegenstand befestigt. Das so entstandene Pendel wird über ein Foto, eine Hand oder ein Brettchen mit Buchstaben und Ja/Nein-Feldern gehalten.
Selbst wenn man sich bemüht, das Pendel still zu halten, macht es nach einiger Zeit eine Bewegung: Entweder kreist es oder es schwingt hin und her. Meist hat man sich vorher verständigt, wie die Bewegung zu deuten ist: Eine kreisende Bewegung als Ja, das Hin- und Herschwingen als Nein oder als Hinweis auf einen Buchstaben usw. Wenn man das in einer richtig »mystischen« Stimmung macht, ist man oft über die Bewegungen des Pendels erstaunt. Aber es gibt eine einfache Erklärung: Man kann den Arm mit dem Pendel gar nicht für längere Zeit still halten und überträgt so unwillkürliche Handbewegungen auf das Pendel. Dieses »weiß« somit nur, was der Pendelnde auch weiß – z. B. ein Geburtstagsdatum.

Pendel: abgeleitet aus dem Lateinischen „pendere" (herabhängen).

In den letzten Jahren ist das Interesse an astrologischen Vorhersagen stetig gestiegen. Etwa 77 % der Deutschen lesen Zeitungshoroskope; 23 % schenken diesen keine Beachtung. Aber: 8 % derer, die Horoskope lesen, haben das Gefühl, dass Horoskope zutreffen.

»Meine Eltern lassen sich scheiden. Mein Bruder sagt, das musste so kommen. Hatte vor Jahren doch eine Astrologin unseren Eltern die Trennung vorausgesagt.« *Marco, 14 Jahre*

»Ich werde mal zwei Kinder haben – einen Jungen und ein Mädchen. Das hat mir auf dem Jahrmarkt eine Zigeunerin aus der Hand gelesen.« *Jennifer, 13 Jahre*

Was haltet ihr von solchen Vorhersagen und dem Glauben daran?

Faszination »Wahrsagen«

Das fasziniert viele: Jemand sagt die Zukunft voraus. Mitunter geht es spielerisch zu. Alle Jahre wieder lesen wir kurz vor Silvester in den Zeitungen, was Wahrsager für das neue Jahr voraussagen. Häufig werden Katastrophen angekündigt, der plötzliche Tod eines Prominenten oder gar der Zusammenstoß eines Kometen mit der Erde. Zu den »Klassikern« an Voraussagen gehören, dass …

… die Ehe eines bekannten Politikers oder eines prominenten Sportlers geschieden wird,

… der Euro wieder abgeschafft wird,

… Bin Laden (oder ein anderer, gerade aktueller Terrorist) verhaftet wird,

… der Papst (oder der Präsident der USA) einem Attentat zum Opfer fallen wird.

Viele Vorhersagen sind so allgemein gehalten, dass sie sich nur schwer überprüfen lassen. So werden immer wieder Attentate und Anschläge vorhergesagt. Da aber in vielen Krisenregionen immer wieder Bombenanschläge geschehen, treffen solche Vorhersagen immer irgendwie zu. Ähnliches betrifft die Ankündigung, dass die Ehe von Prominenten zerbricht. Da in Deutschland sehr viele Ehen geschieden werden, sind solche Vorhersagen mit einer gewissen Wahrscheinlichkeit immer zutreffend.

Wahrsager Rei Souli
in Berlin
von Dienstag, den 21.4.bis einschl. 25.4.0

[redacted]

Der weltbekannte Star-Astrologe und Handlese der schon den Tod von Lady Diana voraussah ist jetzt da.Wenn auch sie sich in Sachen Liebe, Beruf und Gesundheit die Zukunft vorhersagen lassen wollen, reservieren sie gleich ihre persönliche Beratung.

Cassandra, [redacted]
Treffsichere Kartenlegerin: [redacted]
„Kräuterhexe": Wahrsagen [redacted]
Schnelle Partnerrückführung. [redacted]
Kartenlegen, [redacted]
Ich beantworte Ihre Fragen [redacted]
Handlesen, Kartenlegen, Analysen, absolut zuverlässig, [redacted]
Abu Sulaiman - erfolgreich seit 22 Jahren in Partnerrückführung, Problemberatung, Auflösen negativer Einflüsse, [redacted]
Erfolgreiche Partnermagie! Zukunftsschau! Jenseitsontakt! [redacted]
Kartenlegen, Partnerrückführung, Probleme mit Arbeit und finanziell, [redacted]
Xenia, Wahrsagerin, [redacted]
Partnerproblemlösungen, Analysen, Kartenlegen, Zukunft, magische Hilfe, zuverlässig, seriös, [redacted]
Kartenlegen, telefonisch, von Mensch zu Mensch, [redacted]
Kartenlegen. Sehe auch Ihre Vergangenheit. [redacted]
Wahrsagerin, Magierin, [redacted]
Treffsichere Kartenlegerin: [redacted]
Kartenlegen, [redacted]
International bekannter Wahrsager/ Ma-

www.wahrsagercheck.de ◄

1 Achtet einmal auf solche »Prophezeiungen« wie die hier genannten: Hebt die Zeitungsberichte auf und überprüft ein Jahr später, ob die Ankündigungen wirklich eingetreten sind. Ihr könnt Prophezeiungen, die fast immer eintreffen, auch leicht selbst formulieren.

Aus einem Informationsblatt

Der Glaube an Geister und die Hoffnung, durch sie in die Zukunft sehen zu können, wird von vielen Wissenschaftlern als gefährlich angesehen. Denn bei negativen Voraussagen kann ein »Erfüllungszwang« entstehen – der Betreffende tut genau das, was ihm vorhergesagt wurde und führt somit das vorhergesagte Unglück selbst herbei. Alle Vorhersagen schwächen die Fähigkeit, eigene Entscheidungen zu treffen und erzeugen Abhängigkeit von fremden Autoritäten.

2 Vergleicht Horoskope aus verschiedenen Zeitungen oder Zeitschriften für denselben Zeitraum.

3 Erzählt, ob ihr schon einmal Vorhersagen erlebt habt, die eingetroffen sind.

4 Diskutiert, worin die Faszination von Vorhersagen liegt.

Seite 81 ◄
Methode:
Gedankenexperiment

5 Nehmen wir an, eure Lehrerin oder euer Lehrer würde seine Zensuren durch Pendeln oder Geisterbefragung ermitteln. Was hieltet ihr davon?

Übernatürliches – gibt es das?

»Feuerlaufen – Entfessle deine inneren Kräfte!« Immer wieder hört man von Menschen, die barfuß über glühende Kohlen gehen. Oft werden Workshops zur Vorbereitung angeboten, bei denen man auf das »große Ereignis« vorbereitet wird. Denn ohne Vorbereitung ist das Feuerlaufen gefährlich. Das wird zumindest behauptet.

Über glühende Kohlen gehen. Wie ist das möglich? Es gibt eine erstaunlich einfache Erklärung: Meist wird Holzkohle verwendet, die bei etwa 300 bis 400 Grad Celsius verbrennt. Ob die Kohle beim Darüberlaufen Verbrennungen verursacht, hängt nicht von der Temperatur ab, sondern von ihrer Wärmeleitfähigkeit. Die Asche, welche die Glut umhüllt, ist jedoch ein schlechter Wärmeleiter. Wer also zügig über die Kohlen geht, verbrennt sich nicht die Fußsohlen. Aber: Nicht stehen bleiben!

Liebeszauber!?
Die Sehnsucht nach übernatürlichen Kräften ist oft dort am größten, wo der Einzelne sein Schicksal selbst zu beeinflussen hofft. Dazu gibt es eine Fülle von esoterischen* Praktiken, z. B. diese:
Man besorge sich einen schönen Blumentopf, gute Erde und Basilikumsamen. Den sät man bei Vollmond. Den Namen des Jungen auf ein Stück Papier schreiben und dieses zusammengerollt zwischen die Samen stecken. Täglich gießen und keinen ranlassen! Fest daran denken, dass bald eine schöne Liebe erblühen wird! Das Basilikum darf unter keinen Umständen gegessen werden!

Zwischen Himmel und Erde

Sicher lassen sich mit der Sehnsucht nach übernatürlichen Kräften und mit der Leichtgläubigkeit vieler Menschen gute Geschäfte machen. Aber heißt das schon, dass es keine übersinnlichen Kräfte geben kann?

Sophie Es gibt mehr Dinge zwischen Himmel und Erde, als wir uns vorstellen können.
Mirco Ich glaube nur an das, was ich sehe.
Sophie Also z. B. elektrischen Strom – den siehst du nicht, aber den kann man merken …
Mirco Das ist was anderes. Strom gibt's ja wirklich.
Sophie Aber du kannst den Strom nicht sehen; nur die Auswirkung der Elektrizität. Genauso gibt es übernatürliche Kräfte, deren Auswirkungen sichtbar werden können.
Linda Also, wir haben gependelt und das Pendel hat mir zwei Kinder vorausgesagt und eine 6 in Mathe. Die Kinder hab ich noch nicht, aber die 6 …
Mirco Ich glaube nicht an Pendeln oder Feuerlaufen oder so was. Das lässt sich alles physikalisch erklären.
Sophie Moment! Das ist etwas anderes. Was beim Pendeln oder Feuerlaufen passiert, lässt sich physikalisch er-

»Um über alle magische Wirkung vorweg zu lächeln, muss man die Welt gar sehr, ja ganz und gar begreiflich finden. Das kann man aber nur, wenn man mit überaus flachem Blick in sie hineinschaut, der keine Ahnung davon zulässt, dass wir in ein Meer von Rätseln und Unbegreiflichkeiten versenkt sind und unmittelbar weder die Dinge noch uns selbst von Grund aus kennen und verstehen.«
ARTHUR SCHOPENHAUER, Philosoph (1788–1860)

klären. Aber dennoch gibt es im Bereich von Liebe, Glück, Sinn und Hoffnung einen Rest von Unerklärlichem. Dafür haben die Menschen ja auch die Religionen.

Mirco Nein, nein. Das ist auch alles erklärbar: Religionen sind nur ein Trostmittel, um besser mit Krankheit und Tod klarzukommen. Und bei Liebe und Glück spielen nur die Hormone verrückt und gaukeln einem etwas vor. Der Glaube an Gott und die große Liebe ist letztlich der selbe Unsinn wie Geisterbeschwören und in die Zukunft sehen.

Linda Jungs sind schrecklich unromantisch. Ich glaube an mein Pendel.

Sophie Vielleicht ist das eher eine Frage der Deutung …

Fachübergreifend (Geografie): Aberglaube kennt keine Grenzen

Der Überzeugung, sich »höhere Mächte« durch bestimmte Handlungen dienstbar machen zu können, ist in allen Kulturen verbreitet: In traditionellen Kulturen Afrikas erwarten Menschen Hilfe von »ihrem« Schamanen oder Medizinmann. Besonders in China ist der Glaube verbreitet, durch Horoskope Einblicke in die Zukunft gewinnen zu können.
Bei uns steht die Zahl »13« im Verdacht, Unglück zu bringen. Deshalb überspringen einige Hotels die Zimmernummer 13; in manchen Hochhäusern gibt es kein 13. Stockwerk. Manche Menschen haben Angst vor Freitag dem 13.; andere machen sich über solche Sorgen lustig. So soll der Tierforscher BERNHARD GRZIMEK gesagt haben: »Ob eine schwarze Katze Glück bringt oder nicht, hängt allein davon ab, ob man ein Mensch ist oder eine Maus.«

- Stellt eine Liste von Praktiken des Aberglaubens zusammen.
- Diskutiert, warum viele Menschen zu Aberglauben neigen. Sollte man auf jeden Glauben an wissenschaftlich Unerklärbares verzichten?

1 Stellt fest, welche Grundeinstellungen Sophie, Mirco und Linda vertreten und führt ihre Diskussion weiter.

2 Diskutiert, ob ihr Rezepte wie den abgedruckten »Liebeszauber« ausprobieren würdet. Überlegt dabei auch, wie sich jemand fühlt, der erfährt, dass seine Freundin oder sein Freund versucht, ihn mit Liebeszauber zu erobern.

Die Menschheit verfügt über ein gewaltiges Wissen in vielen technischen Fragen. Aber niemand kennt unsere Zukunft – obwohl jeder von uns diese täglich gestalten muss. Viele Menschen versuchen daher, etwas über die Zukunft zu erfahren – einige glauben in diesem Zusammenhang an den Einfluss von Geistern. Doch sind damit Gefahren verbunden.
Bis heute haben Wissenschaftler die Welt und den Sinn des Lebens nicht völlig erklären können – und es ist fraglich, ob es ihnen jemals gelingen wird. Viele Menschen glauben daher an übernatürliche Kräfte, die sie auf unterschiedlichem Wege zu beeinflussen hoffen. Fragwürdig ist nicht dieser Glaube, den übrigens die meisten Menschen teilen, sondern der Versuch, die letzten Bereiche des Lebens durch menschliches Handeln kontrollieren und beherrschen zu wollen.

»Sekten« unter der Lupe

Es gibt keine zuverlässigen Listen sogenannter gefährlicher oder harmloser Gruppen. Aber man kann eine Checkliste zu Rate ziehen. Tatjana F., Schülerin an einer Berliner Schule, hat eine solche Übersicht erstellt.

Checkliste für unbekannte Gruppen

Bei der Gruppe findest du alles, wonach du bisher gesucht hast.
Hier bekommst du eine völlig neue Sicht der Dinge.
Die Gruppe hat eine Antwort auf alle Fragen des Lebens.
Man weiß nicht genau, wer die Gruppe leitet.
Alle in der Gruppe lehnen die Wissenschaft und die moderne Medizin ab.
Kritik von Außenstehenden wird als Bestätigung der Gruppe gedeutet.
Die Welt treibt auf eine Katastrophe zu. Rettung findest du nur hier.
Du sollst sofort Mitglied werden und alles vergessen, was bisher für dich wichtig war.
Deine neuen Freunde lassen dir keine Zeit mehr für andere Interessen. Du sollst immer für die Gruppe da sein.

- Informiert euch genauer über so genannte »Sekten« und stellt eure Ergebnisse der gesamten Lerngruppe vor: Erarbeitet kleine Referate (mögliche Gliederung: Entstehung/ Gründer, heutige Verbreitung, Lehren und Ziele, Werbemethoden, Erfahrungen von Mitgliedern).
- Versucht gemeinsam mit euren Mitschülern die Gefährlichkeit oder Harmlosigkeit der vorgestellten Gruppe anhand der Checkliste einzuschätzen. Ihr könnt dazu eine Gerichtsverhandlung spielen, in der über die Zulassung der Gruppe als anerkannte Religionsgemeinschaft entschieden wird.
- Diskutiert, welche der genannten Lebenslagen einen Menschen anfällig für sogenannte Sekten oder esoterische* Praktiken machen können.
- Diskutiert, welche weiteren Umstände Menschen in solche Gruppen treiben können.

Fragebogen

1 Glaubst du an Geister von Verstorbenen, zu denen man Kontakt aufnehmen kann?

2 Liest du Horoskope?

3 Warst du schon mal bei einem Wahrsager oder einer Astrologin? Wenn ja, warum?

4 Wie würdest du reagieren, wenn dich auf der Straße jemand zu einem Treffen einlädt, bei dem alle deine Probleme gelöst werden sollen?

Seite 115
Methode: Eine Umfrage auswerten

Projekt: Spurensuche nach unbekannten Gruppen

… in eurer Umgebung

Habt ihr eine Vorstellung, wie viele Kirchen, Religionsgemeinschaften, so genannte »Sekten« und okkulte* Zirkel es in eurer Umgebung gibt? Begebt euch auf die Suche:

- Was findet ihr im Wohngebiet?
- Schlagt in Adressverzeichnissen oder »Gelben Seiten« nach.
- Blättert Anzeigenblätter und Zeitschriften durch: Achtet auf Inserate.

… bei euren Mitschülern und bei euch selbst

Entwerft einen Fragebogen, aus dem zu erschließen ist, ob eure Mitschülerinnen und Mitschüler an Übernatürliches bzw. Übersinnliches glauben und ob sie sich für Religion interessieren. Die abgedruckten Fragen können den Anfang machen.

… bei Experten

- Ladet einen Experten für »Sekten« und/oder Esoterik* in den Unterricht ein.
- Ihr könnt auch Vertreter unterschiedlicher Religionsgemeinschaften zu einer Diskussion einladen oder aber diese in ihren Kirchen, Tempeln oder anderen Versammlungsorten besuchen. Überlegt euch vorher Fragen und leitet sie an den Eingeladenen oder an die Besuchten weiter (per Karteikarte, E-Mail usw.).

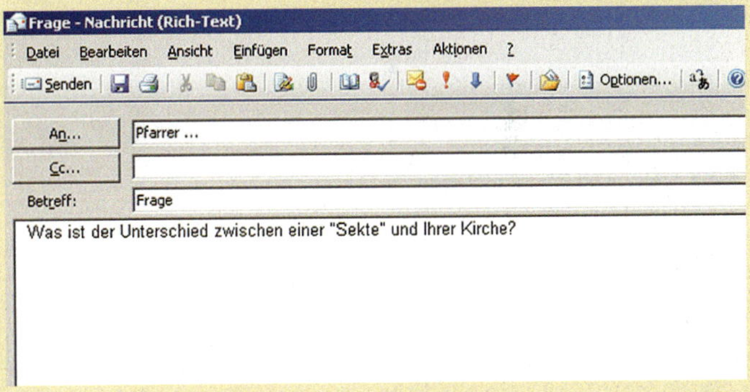

Recherchetipp

Sekten-Info Essen e. V., Rottstraße 24, 45127 Essen
Telefon: 0201 234646
Fax: 0201 207617
E-Mail: kontakt@sekten-info-essen.de
Internet: www.sekten-info-essen.de

Caspar David Friedrich, Blick aus dem Atelier
des Künstlers (um 1805/06)

Achtes Kapitel

Auf der Suche nach Sinn und Orientierung

Eine Frage

Sinn des Lebens: Was verstehst du darunter?

Mensch

Ich bin ein Mensch – ein Kind
auf der Schwelle zum Erwachsensein
gefangen in Problemen
hin- und hergerissen zwischen
Spiel und Ernst
hoffnungslos verliebt und doch auch
einsam und allein
Eltern, die sich nur noch streiten
Schule, Job und Freunde
Bücher, Filme, Rockballaden
Zukunftsangst
Heirat, Kinder und Karriere
Abitur
gute Noten – werd' ich's schaffen
Sinn des Lebens?
Liebe, Küsse, Zärtlichkeit
Ich bin ein Kind –
NEIN –
Ich bin ein Mensch.

Andrea, 17 Jahre

Drei Antworten

Lion *Dass ich immer was verändern muss. Mein Drummen zum Beispiel. Wenn ich da besser werden will, brauch ich Vorbilder und Mitspieler, die Drive haben.*

Lisa *Meine Eltern sagen, ich gäbe ihrem Leben Sinn. Deswegen will ich ihnen Freude machen. Ganz schön schwierig, manchmal.*

Mark *Sinn des Lebens? Gute Frage. Also, da müsste ich erst nachdenken*

1 Versuche die Frage nach dem Sinn für dich persönlich zu beantworten. Nimm dir Zeit dazu.

2 Interviewt euch zu dieser Frage anschließend gegenseitig und präsentiert die Ergebnisse auf einer Collage, die ihr z. B. an der Wand befestigen könnt.

Seite 27 ◀
Methode: Eine Collage anfertigen

3 Finde eine Erklärung dafür, warum in Andreas Gedicht zweimal die Identität* von Kind und Mensch betont wird.

Wenn das Leben gelingen soll

Christoph war 17, als er starb. Hat er Selbstmord begangen oder war es ein echter Fahrradunfall? Diese Gedanken quälen Martin, Christophs Freund. Christoph hatte sich unverstanden und ungeliebt gefühlt – von seinen Eltern, den Lehrern und auch den meisten Klassenkameraden. Einige Reaktionen Christophs in den letzten Wochen vor seinem Tod deuten daraufhin, dass es Selbstmord gewesen sein könnte.

Heute haben wir Christoph begraben.
Nein, nicht wir.
Sie haben ihn begraben.
Ich war nicht dabei.
In die Kirche bin ich noch gegangen. Sie liegt oben auf einem Hügel, mitten zwischen den Gräbern, eine kleine weiße Dorfkirche mit rundem Turm und einem Altarbild ganz in Rosa und Hellblau, von dem Christoph einmal gesagt hatte, dass es sicher ein Gemeinschaftswerk des Oberrieder Jungfrauenvereins sei.
Jetzt stand sein Sarg vor dem Bild.
Die Beerdigung sollte um elf anfangen. Kurz vor elf, als ich kam, war die Kirche schon voll. Das halbe Dorf war da, und die Schule natürlich: unsere Klasse, die Parallelklasse, fast sämtliche Lehrer. Die meisten wohnen nicht in Oberried. Sie waren zusammen mit der Bahn herausgefahren, wie bei einem Schulausflug, und eine halbe Stunde zu früh eingetroffen. Ich bekam keinen Platz mehr und musste stehen. Ich stand an der Wand und sah sie in den Bänken sitzen, einen neben dem andern, die Göbler, Mathe-Mayer, Bio-Mayer, Hansen, den Musiklehrer …
Nur der Hansen hatte Christoph gemocht, die anderen nicht, und ich konnte sie kaum aushalten mit ihren dunklen Kleidern und diesen passenden Gesichtern dazu. Der dicke Morgenfeld bekam es sogar fertig, unglücklich auszusehen. Vor ein paar Tagen hatte er noch zu Christoph gesagt: »Das Leben wird Ihnen schon genug blaue Flecken verpassen, Sie arroganter Kerl, und weiß Gott, die gönne ich Ihnen.«
Dass er es überhaupt gewagt hatte herzukommen, nach allem, was geschehen war. Er hätte in die Schule gehen sollen, er und die anderen, vor allem die Göbler, bei der wir im letzten Jahr Deutsch hatten und die wenigstens ehrlich genug war, keine Trauermiene aufzusetzen. Niemand von denen hätte kommen dürfen, auch die Klasse nicht. »Die Meute« hatte Christoph sie genannt, obwohl sie ihn nicht gehetzt hatten, weil es nicht ging, weil sie sich nicht rantrauten. Nur Ulrike hätte dabei sein dürfen, Ulrike und ich. Aber da saßen sie und glotzten auf den Sarg, und ich biss mir die Lippen kaputt, weil ich es nicht aushalten konnte, dass sie ihn anstarrten, den braunen Sarg mit Christoph darin, und sich vorstellten, wie er aussähe, vielleicht in einem weißen Hemd und die Hände gefaltet. Ja, so war es, ich hielt es nicht aus. Ich hatte noch nicht begriffen, dass sie ihm nichts mehr antun konnten. Dass er tot war. Nein, das hatte ich noch nicht begriffen. […]

»Tot müsste man sein«, hatte Christoph am Sonntagabend gesagt, bevor es passiert war. »Schluss mit dem ganzen Zoff, nicht mehr aufstehen, nicht mehr zur Schule, nicht mehr antworten auf blöde Fragen, nichts mehr zu tun haben mit dieser dreckigen Welt ...«
»Und auch keine Musik mehr hören?«, war Ulrike ihm ins Wort gefallen, mit so einer schrillen Stimme, ganz anders als sonst.
Er hatte sie angesehen und gesagt: »Ach, das ist doch alles bloß Ablenkung. Oder Ersatz.«

Q IRINA KORSCHUNOW: Die Sache mit Christoph

Wer die Geschichte weiterverfolgen will, kann dazu ein Buch lesen: IRINA KORSCHUNOW: Die Sache mit Christoph, München: dtv 1993

Hat mein Leben einen Sinn?

Jugendliche haben mit vielen Problemen zu kämpfen: Schwierigkeiten in der Schule, im Freundeskreis, in der Familie, mit sich selbst. Manchmal erscheinen die Probleme so drängend und ausweglos, dass sie Depressionen* auslösen können – und das Gefühl, alles sei sinnlos. Dann werden Fragen laut, ähnlich wie bei Christoph: »Ist mein Leben überhaupt noch lebenswert? Hat es einen Sinn?« Das Gefühl von Sinnverlust führt junge und alte Menschen in einigen Fällen in den Selbstmord. Die Mehrzahl reagiert jedoch nicht so und findet andere Wege, mit großen Krisen* und der Frage nach dem Sinn des eigenen Lebens umzugehen.

Selbsttötungen bei Jugendlichen

Durch Selbstmord sterben bei uns fast so viele Jugendliche wie im Straßenverkehr. Doch darüber wird in unserer Gesellschaft kaum gesprochen, obwohl Selbstmorde im Kindes- und Jugendalter die zweit- bis dritthäufigste Todesursache sind. Allein 2002 starben in Deutschland 11.163 Menschen durch eine Selbsttötung; 774 waren jünger als 25 Jahre. Über Selbstmordversuche gibt es keine Statistik.

Nach Informationen des Jugendhilfevereins »Neuhland«

1 Versetz dich in die Situation von Christoph, der über sein Leben nachdenkt. Schreibe einen Tagebucheintrag.

2 Entwickelt gemeinsam Ideen, wie und was man Christoph erwidern könnte.

3 Bist du auch schon einmal in eine Situation geraten, in der dir der Sinn deines Lebens oder sogar des Lebens überhaupt fragwürdig erschienen ist? Tauscht euch über mögliche Anlässe solcher Krisen aus. Findet ihr Gemeinsamkeiten – trotz aller Unterschiede?

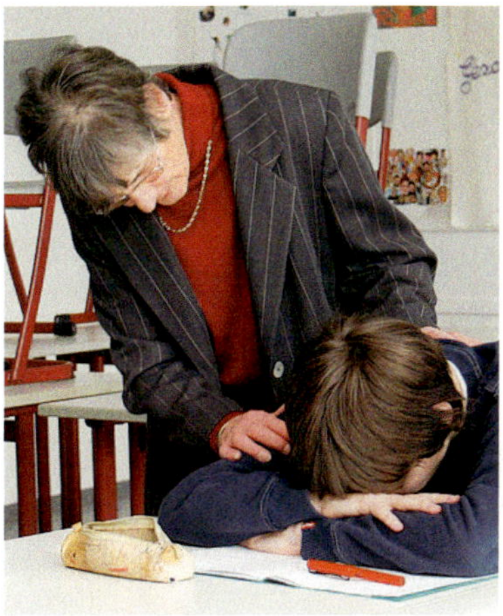

Grenzsituationen: Was tun?

Die »Thamani« ist eine Dhau – ein Segelboot mit hölzernem Rumpf und nur einem großen, dreieckigen Segel. Mit ihm fährt Hassans Onkel Touristen zum Fischen aufs Meer oder von der Insel zum Festland. Bei schwachem Wind darf Hassan manchmal das Steuer übernehmen. In solchen Momenten fühlt er sich vollkommen frei und träumt von seinem ersten großen Wettsegeln.

Oft vermissen Menschen eine Perspektive, an der sie sich orientieren können. Aber der Wunsch nach einem sinnvollen Leben, für das es sich zu leben lohnt, ist ein zutiefst menschlicher Wunsch. Was für ein Leben kann das sein?

Hassan segelt vor den Mangroven

Als der Windstoß ins Segel fährt und sich die »Thamani« bedenklich zur Seite neigt, rutscht Hassan sofort auf dem Ausleger ganz nach außen. Langsam richtet sich das Schiff wieder auf. »Das war knapp!«, ruft der 13-Jährige seinem Onkel am Steuer zu und juchzt.
Die »Thamani« ist eine Dhau, eines der schnellsten Segelboote von Lamu, Hassans Heimatinsel vor der Nordostküste Kenias. Schon mehrere Male hat die Crew von Hassans Onkel das jährliche Insel-Wettsegeln gewonnen. Leider ohne Hassan – er ist noch zu leicht. Bei starkem Wind reicht sein Gewicht nicht aus, um das Boot aufrecht zu halten. Die »Thamani« könnte kentern – und Hassan würde dann von seinem Ausleger aus in hohem Bogen ins Wasser geschleudert. Das ist erst vor kurzem geschehen, in einem Kanal. Zum Glück waren keine Haie in der Nähe. Und selbst das dort lebende Nilpferd hatte sich so erschrocken, dass es gleich in den Mangrovenwald flüchtete. Doch solche Abenteuer sind selten.
Hassan lernt fleißig, um eine höhere Schule besuchen zu können. Was er mal werden will, weiß er längst: Steuermann einer Dhau.

Q Geolino (2005)

Was mir wertvoll ist? Nichts – denn es gibt keinen Sinn des Lebens!
Q The Untouch, 16 Jahre

Wer ein Warum zu leben hat, erträgt fast jedes Wie.
Seite 110 ◂ Q FRIEDRICH NIETZSCHE, deutscher Philosoph (1844–1900)

Um glücklich zu sein, muss man ein Ziel haben. Denn es ist das Mittel, um unseren Handlungen Leben zu verleihen.
Q CHARLES-LOUIS DE MONTESQUIEU, französischer Philosoph (1689–1755)

»Die Glückseligkeit in dieser Welt besteht im Fortschreiten, also kann sie niemals völlig erreicht werden; jeder Augenblick treibt uns aus dem gegenwärtigen Zustande hinaus.«
IMMANUEL KANT, Philosoph (1724–1804)

Seite 187, Aufgabe 1 ◂ **1** Schreibe aus Hassans Sicht einen Tagebucheintrag zur Frage: »Hat mein Leben einen Sinn?« – Vergleiche ihn mit dem Tagebucheintrag Christophs und erkläre den Zusammenhang von Sinn und Ziel.

Seite 185 ◂ **2** Hassan hat schon ein klares Ziel – das ist mit 13 nicht selbstverständlich. Nenne weitere Ziele, die Jugendlichen so viel bedeuten können, dass sie ihrem Leben Sinn verleihen. Beziehe in deine Überlegungen die Äußerungen von Lion, Lisa und Mark sowie das Zitat von IMMANUEL KANT ein.

Immer wieder geraten junge Menschen auf ihrem Lebensweg an Unverhofftes – Glücksumstände, Hindernisse, Misserfolge. Auch Hartes kann ihnen zustoßen. Es ist eine große Herausforderung, angesichts der Vielzahl von Einflüssen den eigenen Weg einzuschlagen. Herausfinden, was einem lieb und teuer ist, persönliche Ziele setzen – all dies kann helfen, das Leben lebenswert zu finden und ihm Sinn abzugewinnen.

Lebenssinn – wer kann ihn wissen?

Nichts von Bedeutung?

Vielleicht hattest du schon einmal den Gedanken, dass in Wirklichkeit alles egal ist, da wir in zweihundert Jahren alle tot sein werden. Eigentlich eine komische Idee, denn es ist nicht klar, warum aus dem Umstand, dass wir in zweihundert Jahren alle tot sein werden, folgen soll, dass nichts von dem, was wir jetzt tun, wirklich von Bedeutung ist.

Man denkt hier offenbar, dass wir uns in einer Art Tretmühle befinden, wenn wir uns für unsere Ziele abstrampeln und etwas aus unserem Leben machen, dass all dies jedoch nur dann sinnvoll ist, wenn unsere Errungenschaften von ewiger Dauer sind. Das wird jedoch nicht der Fall sein. Selbst wenn du ein großes literarisches Werk hervorbringst, das auch in tausend Jahren noch gelesen wird, irgendwann wird das Sonnensystem erkalten oder das Universum wird ausgehen oder zerplatzen, und jede Spur deiner Bemühungen wird verschwinden. Jedenfalls dürfen wir noch nicht einmal auf einen Bruchteil einer derartigen Unsterblichkeit hoffen. Wenn etwas von dem, was wir tun, überhaupt einen Sinn haben soll, dann haben wir ihn in unserem eigenen Leben zu suchen.

Warum gibt es hier überhaupt ein Problem? Wir können bezüglich der meisten Dinge, die wir tun, erklären, warum sie sinnvoll sind. Wir arbeiten, um Geld zu verdienen und uns und vielleicht unsere Familie zu ernähren. Wir essen, weil wir hungrig sind, schlafen, weil wir müde sind, gehen spazieren oder rufen einen Freund an, weil wir Lust dazu haben, lesen die Zeitung, um herauszufinden, was auf der Welt passiert. Würden wir nichts von alledem tun, so wären wir unglücklich; worin liegt also das Problem?

Es liegt darin, dass es zwar *innerhalb* des Lebens Rechtfertigungen und Erklärungen für die meisten unserer großen und kleinen Taten gibt, dass jedoch keine dieser Erklärungen den Sinn unseres *Lebens* als Ganzes angeben – des Ganzen, von dem diese Aktivitäten, diese Erfolge und Fehlschläge, Bemühungen und Enttäuschungen, Teile sind. Wenn wir über die *ganze* Sache nachdenken, so scheint sie überhaupt keinen Sinn zu haben. Von außen betrachtet wäre es ganz egal, wenn es uns überhaupt nicht gegeben hätte. Und wenn es uns einmal nicht mehr gibt, so wird es egal sein, dass es uns gegeben hat.

Q Thomas Nagel: Was bedeutet das alles? (I)

Thomas Nagel beschäftigt offenbar eine ganz andere Frage nach dem Sinn des Lebens als Christoph oder Hassan. Ihm geht es nicht so sehr darum, ob mein und dein Leben lebenswert ist, sondern ob es aus einer Perspektive außerhalb meiner selbst eine Bedeutung hat. Das Wissen, dass Menschen und sogar die ganze Menschheit sterblich sind, hat auch viele Philosophen dazu veranlasst, die Frage nach dem Sinn des Lebens grundsätzlich zu stellen. So gibt es zahlreiche unterschiedliche Antwortmodelle.

Einige Antworten

Was wäre jedoch, wenn unser Leben als Ganzes in Beziehung auf etwas Größeres einen Sinn hätte? Würde dies bedeuten, dass es schließlich doch nicht sinnlos wäre? Es gibt verschiedene Möglichkeiten, wie unser Leben einen größeren Sinn haben könnte. Wir könnten Mitglied einer politischen oder sozialen Bewegung sein, die zum Wohle künftiger Generationen die Welt verbessert. Oder wir könnten lediglich unseren Kindern und ihren Nachkommen ein gutes Leben zu sichern versuchen. Oder wir suchen den Sinn unseres Lebens in einem religiösen Kontext, so dass unsere Zeit auf Erden bloß eine Vorbereitung auf eine Ewigkeit in direktem Kontakt mit Gott sein würde.

Q THOMAS NAGEL: Was bedeutet das alles? (II)

Der Schaffner (Eisenbahngleichnis)

Wir sitzen alle im gleichen Zug
Und reisen quer durch die Zeit.
Wir sehen hinaus. Wir sehen genug.
Wir fahren alle im gleichen Zug.
Und keiner weiß wie weit.

Ein Nachbar schläft, ein andrer klagt,
ein dritter redet viel.
Stationen werden angesagt.
Der Zug, der durch die Jahre jagt,
kommt niemals an sein Ziel.

Wir packen aus. Wir packen ein.
Wir finden keinen Sinn.
Wo werden wir wohl morgen sein?
Der Schaffner schaut zur Tür herein
Und lächelt vor sich hin.

Q ERICH KÄSTNER, Schriftsteller (1899–1974)

JOSEPH WILLIAM TURNER, Regen, Dampf und Geschwindigkeit

1 Was der Sinn des Lebens sein soll, bleibt für die Menschen ein Rätsel und führt sie an die Grenzen ihres Wissens: Diskutiert die Möglichkeiten, die der amerikanische Philosoph THOMAS NAGEL als Antworten auf die Frage nach dem Sinn des Lebens aufführt.

2 Bei KÄSTNERS Gedicht handelt es sich um ein »Gleichnis«. Formuliert mit eigenen Worten, worum es geht und weshalb KÄSTNER eine Zugfahrt als »Bild« gewählt hat. – Erklärt die Rolle und das Verhalten des Schaffners.

3 TURNER hat sein Bild 1844 gemalt – zu einer Zeit, als die ersten Dampf-Lokomotiven gebaut wurden und die Menschen großes Zutrauen in den technischen Fortschritt und die Bezwingbarkeit der Natur durch den Menschen hatten. Überlegt, ob man das Gemälde als Gleichnis auffassen kann – ähnlich dem Eisenbahngleichnis von KÄSTNER.

Lebenssinn – wer kann ihn wissen?

ERNST FUCHS, Moses vor dem brennenden Dornbusch
»Und der Engel des Herrn erschien ihm in einer feurigen Flamme aus dem Dornbusch. Und Mose sah, dass der Busch im Feuer brannte und doch nicht verzehrt wurde.«
2. Mose (Exodus) 3, 2

Wenn ihr mehr über die im Bild dargestellte Situation erfahren wollt, schlagt nach in der Bibel und im Religionskapitel, Seite 129. ◀

»Ja, und worin liegt nun der Sinn von alledem?« – Man kann die Frage ewig weiterstellen, ohne eine letzte Antwort zu bekommen. Daher suchen viele Menschen eine endgültige Antwort im religiösen Glauben.

Worin siehst du den Sinn deines Lebens?
Ich will die Zukunft meiner Kinder sichern.

Worin liegt der Sinn des Lebens deiner Kinder?
Sie sollen die Fortdauer der kommenden Generationen sichern

Worin liegt der Sinn zukünftiger Generationen?
???

Worin liegt der Sinn der Menschheit
???

Alles Glaubenssache?

Wenn du glaubst, dass der Sinn deines Lebens darin besteht, das Gebot Gottes, der dich liebt, zu erfüllen und Ihm von Ewigkeit zu Ewigkeit ins Angesicht zu blicken, so scheint man nicht mehr weiterfragen zu können: »Und warum *das*? Hier soll man es mit etwas zu tun haben, dessen Sinn und Zweck [Ziel] in ihm selbst liegt, und das keinen Zweck außer sich selbst haben kann. […]
Es ist jedoch nur sehr schwer zu sehen, wie es so etwas geben kann. […] Wenn man Gott und seine Ziele anführt, dann erklärt man den Sinn unseres Lebens dadurch, dass wir mit diesem Gottes Plan erfüllen. Man soll dann nicht mehr weiterfragen: Worin besteht denn nun der Sinn und Zweck Gottes? Aber welche Antwort könnte unsere Sinnfragen ein für allemal zum Schweigen bringen? Doch nur eine verstehbare. Und Gott steht ja gerade für einen höheren Sinn, den wir nicht verstehen können, der aber gerade dadurch unserem Leben Wert verleiht. […]
Wenn Gott unserem Leben einen Sinn geben soll, den wir nicht verstehen können, so ist das ein schwacher Trost. „Gott“ ist womöglich eine unverständliche Antwort auf eine Frage, die wir nicht loswerden können. […]
Vielleicht ist der Glaube an Gott die Überzeugung, das Universum sei verstehbar, jedoch nicht für uns.

Q Nach THOMAS NAGEL: Was bedeutet das alles? (III)

Methode: (Philosophische) Texte verstehen

Philosophische Texte sind unbequem – ständig stellen sie scheinbar Selbstverständliches in Frage und beleuchten es von verschiedenen Seiten. Dabei kann es passieren, dass am Ende das Problem nicht gelöst worden ist, dass offene Fragen bleiben. Ihr habt die Sache vielleicht tiefer durchdrungen, genauer erfasst – aber sie ist nicht aus der Welt. Denn viele philosophische Fragen überschreiten den menschlichen Verstand.
Entscheidend für das Verstehen eines philosophischen Texts ist es, sich seine Probleme – am besten schriftlich – zu verdeutlichen. Dann kann man versuchen, die Antwort, die er gibt, in eigenen Worten zu notieren. Nun gilt es, die Begründung für die Antwort nachzuvollziehen und festzustellen, welche Argumente und Beispiele verwendet werden. Es folgt die eigene begründete Stellungnahme, denn erst das eigene Nachdenken kann den philosophischen Text zum Leben erwecken.

Sinn stiftender Glaube muss nicht zwingend religiös sein. Glauben kann auch einfach bedeuten, dass man eine Idee, ein bestimmtes Ziel des Lebens für richtig und gut hält und sich dafür einsetzen will, es zu verwirklichen.

Man muss glauben, dass das Leben mit Glück und mit Sinn erfüllt werden kann.
Glauben ist überzeugt von dem, was sein könnte. Darin liegt die Beziehung von Glauben und Glück.
Glauben schafft Sinnvertrauen. – Der Glaube begründet Engagement, stiftet Haltungen und Handlungen.

Q Nach Jörg Zirfas: Lebenskunst

1 Informiert euch in der angegebenen Bibelstelle über die Beziehung zwischen Mose und Gott.

2 »Vielleicht ist der Glaube an Gott die Überzeugung, das Universum sei verstehbar – jedoch nicht für uns.« – Kläre die Bedeutung des Glaubens für die Suche nach dem Sinn des Lebens und beziehe dich dabei auf Nagels Überlegungen.

3 Finde Beispiele aus deinem persönlichen Leben oder Umfeld, wo der Glaube an »etwas« viel bewirkt hat.

Auf die große Frage nach dem Sinn des Lebens finden wir keine letzte Antwort. Der menschliche Verstand ist zu begrenzt, um auf letzte Gewissheiten zu stoßen, die seine drängenden Fragen beantworten könnten. Der Lebenssinn lässt sich möglicherweise nicht finden, aber Menschen können ihn schaffen. Dabei mag es eine Hilfe sein, an etwas zu glauben, was außerhalb des eigenen Horizonts ist. »Der Glaube versetzt Berge«, lautet eine alte Redensart: Ob vom Glauben eine so große Kraft ausgehen kann?

Alles Aberglaube?
Pendeln, Gläserrücken, … – was weißt du über diese oder andere magische* Praktiken? Erzähle deinen Mitschülern davon.

Fragen wie die nach dem Sinn des Lebens überfordern offenbar den menschlichen Verstand. Vielleicht suchen deshalb viele Erwachsene, aber auch Jugendliche in magischen* Ritualen Antworten auf ihre Fragen. Sie glauben an einen Kontakt mit übersinnlichen Mächten, die ihnen Vergangenheit, Gegenwart und Zukunft deuten (vergleiche die Seiten 178–181).

Okkultismus* und Magie*

Informiere dich im »Kleinen Lexikon des Okkultismus: http://www.religio.de/okk/a.html

Unter Okkultismus versteht man alle geheimen Wissenschaften, die sich mit übersinnlichen, naturwissenschaftlich nicht erklärbaren Phänomenen befassen. Die Bezeichnung stammt aus dem Lateinischen und meint all das, was der bloßen Sinneswahrnehmung verborgen ist. Magische* Praktiken sind Hellsehen, Gläserrücken, Pendeln, Wahrsagerei und vieles andere. Typisch ist der Glaube an die Existenz von Geistern und übernatürlichen Mächten, die man sich dienstbar machen will. Dabei gehen die Anhänger des Okkultismus davon aus, dass die menschlichen Seelenkräfte den Gesetzen der Natur überlegen sind.
Die Magie hatte lange Zeit großen Einfluss in unserem Kulturkreis: Im Mittelalter war sie das Vorrecht von Gelehrten, die über die Kraft zu heilen, aber auch zu schaden verfügten und ihre Kräfte in magischen Ritualen entfesselten. Nachdem in der Neuzeit zunächst das naturwissenschaftliche Denken um sich gegriffen hatte, sind heute überall magische Vorstellungen und Praktiken wiedergekehrt – dort sucht man nach Heilung oder Sinnstiftung. Viele sehen darin eine Gegenströmung zum modernen wissenschaftsorientierten Denken.

Der Zauberlehrling

Hat der alte Hexenmeister
Sich doch einmal wegbegeben!
Und nun sollen seine Geister
Auch nach meinem Willen leben.
Seine Wort' und Werke
Merkt' ich und den Brauch,
Und mit Geistesstärke
Tu' ich Wunder auch. …

Q JOHANN WOLFGANG VON GOETHE (1797)

Endlich ist es so weit: Der Meister ist außer Haus und der Lehrling ergreift die Gelegenheit. Er will es seinem Meister gleichtun und Geister beschwören. Anfangs ist er guten Mutes, wie in der ersten Strophe von JOHANN WOLFGANG VON GOETHES Ballade »Der Zauberlehrling« deutlich wird. Doch bald entgleitet dem Jungen das Ganze und eine Katastrophe droht. »Die ich rief, die Geister, Werd' ich nun nicht los«, ruft er schließlich verzweifelt aus. In GOETHES Gedicht geht das Abenteuer dann doch noch glimpflich aus. Lest selbst nach, warum.

Überzeugungen eines Okkultismus*-Anhängers

- Ich kann Kontakt aufnehmen mit Verstorbenen und mit Geistern und übersinnlichen Mächten.
- Wenn ich die richtigen Rituale anwende, kann ich Geister und übersinnliche Mächte in meinen Dienst stellen.
- Es gibt Menschen, die die Fähigkeit haben, die Zukunft vorauszusagen.

1 Besuche eine Buchhandlung und verschaffe dir einen Überblick über die Abteilung Esoterik*.

2 Finde eine Erklärung für die zunehmende Wiederkehr von Okkultismus* und Magie* seit Ende des 20. Jahrhunderts.

3 In GOETHES Ballade geht das Abenteuer gut aus, weil der Zaubermeister die Situation unter seine Kontrolle bringt. Sprecht gemeinsam darüber, ob die Begegnung mit magischen Praktiken im wirklichen Leben auch immer so glimpflich verläuft.

»Wenn Magie und Okkultfaszination im Denken und Handeln eines jungen Menschen ein vorherrschendes und dauerhaftes Gewicht bekommen haben, ist seine Welt verzaubert.«
DIETLIND FISCHER: Horoskope, Heilsteine und Feng-Shui

4 Diskutiert, welche Auswirkungen okkultistische Überzeugungen und Praktiken auf das Leben von jungen Menschen haben können.

Auf der Suche nach Sinn sind Menschen auch bereit, Grenzen zu überschreiten. Dabei kann es passieren, dass sie sich selbst verlieren und die Sinnstiftung anderen überlassen, anstatt sie selbst wahrzunehmen. Dann droht die Gefahr, die eigene Freiheit und Verantwortung aufzugeben.

Teilnehmer/innen an der Jugendfeier bereiten sich ein halbes Jahr lang vor. In Gruppentreffen werden den Jugendlichen Möglichkeiten aufgezeigt, sich zu engagieren und das eigene Leben selbstbewusst in die Hand zu nehmen.

Fragen der Lebenskunst

- Wie kann ich mein Leben führen?
- Wie kann ich Zusammenhänge herstellen, in denen es sich lohnt zu leben?
- Welches Verständnis vom Leben habe ich?
- Welche Wahl habe ich?
- Wer bin ich?
- Was kann ich konkret tun?

Auf die Frage nach dem Sinn des Lebens kann jeder nur eine persönliche Antwort geben. Dabei ist jeder Einzelne verantwortlich für sein Leben. Verantwortung und Wahrnehmung von Freiheiten sind zwei Seiten einer Medaille – und ein Bestandteil des Erwachsenwerdens.

Erwachsen werden – jetzt geht's los!

40 Mädchen und Jungen, alle um die 14 Jahre, haben sich am dritten Sonntag im April im hannoverschen »Theater am Aegi« versammelt. Auf den Stühlen sitzen etwa 500 Familienangehörige und Freunde. Der Raum ist geschmückt, die Stimmung feierlich. Alle Anwesenden lauschen dem stadtbekannten Politiker, der von Verantwortung, Selbstbestimmung und der Benutzung des eigenen Verstandes spricht. Als Symbol des Übergangs vom Kind zum Erwachsenen bekommen alle Jugendlichen eine Urkunde überreicht. Jugendfeier 2005, veranstaltet von den Freien Humanisten in Hannover, wo dieser Initiationsritus* seit 1986 Tradition hat.

Seiten 142/143 ◀

1852 wurde die Jugendweihe als Alternative zu Konfirmation* und Kommunion* in Nordhausen am Harz ins Leben gerufen. Organisationen, die sich Aufklärung* und Liberalismus verbunden sahen, sowie Teile der Arbeiterbewegung übernahmen diese Feierform.

In der DDR wurde die Jugendweihe ab 1955 offiziell: Jährlich wurden dabei etwa 97 % aller Achtklässler auf Sozialismus und Staat eingeschworen. Ab 1990 wandelte sich der Charakter der Feier und sie wird nun in einer entpolitisierten, humanistischen Form gefeiert. Neben der Jugendweihe, die vom Jugendweihe-Verband durchgeführt wird, hat sich die Jugendfeier, seit 1993 vom Humanistischen Verband ausgerichtet, durchgesetzt. Der Humanistische Verband will so nicht-religiöse Jugendliche bei ihrem Übertritt ins Erwachsenendasein begleiten.

Q KERSTIN WOHNE: Ersatzritual? Jugendweihe, Jugendfeier

Sich in Politik einmischen? Das ist bei vielen Teenies »out«, heißt es. Doch gesellschaftlich aktiv sind sie allemal – hauptsächlich in ihrer Lebenssphäre sowie beim sozialen Einsatz für bedürftige Menschen. Auch in Jugendorganisationen und Kirchen wirken sie, vor allem jedoch in Bildungseinrichtungen und Vereinen. Oft engagieren sich Jugendliche hier als Trainer oder Gruppenleiter. Immer wichtiger für soziale Aktivitäten wird das Internet. Jugendliche, die noch nicht wählen dürfen, können in Foren mitdiskutieren, ihre Meinung sagen und abstimmen. Nach 14. Shell Jugendstudie (2002)

Was bewegt dich, an der Jugendweihe/Jugendfeier teilzunehmen?

An Gott glaube ich nicht. Deswegen kommt für mich eine Konfirmation oder Kommunion nicht in Frage. Die Jugendfeier geht für mich weiter, weil sie den Schritt zum Erwachsensein bedeutet. Micha, 14 Jahre

Als ich gerade 14 wurde, habe ich meinen ersten Freund kennengelernt, der war da schon 18. Meine Eltern haben das ganz gut aufgenommen, aber seine haben totalen Stress gemacht. Von wegen, sie möchten nicht verantwortlich sein, wenn er mir ein Kind macht, und sie würden nicht zahlen. Ich war ziemlich schockiert. Ich habe mir dann eingebildet, dass ich durch die Jugendweihe von einem Tag auf den anderen erwachsen werde und sie mich dann vielleicht mehr akzeptieren. Das ist natürlich so nicht passiert. Katharina

Wir sind zu Hause drei Kinder. Meine beiden Geschwister sind allerdings noch Kleinkinder. Meine Eltern passen schon auf, dass sie uns gleich behandeln, aber im Alltag richtet sich doch meist alles nach den Kleinen. Das fängt schon mit den Wochenenden an. Ich würde ja lieber allein zu Hause bleiben, aber ich darf das meist nicht. Und dann muss ich mit in den Tierpark oder in die Schwimmhalle. Da fand ich die Idee, dass ich mal wieder für eine ganze Zeit im Mittelpunkt stehen würde, richtig verlockend. Ich wollte, dass mir einer offiziell bestätigt, so jetzt bist du erwachsen und das wollte ich auch schriftlich haben, eine Urkunde oder so. Die möchte ich dann meinen Eltern unter die Nase halten, wenn sie wieder was für meine Freizeit planen. Simon

1 Stellt im Gespräch untereinander oder auch mit Hilfe von Interviews fest, welche Freiheiten sich Jugendliche wünschen.

»Das Urbild aller Verantwortung ist die von Menschen für Menschen.«
HANS JONAS, deutsch-jüdischer Philosoph (1903–1993) – 1933 vertrieben, ging später in die USA

2 Diskutiert die Feststellung: »Wer frei ist, hat sein Handeln selbst zu verantworten.« Findet heraus, wie sich Jugendliche darauf vorbereiten, und sagt, was ihr selbst dazu tut.

3 Forscht nach in den Medien, z.B. im Internet, welche Möglichkeiten euch zum guten und verantwortungsvollen Handeln offen stehen.

Zoé-Familie (Brasilien)

Yoga-Unterricht (Indien)

Besuch im Urwald

Die Zoé sind indianische Sammler und Jäger im brasilianischen Urwald. Männer und Frauen der Zoé tragen einen Btoru, einen etwa zwanzig Zentimeter langen Holzpflock, in ihrer Unterlippe. Den Btoru zu empfangen, gehört zum Einweihungsritual. Wenn die Kinder etwa sieben Jahre alt sind, bekommen sie mit dem Zahn eines Wasserschweins ein kleines Loch in die Unterlippe gebohrt und den Pflock eingesetzt. Das ist für sie der Höhepunkt eines großen Festes der Stammesgemeinschaft. Von nun an gehen die Jungen mit zur Jagd. Sie erhalten Pfeil und Bogen, um sich darin zu üben, fern von daheim im Walddickicht Wild zu erbeuten. Sie lernen auch, selbst Waffen und Werkzeuge herzustellen. Inzwischen suchen ihre Eltern künftige Partnerinnen für sie.
Die Mädchen gehen nach dem Einsetzen des Btoru zu den Müttern ihrer späteren Partner. Bei ihnen erwerben sie die Fähigkeiten, die sie für das Leben in ihrem Stamm brauchen.
Weil das Leben im Urwald schwierig ist, dauert diese Vorbereitung auf das Erwachsensein für Mädchen und Jungen der Zoé ungefähr acht Jahre.

Strenge Auswahl in Indien

Etwa 35 Jungen zwischen 10 und 15 Jahren erleben in einem indischen Kloster-Internat bei Bangalore ihr Erwachsenwerden. Aufgenommen wurden sie nach kniffligen mündlichen und schriftlichen Prüfungen und zwei Probe-Wochen: Schlafen auf Steinplatten, fast salzloses vegetarisches Essen, kein Fernsehen und Radio.

Danach erwirbt jeder Junge seinen Anteil an der großen Kultur seines Landes. Das Programm ist hart: Wecken morgens um vier; Kühe melken; im Fluss baden; die Kleidung per Hand schrubben; Lernen der heiligen Veden – das sind uralte Weisheiten, Opferformeln und Zaubersprüche; Yoga üben, bis Arme und Beine ein einziger Knoten sind; Meditation. Nachmittags dann Büffeln der normalen Fächer wie Mathematik, Chemie, Englisch und Computer-Programmieren. Danach stürmen die Jungen zum Fluss oder toben sich beim Kricketspielen aus. Und abends? Nochmals lernen; schließlich Gebete und Schlaf.
Mit 15 legen die Jungen staatliche Prüfungen ab, wie andere Schüler auch, doch möglichst hervorragend. Hauptziel der Guru-Schule aber ist, »gute Menschen« heranzubilden. Das sind solche, die selbstbeherrscht und pflichtbewusst so leben, dass sie nach Tod und Wiedergeburt – woran die Hindus glauben – nicht als Kaktus, Kakerlake oder Ähnliches, sondern als etwas Schönes zur Welt kommen.

Ethik* der Verantwortung

»Wenn ich etwas wüsste, was mir nützen, meiner Familie aber schaden würde, würde ich es aus meinem Geist verbannen. Wenn ich etwas wüsste, was meiner Familie nützen, meinem Vaterland aber schaden würde, würde ich versuchen, es zu vergessen. Wenn ich etwas für mein Vaterland Nützliches wüsste, wodurch Europa Schaden leiden würde, oder etwas, was Europa nützen und dem Menschengeschlecht schaden würde, käme es mir wie ein Verbrechen vor.«

Charles-Louis de Montesquieu, französischer Philosoph (1689–1755)

Fachübergreifend (Geografie, Religion): Initiationen* weltweit

Initiation – benannt nach dem lateinischen Wort »Einführung« – ist ein weltweit geübter Brauch an der Schwelle zwischen Kindheit und Erwachsenenleben. Im erweiterten Sinn gehören Firmung, Konfirmation*, Bat- und Bar-Mizwah sowie die weltlich orientierten Jugendfeiern dazu. Im engeren Sinne meint Initiation den ritualisierten Übergang vom Kind zum Erwachsenen bei Naturvölkern.

- Wer mehr über Initiationsbräuche wissen will, findet in Bildatlanten und im Internet reichhaltiges Material.
- Findet und beschreibt weitere Initiationsbräuche, die es bei uns oder in anderen Ländern gibt.
- Überlegt und diskutiert, worin sich die Definition* des Worts »Initiation« von der obigen Begriffsbestimmung unterscheidet.

Seite 238 ◀ Minilexikon

1 Sucht auf dem Globus oder im Atlas nach der Heimat der Mädchen und Jungen, von denen hier erzählt wird.

2 Tragt zusammen, welche Fähigkeiten die vorgestellten Jugendlichen in Brasilien und Indien vor allem erwerben. Wer begleitet sie dabei?

3 Welche Verantwortlichkeiten übernehmen die beschriebenen Jugendlichen mit ihrer Initiation*? Notiert dazu Stichworte.

4 Diskutiert, wofür Jugendliche in unserem Kulturkreis verantwortlich sind.

Endlich frei werden von Gängelei und Bevormundung – das ist für viele Jugendliche der Lebenssinn in der Wendezeit um das 14. Lebensjahr. Doch euch bleibt einiges zu tun, um diese Freiheit erwerben und mit ihr umgehen zu können. Denn Freiheit ist doppelsinnig: Freiheit von Einengungen, Freiheit zu Taten. Und für seine Taten hat sich der Freie zu verantworten – vor sich selbst, aber auch vor der Gemeinschaft.

Lebensziel Glück

Glück ist, wenn …

Hector ist Psychiater. Er ist traurig, denn er hat es in seinem Beruf mit vielen unglücklichen Menschen zu tun. So begibt er sich auf eine Weltreise, um nach dem Geheimnis des Glücks zu suchen. Auf dem Weg durch China bittet er in einem abgelegenen Kloster einen alten Mönch um Antwort. Doch dieser gibt ihm lachend eine Aufgabe auf: Auf seiner weiteren Reise soll Hector viele Glücksvorstellungen sammeln und notieren.

Lektion Nr. 1 Vergleiche anzustellen ist ein gutes Mittel, sich sein Glück zu vermiesen.
Lektion Nr. 2 Glück kommt oft überraschend.
Lektion Nr. 3 Viele Leute sehen ihr Glück nur in der Zukunft.
Lektion Nr. 4 Viele Leute denken, dass Glück bedeutet, reicher oder mächtiger zu sein.
Lektion Nr. 5 Manchmal bedeutet Glück, etwas nicht zu begreifen.
Lektion Nr. 6 Glück, das ist eine gute Wanderung inmitten schöner unbekannter Berge.
Lektion Nr. 7 Es ist ein Irrtum zu glauben, Glück wäre das Ziel.
Lektion Nr. 8 Glück ist, mit den Menschen zusammen zu sein, die man liebt.
Lektion Nr. 9 Glück ist, wenn es der Familie an nichts mangelt.
Lektion Nr. 10 Glück ist, wenn man eine Beschäftigung hat, die man liebt.
Lektion Nr. 11 Glück ist, wenn man ein Haus und einen Garten hat.
Lektion Nr. 12 Glück ist schwieriger in einem Land, das von schlechten Leuten regiert wird.
Lektion Nr. 13 Glück ist, wenn man spürt, dass man den anderen nützlich ist.
Lektion Nr. 14 Glück ist, wenn man dafür geliebt wird, wie man eben ist.
Anmerkung Zu einem lächelnden Kind ist man freundlicher (sehr wichtig).
Lektion Nr. 15 Glück ist, wenn man sich rundum lebendig fühlt.
Lektion Nr. 16 Glück ist, wenn man richtig feiert. Frage: Ist Glück vielleicht einfach eine chemische Reaktion im Gehirn?
Lektion Nr. 17 Glück ist, wenn man an das Glück der Leute denkt, die man liebt.

Q François Lelord: Hectors Reise (I)

Lesetipp

François Lelord: Hectors Reise oder die Suche nach dem Glück, München: Piper Verlag 2004 (ein philosophisches Märchen – nicht nur für Erwachsene)

Ist Glück machbar?

Für den griechischen Philosophen Aristoteles (384–322 v. Chr.) ist das letzte Ziel alles menschlichen Handelns die Glückseligkeit. Darunter versteht er keinen zufällig eintretenden Glücksfall, auch keinen harmonischen Dauerzustand. Vielmehr ist Glückseligkeit gebunden an das Tätigsein des Menschen: eine ständige Herausforderung für den Einzelnen: »Das Glück ist kein Zustand (der Ruhe), denn sonst könnte es auch dem gehören, der ein Leben lang schläft, der das Leben einer Pflanze lebt.«

Q ARISTOTELES: Nikomachische Ethik

Ein Rezept für das Glück?

Am Ende seiner Reise trifft Hector den Mönch noch einmal und präsentiert ihm seine Liste.

Er las das Notizbüchlein zu Ende, schaute noch einmal auf die Liste und sagte: »Sie haben wirklich gute Arbeit geleistet. All Ihre Lektionen sind gut. Ich habe nichts hinzuzufügen.
Hector freute sich, aber gleichzeitig war er ein wenig enttäuscht. Er hatte erwartet, dass ihm der alte Mönch noch ein paar andere Lehren geben würde oder vielleicht eine schöne Theorie über das Glück. [...]
Hector hatte schon die ganze Zeit Lust gehabt, ihm eine Frage zu stellen, und so brachte er sie jetzt vor: »Als wir uns das erste Mal sahen, haben Sie mir gesagt: Es ist ein Irrtum zu glauben, Glück wäre das Ziel. Ich bin nicht sicher, ob ich das richtig begriffen habe.«
»Ich meinte so ein Ziel, wie ihr es in eurer Kultur immer so schön abzustecken wisst; dadurch habt ihr ja übrigens so viele interessante Dinge vollbracht. Aber Glück gehört nicht in diese Kategorie. Wenn Sie es sich abstecken, werden sie es mit großer Wahrscheinlichkeit verfehlen. [...]«
»Möchten Sie damit sagen, dass die besten Lehren nicht für alle Menschen gleich gut sind?«
Der alte Mönch schaute Hector an und sagte: »Erzählen Sie denn jedem Patienten das Gleiche?«
Hector überlegte ein wenig und antwortete dann, so sei es nicht, es hänge von ihrem Charakter ab und davon, ob sie jung oder alt waren und ob sie großes Unglück erlebt hatten oder nicht.
»Nun, sehen Sie«, sagte der alte Mönch, »das ist ein und dieselbe Sache.«

Q FRANÇOIS LELORD: Hectors Reise (II)

1 Erstelle eine eigene Glücksliste nach deinen persönlichen Vorstellungen.

2 Fasse die Lehre des Mönchs in Worte. Erläutere, inwiefern sie ein Appell an die Verantwortung des Einzelnen ist.

Seite 200 ◀ 3 Verdeutliche, welche Herausforderung Aristoteles' Bestimmung des Glücks für die Lebensgestaltung jedes Einzelnen darstellt.

→← Mit zunehmenden Freiheiten fangen die Probleme der Lebensgestaltung erst an. Für ein sinnvolles und glückliches Leben gibt es kein Rezept. Jeder – auch du – ist vor die (oft schwierige) Aufgabe gestellt, es für sich selbst zu (er)finden. Daher muss der freie Mensch sein Handeln verantworten – vor sich selbst und vor den anderen.

Die Hoffnung, so meint Ernst Bloch, sei eine Hauptnahrung für den Lebenswillen, sie verleihe diesem Kräfte, jeglicher Schwierigkeit zum Trotz, gewünschten und erreichbaren Möglichkeiten, die in näherer oder weiterer Zukunft liegen, entgegenzustreben.
Ernst Bloch, Philosoph (1885–1977)

Sind deine Hoffnungen auch schon mal enttäuscht worden? Oder ist dir einmal etwas passiert, das alle Hoffnungen übertroffen hat? Ernst Bloch hat die Bedeutung der Hoffnung für den Menschen in seinem Zitat zum Ausdruck gebracht. Denke einmal darüber nach, was für dich »Hoffnung« bedeutet, was es bedeuten kann, die Hoffnung zu verlieren oder gar ohne jede Hoffnung zu sein. Und vor allem: Worauf hoffst du selbst?

Christianes Hoffnung

Schon im Hausflur kann Christiane (17) den abgestandenen Qualm riechen, als sie nach Hause kommt. Sie klingelt. Ihr kleiner Bruder Timm macht auf. Dicker Zigarettenrauch hängt in der Luft der engen 2-Zimmer-Wohnung. Christiane bekommt kaum noch Luft. Panik. Sie stürzt ans Fenster und reißt es auf. Nach zehn Minuten beruhigt sich ihre Lunge. »Christiane, mach das Scheißfenster zu. Es zieht!«, brüllt ihre Mutter aus der Küche. »Mama, bitte«, fleht Christiane. »Ich bekomme doch bei dem Rauch keine Luft.« – »Ah, unsere Prinzessin will mal wieder eine Extrawurst gebraten haben.« – »Du weißt, ich bin krank. Aber dir ist das total egal.« – »Ganz recht. Und mach jetzt endlich das Fenster zu.« Christiane weint. – »Passt dir hier was nicht? Dann hau doch ab!«
Genau das hat Christiane getan. Mit Unterstützung des Jugendamtes hat sie ein Zimmer im Sonnenhof bekommen, einem Berliner Hospiz für schwerst- und unheilbar kranke Kinder, Jugendliche und junge Erwachsene. Manche von ihnen verbringen hier die letzten Wochen ihres Lebens. Aber vor allem will man im Sonnenhof den Kranken und ihren Angehörigen die Möglichkeit geben, Kraft zu tanken. Wie auch Christiane, die an Mukoviszidose leidet, einer unheilbaren Lungenkrankheit.
In ihrer ehemaligen Schule, erinnert sie sich, verstanden ihre Kumpels nicht, dass sie nicht rauchen darf und »wie schwierig es für mich ist, ein halbwegs normales Leben zu führen.« Oder einfach nur ganz normale Teenagerträume zu haben. Christiane würde so gerne Schauspielerin werden – aber sie weiß, dass ihr dafür nicht viel Zeit bleibt. Christiane weiß: »Vor 20 Jahren sind Menschen mit Mukoviszidose nicht älter als 16 geworden. Heute schafft man die 30, wenn man seine Lungen schont. Und den Therapieplan einhält.« Vor kurzem hat sie gelesen, dass ein 42-jähriger Muskoviszidose-Patient beim Köln-Marathon mitgelaufen ist, was ihr Mut gemacht hat. »Ich habe nicht vor, schon zu sterben. Ich werde die älteste Mukoviszidose-Patientin, die Deutschland je gesehen hat«, gibt sie sich kämpferisch. Doch ihre Betreuer wissen, dass es ihr oft schlechter geht als sie zugibt. Vor allem, wenn sie sich nach ihrer Mutter sehnt. Christianes Hoffnung: »Dass meine Mutter einmal sagt, dass sie mich liebt.«

Q Nach Sandra Adler: »Ich bin todkrank, meiner Mutter ist das egal«

Kinder in Not

Jährlich veröffentlicht UNICEF, das Kinderhilfswerk der Vereinten Nationen, einen ausführlichen Bericht über die Lage der Kinder in der Welt. Seine Zahlen dokumentieren das Ausmaß von Krankheiten, Gesundheitsschäden, Bildungsnot und Heimatlosigkeit von Millionen Kindern und Jugendlichen.

Kind landloser Bauern in Brasilien.
Viele von ihnen leben in Behelfslagern abseits der Straßen. Sie hoffen, irgendwann eine unbewirtschaftete Farm besetzen zu können.

Elternlos aufwachsen in Indien – nur ein Einzelschicksal?

1 Versucht, euch in Christiane hineinzuversetzen und zu analysieren: Worauf kann sie hoffen?

2 Fragt euch, wie viel Hoffnung auf Verständnis sich Christiane in ihrer alten Schulklasse machen durfte und wie das in eurer Klasse aussehen würde.

3 Betrachtet die Fotos: Was werden die Kinder wohl empfinden? Sprecht darüber, was den Kindern und Jugendlichen Hoffnung machen könnte.

4 Erläutert an Beispielen, inwiefern die Hoffnung auf etwas eine Voraussetzung sinnvoller Lebensgestaltung ist. Bezieht den Ausspruch Blochs ein. Berücksichtigt auch, inwieweit die berechtigte Hoffnung eines Einzelnen andere in die Pflicht nimmt.

Lesetipp

Ernst Tugendhat, Celso López, Ana María Vicuña: Wie sollen wir handeln? Schülergespräche über Moral, Stuttgart: Philipp Reclam jun. 2000, insbesondere S.161–173

»,s ist Krieg! s' ist Krieg!
O Gottes Engel wehre,
Und rede du darein!
s' ist leider Krieg – und ich begehre
Nicht schuld daran zu sein«!
MATTHIAS CLAUDIUS: Kriegslied (1778)

Seite 48 ◀

Die Geschichte der Menschen ist, soweit wir uns erinnern können, durch Kriege bestimmt worden – und wird es noch heute. Trotz der Erfahrungen mit den schrecklichen Folgen des Kriegs versuchen Gruppen und Länder auch heute, Konflikte mit kriegerischen Mitteln zu lösen. Am meisten leiden darunter die Kinder: Sie werden aus ihrem Zuhause vertrieben, erfahren, dass Nachbarn plötzlich zu Feinden werden, sind Zeugen von Gewalt und blutigen Massakern. Nicht selten erleben sie, wie nahe Angehörige gefoltert oder getötet werden. Oft werden sie selbst Opfer von Gewalt. Wie kommt es, das immer wieder Menschen anderen Menschen Böses antun? Liegt es an der menschlichen Natur – und wir müssen uns damit abfinden?

Hoffen auf eine friedliche Welt – aussichtslos?

1

2

3

Fotos von 1–3:
Bosnisches Flüchtlingskind (1994);
Tutsi-Flüchtlingskind aus Ruanda (1995);
vertriebene Kinder in Afghanistan (1996)

Prominente wie die Schauspielerin Michaela May setzen sich für neue SOS-Kinderdörfer ein – hier in Port Elizabeth (Südafrika).

»Die Hoffnung ist die Erkenntnis, dass das Böse in uns endlich ist und dass die geringste Hinwendung der Seele auf das Gute, dauerte sie auch nur einen Augenblick, ein wenig des Bösen austilgt, und dass, im geistigen Bereich, jedes Gute unfehlbar Gutes erzeugt.«
Simone Weil, französisch-jüdische Philosophin (1909–1943)

»Nicht ›Nie wieder Krieg‹, sondern ›Nie wieder Diktatur‹ oder ›Nie wieder Auschwitz‹ lautet die richtige Schlussfolgerung aus den Völkermorden des 20. Jahrhunderts, die durch frühzeitiges militärisches Eingreifen – und sei es nur die Bombardierung der zu den Vernichtungsstätten führenden Bahnlinien – hätten verhindert werden können.«
Hans Christoph Buch, Schriftsteller (2003)

Wofür ich gelebt habe

Drei einfache, doch übermächtige Leidenschaften haben mein Leben bestimmt: das Verlangen nach Liebe, der Drang nach Erkenntnis und ein unerträgliches Mitgefühl für die Leiden der Menschheit. Gleich heftigen Sturmwinden haben mich diese Leidenschaften bald hier, bald dorthin geweht, in einem launenhaften Zickzackkurs über ein Weltmeer von Qual hinweg bis zum letzten Rand der Verzweiflung. […]
Liebe und Erkenntnis, soweit sie erreichbar waren, führten empor in himmlische Höhen. Doch stets brachte mich das Mitleid wieder zur Erde zurück. Widerhall von Schmerzensgeschrei erfüllt mein Herz: Verhungernde Kinder, gefolterte Opfer von Unterdrückern, hilflose alte Menschen, ihren Kindern zur verhassten Bürde geworden – die ganze Welt der Verlassenheit, der Armut, des Leids, all das ist ein hohnvolles Zerrbild dessen, was Menschenleben eigentlich sein soll. Es verlangt mich danach, dem Übel ein Ende zu setzen, allein ich vermag es nicht, und so leide auch ich.

Q Bertrand Russell, englischer Philosoph (1872–1970)

Fachübergreifend (Geschichte, Geografie, Politik): Kriege ohne Ende?
Informiere dich über die Kriege, die die Kinder auf den Fotos dieser Doppelseite erlebt haben. Gehe dazu in die Bibliothek oder ins Internet. Dabei kannst du nachforschen, in welchen Ländern heute Kriege geführt werden.
- Vergleiche die Hoffnung, von der Simone Weil spricht, mit der Hoffnung Christianes (S.202). Wo siehst du Gemeinsamkeiten, wo Unterschiede?
- Denke mit deinen Mitschülern darüber nach, wie das Mitleid, das Bertrand Russell empfindet, und die Hoffnung auf das Gute zusammenhängen.
- Diskutiert die Hoffnung auf eine friedliche Welt: Was müsste sich ändern, damit sie nicht aussichtslos bleibt?

Was darf ich hoffen?

Fern in den Wolken
Verhallt die Klage.
Bittere Tränen trocknet der Wind.
Und aus Kränzen stiehlt sich
Die zitternde Frage:
Wohin sie gegangen sind.
Q Joachim Ringelnatz

Wohin gehen die Toten?
Was glaubst du?
Tauscht euch über eure
Vorstellungen aus.

Darstellung des Jüngsten Gerichts (1493)

Seiten 126–169 (Religionen)

Bleibt etwas von uns nach dem Tod?

Wäre das Leben ein Videospiel, dann hätte der Tod nichts Beängstigendes. Man hätte ja mehrere Leben und könnte jederzeit ein neues Spiel starten. Manch einer tröstet sich mit dem Glauben an ein Leben nach dem Tod. In den Religionen sind unterschiedliche Vorstellungen von einem Leben nach dem Tod oder vom Kreislauf einer Wiedergeburt verbreitet – sie alle gründen in der Überzeugung, dass mit dem Tod nicht alles zu Ende sei. Allein die Aussicht darauf erfüllt viele Menschen mit Hoffnung. – Wäre denn unser Leben ohne ein Leben nach dem Tod sinnlos?

In Deutschland glauben 31 Prozent aller Jugendlichen an ein Leben nach dem Tod. Der Anteil von Jugendlichen, die an ein solches Weiterleben glauben, ist unter Muslimen deutlich höher. Die Mehrzahl der Befragten setzt auf den Tod als absolutes Ende ihres Lebens.
Nach der Shell-Jugendstudie 2000

Raubt der Tod dem Leben seinen Sinn?

Der Sinn des Lebens umfasst sogar den Sinn des Leidens und des Todes. Wir haben nicht nur die Möglichkeit, unserem Leben durch schöpferische Akte, Natur- und Kulturerlebnisse oder die Erfahrung von Liebe einen Sinn zu geben; nicht nur, indem wir schaffen und lieben, können wir das Leben sinnvoll gestalten: sondern auch indem wir leiden, durch die Art, wie wir unserem Schicksal begegnen und wie wir das Leiden auf uns nehmen. [...]
Doch nicht nur durch das Leiden, auch durch den Tod wird der Sinn des Lebens bedroht. Vernichtet der Tod nicht jeglichen Sinn? Keinesfalls. Die Menschen scheinen zu vergessen, dass das Vergangene nicht verloren ist, sondern, ganz im Gegenteil, aufgehoben und vor der Vergänglichkeit bewahrt. Normalerweise schaut der Mensch nur auf das Stoppelfeld der Vergänglichkeit, und er übersieht die Kornspeicher der Vergangenheit, in denen ein für alle Mal lagert, was er erreicht hat – sei es durch schöpferische Akte, durch die Liebe oder durch das richtige Erleiden dessen, was er nicht ändern noch verhindern konnte. Gewesen zu sein ist auch eine Art zu sein, und vielleicht die sicherste. Und alles, was jemand in seinem Leben vollbracht hat, kann aus dieser Sicht als ein Bergen [Konservieren] – durch Verwirklichen! – von Möglichkeiten erscheinen. Gewiss, Zeit, die vergangen ist, lässt sich nicht zurückrufen; aber was in ihr geschehen ist, ist unangreifbar und unverletzlich geworden.

Q VIKTOR FRANKL: Sinn des Lebens

»Nutze die Zeit!«

Der griechische Philosoph EPIKUR (341–271 v. Chr.) fordert dazu auf, die Furcht vor dem Tod zu überwinden und stattdessen das Leben in allen seinen Facetten zu genießen. Sein Wahlspruch ist: »Nutze die Zeit!«

Gewöhne dich an den Gedanken, dass der Tod uns nichts angeht. Denn alles Gute und Schlimme beruht auf der Wahrnehmung. Der Tod aber ist der Verlust der Wahrnehmung. Darum macht die rechte Einsicht, dass der Tod uns nichts angeht, die Sterblichkeit des Lebens genussreich.

Q EPIKUR: Brief an Menoikeus

1 Tragt die unterschiedlichen Hoffnungen zusammen, die dem Tod das Furchterregende nehmen sollen. Worauf hoffen die Anhänger eines Lebens nach dem Tod? Worauf setzt VIKTOR FRANKL und worauf EPIKUR?

2 Diskutiert: Muss man resignieren ohne Aussicht auf ein Leben nach dem Tod? Bezieht die oben vorgestellten Gedanken in eure Überlegungen ein.

Hoffen und Tun hängen miteinander zusammen. Wer ohne Hoffnung ist, sieht keine Chance, etwas zu tun und versinkt in Teilnahmslosigkeit. Schon das kleinste Fünkchen Hoffnung kann Kräfte wecken und Mut machen. Oft sind moralische Gefühle wie das Mitleid Antriebsfedern, etwas zu tun und die Hoffnung nicht aufzugeben.
Ob es ein Leben nach dem Tod gibt? Für die einen ist der Sinn des Lebens an die Hoffnung auf Weiterexistenz gebunden; andere, die das Leben ebenso wertschätzen, bedürfen keiner solcher Hoffnung.

Seiten 100/101

Ob das Leben an sich einen Sinn hat, ist eine unbeantwortbare Frage. Anders liegt der Fall beim individuellen Leben. Manche sagen, es sei sinnlos, weil jedes Menschenleben endlich ist. Aber jeder Mensch hinterlässt Spuren seines Tuns. Das gibt seinem Leben einen Sinn. Welchen? – Das hat jeder in seiner Hand; dafür bist du verantwortlich.

AUGUSTE RODIN, Der Denker (1904)

Die Frage der Fragen

In der kommenden Welt wird man mich nicht fragen: Warum bist du nicht Mose gewesen? – Man wird mich fragen: Warum bist du nicht Sussja gewesen?

Q Nach dem polnischen Rabbi SUSSJA (1718–1800)

Infobox Sinn

• Seinem Leben einen Sinn geben wollen, heißt: ein Ziel anstreben, sich dafür entscheiden und entsprechend handeln.

• **Entscheidung** heißt, an einem Scheideweg eine von mehreren möglichen Richtungen auszuwählen.

• **Risiken** stecken in jeder Entscheidung und in allem zielstrebigen Handeln: Erst dann, wenn das Ergebnis vorliegt, steht fest, ob die Entscheidung richtig war.

• **Chancen** sind günstige Gelegenheiten, die im Umfeld des Handelns auftreten. Wer Chancen wahrnimmt und nutzt, vergrößert seine Aussichten auf Erfolg.

• **Gefahren** sind bedrohliche Umstände: Sie können Handeln oder sogar das Leben unmöglich machen. Auch wer Risiken falsch einschätzt und Chancen übersieht, lebt gefährlich.

• **Schicksal** wird häufig verknüpft mit einer schweren Gefahr oder Zwangslage, die über Betroffene hereinbricht. Es nimmt einzelnen Menschen, auch Menschengruppen, die Möglichkeit eines sinnvollen Lebens. Mitunter gelingt es, ein auferlegtes »Schicksal« mit aller Kraft zu wenden.

Werde dir klar darüber, welche Umstände die Sinnsuche und Sinnfindung jedes Einzelnen bestimmen. Ergänze die Liste in der Infobox durch weitere Begriffe, die dir wichtig erscheinen. Übertrage die unvollständige Mindmap in dein Heft und ergänze sie so, dass deutlich wird, in welchen Beziehungen die aufgezählten Faktoren zueinanderstehen.

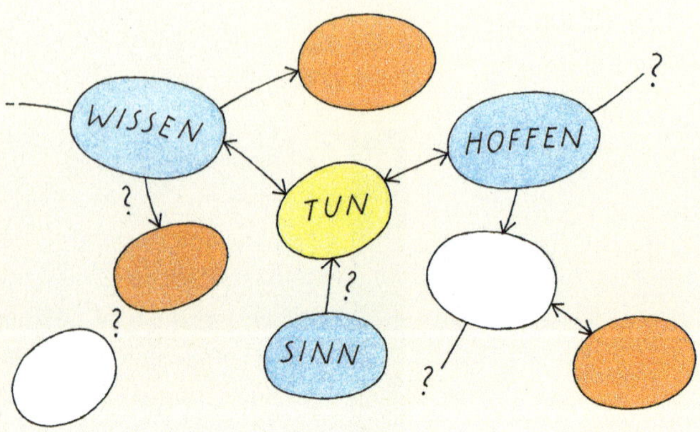

»Sie lebt, was ich nicht leben konnte«

Hanne Meures, 79 und Susanne Meures, 28

ZEIT *Frau Meures, wie sah Ihr Leben aus, als Sie 28 waren, so alt wie Ihre Enkelin heute?*

Großmutter Da hatte ich vier Kinder. Susannes Mutter war fünf Jahre alt. 1955 war das, da sind Opa und ich vom Hunsrück nach Kirchdaun gezogen. Er war Lehrer, und ich war bis zur Hochzeit 1949 auch Lehrerin gewesen, aber damals war Doppelverdienst bei Beamten verboten. Deshalb gab es ja das »Fräulein Lehrerin«. Meine Schwester, Tante Hedwig, war mit 75 noch das Fräulein im Dorf.

ZEIT *Naiv zu fragen, ob zur Debatte stand, dass Ihr Mann den Job aufgibt und die Kinder versorgt?*

Großmutter Wer hat denn so was gemacht?

Enkelin *Hattet ihr damals eine Lebensplanung?*

Großmutter Wir waren gut katholisch und wollten dem lieben Gott nicht ins Handwerk pfuschen. Am Ende waren's dann sieben Kinder. [...]

Enkelin *Die damalige Verbindlichkeit hatte sicherlich ihre Vorteile. Andererseits: Es gibt heute so viele Leben, die ich leben könnte. [...] Ich stehe morgens auf und weiß nicht, wie der Tag verlaufen wird. Ich habe 50 Alternativen – das ist ein gutes Gefühl, auch wenn ich am Ende möglicherweise keine davon nutze. [...]*

Großmutter Ich kannte damals keine Alternativen. Ich muss von mir ausgehen, mir haben die Normen eher geholfen. Ich freue mich aber auch für Susanne – weil sie schon ein Stück dessen lebt, was ich nicht leben konnte. Aber das weiß ich ja erst heute.

Q Aus einem Gespräch in der Wochenzeitung »Die Zeit« (2006)

Lesetipp

Fernando Savater: Die Fragen des Lebens, Frankfurt/Main: Campus Verlag 2000

Projekt: Welche Träume haben (ältere) Menschen?

Die Menschen von heute werden immer älter. Welche Träume, welche Hoffnungen haben sie? Im abgedruckten Interview-Auszug reden Großmutter und Enkelin über ihre unterschiedlichen Lebensweisen, Lebensumstände und Wünsche für die Zukunft. Großmutter Hanne Meures gab ihren Beruf als Lehrerin für ihre Familie auf; Enkelin Susanne Meures lebt als freiberufliche Kreativdirektorin für Zeitschriften auf einem Hausboot in London:

- Lass dich von den Gesprächsauszügen anregen und führe ein Interview mit deiner Großmutter, deinem Großvater, einer Tante, einem Onkel oder mit jemand anderem aus der »vorgestrigen« Generation. Befrage sie über ihre Träume als junge Menschen und über ihre Hoffnungen heute.
- Tausche dich im Interview mit ihnen auch über deine eigenen Träume aus und vergleiche.
- Sammelt alle Interviews und notiert die am häufigsten genannten Hoffnungen: Vielleicht kann daraus eine Ausstellung werden?

Bemannte Raumflüge haben es möglich gemacht, die Erde von außen zu betrachten. Wir sehen sie als ein in Blau gehülltes Ganzes – eine Kugel, die irgendwo mit über sechs Milliarden Menschen wie ein Raumschiff durch das Weltall fliegt und bis auf die jährliche Sonneneinstrahlung mit dem auskommen muss, was auf ihr ist.

Globalisierung – Armut und Reichtum

Nur ein Gedankenspiel?

Seite 81 ◄ Methode: Gedankenexperiment

Stellt euch vor, ihr seid Passagiere im Raumschiff Erde. Die Flugtickets werden per Los verteilt – die Passagiere verbringen die Reise in der jeweils zugewiesenen Klasse:

Erste Klasse (25 %)
Luxuskabine: mit Fenster, Fernseher, Computeranschluss und Handynutzung, freie Nutzung der Bordküche für drei Mahlzeiten pro Tag; Passagiere verfügen über 50 % der Nahrungsmittel.

Zweite Klasse (45 %)
Mitteldeck: Fenster mit 12er-Sitzreihen, Fernseher, zwei Mahlzeiten am Platz serviert; Passagiere erhalten 30 % der Nahrungsmittel.

Dritte Klasse (30 %)
Frachtraum: ohne Fenster, schlechte Belüftung, keine weltweite Kommunikation möglich, keine Nutzung der Bordküche; Passagiere bekommen 20 % der Nahrungsmittel.

1 Ordne dich in eine der drei zur Verfügung stehenden Klassen ein und verfasse einen Situationsbericht aus deiner Sicht.

2 Bewerte das Losverfahren, das die Passagiere im Raumschiff verteilt.

3 Leben im »Raumschiff Erde 2030«: Gestalte deine persönlichen Visionen* in einem Science-Fiction-Text oder -Bild.

4 Hat die zunehmende Verflechtung unserer Welt Auswirkungen auf deine persönlichen Zukunftsvorstellungen? Ist sie für dich eher ein Grund zur Hoffnung oder eher zur Sorge?

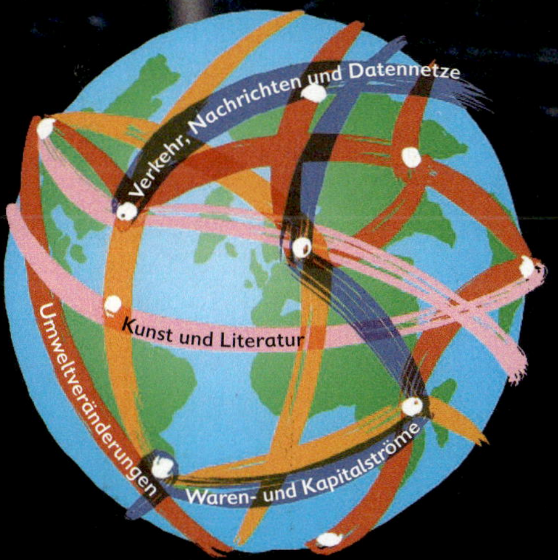

Wie ein Spinnennetz wird die Erde von Verkehrswegen, Handelsströmen für Güter und Dienstleistungen, Nachrichten und Datennetzen überzogen. Wie stark die Weltbevölkerung miteinander vernetzt ist, könnt ihr erkunden, wenn ihr ein Kaufhaus besucht – z. B. in der Lebensmittelabteilung, in der Elektroabteilung oder in der Bekleidungsetage. Überprüft einmal, woher die Waren kommen.
Fallen euch noch andere Beispiele für unseren verflochten Planeten ein?

Armut im Wohlstand?

Armut hat viele Gesichter

Armut dort – und hier

Jeden Morgen stehe ich ganz früh auf und mache mich auf den Weg Richtung Universität: in der einen Hand eine kleine Schachtel mit meinem Handwerkszeug, einer Bürste, Schuhcreme und Lappen aus alten Kleidungsstücken; in der anderen Hand einen halbvollen Wasserkanister. Meine Kunden sind Studenten, Beamte und Soldaten, die sich noch schnell ihre Schuhe polieren lassen, ehe sie zur Arbeit oder zum Studium gehen. Nachmittags jobbe ich auf Baustellen. Damit verdiene ich im Monat rund 200 Birr, das sind etwa 20 EUR. Das Geld schicke ich meiner Mutter. Sie lebt in dem kleinen Dorf Leku, das immer wieder von Dürren heimgesucht wird. Im vergangenen Jahr starb mein Vater – er verhungerte.

Gudissa, 14 Jahre, lebt bei seinem Onkel in Awassa (Äthiopien)

Aktuell leben wir vom Arbeitslosengeld. Um Arbeit hat sich meine Mutter bemüht, aber mit vier Kindern hat sie kaum eine Chance. Mitte des Monats müssen wir überlegen, wo wir Geld herbekommen; manchmal müssen wir etwas borgen. Man merkt dann, wie bei meiner Mutter die Stimmung runtergeht. Kino oder Markenklamotten sind nicht drin. Aber unsre Familie ist okay, wir sind nicht asozial, können uns benehmen und halten zusammen. Wenn ich sehe, wie andere leben, da kümmert sich der eine nicht um den anderen – das finde ich erst so richtig schlimm.

Clara 15 Jahre, lebt mit ihrer Mutter und drei Geschwistern in Brandenburg (Deutschland)

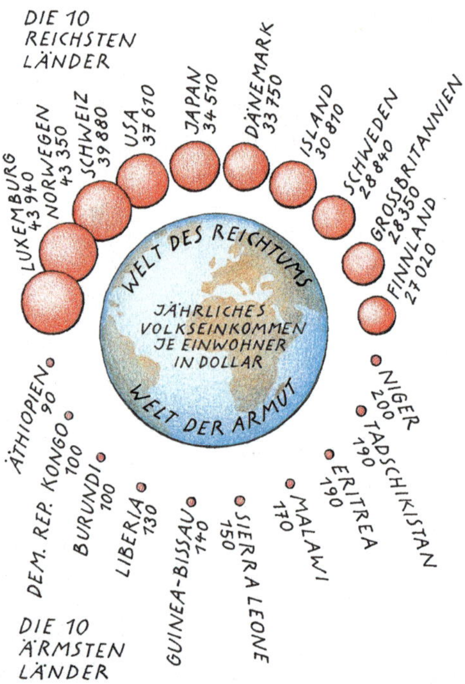

Daten der Weltbank (2003) ohne Kleinstaaten – Deutschland befindet sich mit 25.270 US-Dollar Einkommen je Einwohner an 12. Stelle unter den reichen Ländern. Nach Angaben des UN-Entwicklungsprogramms hat sich seit 1980 durchschnittlich auch die soziale Situation der Ärmsten verbessert – trotz wachsender Unterschiede zwischen armen, »mittleren« und reichen Ländern.

Was ein Mensch braucht – Grundbedürfnisse

Arm ist, wer nicht hat, was er unbedingt braucht. Aber: Was braucht man »unbedingt«? Das, was Menschen konkret unter Armut verstehen, ist umstritten; denn »Armut« steht in Beziehung zum Reichtum in der Umgebung – und dazu, wie die betreffende Gesellschaft ein menschenwürdiges Leben definiert*. Die nachfolgende Darstellung (Mindmap) zeigt, welche menschlichen Grundbedürfnisse befriedigt werden müssen:

Schätzungen zufolge sind noch immer etwa 1,2 von gut sechs Milliarden Menschen extrem arm. Das heißt: Jeder fünfte Mensch auf der Welt ist nicht in der Lage, einen minimalen Lebensstandard zu erreichen und sich eine angemessene Mindesternährung zu leisten. Jeder dieser Armen kämpft um das tägliche Überleben.

Nach der internationalen Konvention* über die Rechte des Kindes von 1989 haben Kinder und Jugendliche »ein angeborenes Recht auf Leben«. Die mehr als 180 Unterzeichner-Staaten haben sich verpflichtet, das persönliche »Überleben und die Entwicklung« der Kinder zu gewährleisten.

1 Stellt zusammen, welche Aspekte von Armut ihr findet: Schaut in Zeitungen und Zeitschriften nach weiteren Beispielen und knüpft in einer Mindmap ein Netz von Begriffen, mit denen sich Armut beschreiben lässt.

2 Gudissa verdient als Schuhputzer etwa 20 EUR; Claras Mutter erhält für ihre Familie Arbeitslosengeld, also etwa 20 Mal so viel: Geht es Claras Familie deswegen 20 Mal besser als Gudissa und ihren Angehörigen?

3 Versetze dich in die Lage des Mädchens oder des Jungen (Perspektivwechsel): Wie fühlst du dich an einem Tag im Leben des oder der anderen?

4 Entscheidet euch für eine Rangfolge der Bedürfnisse: Was braucht der Mensch unbedingt zum Leben? Was ist eher Luxus oder Privatvergnügen?

Vergleiche Seite 210 ◄ Aufgabe 3

5 Diskutiert, wie sich die Berichte der beiden Jugendlichen zum Anspruch auf ein menschenwürdiges Leben verhalten. Formuliert einen Forderungskatalog an Politik und Wirtschaft – ergänzt gegebenenfalls eure Visionen*.

→← In den meisten hochentwickelten westlichen Ländern erschien Armut lange Zeit als nahezu überwunden. Seit den 1980er Jahren ist jedoch auch in Deutschland wieder eine sogenannte »neue« Armut aufgetreten – sie berührt nicht das reine Überleben, wie in vielen armen Ländern Afrikas und anderswo, sondern das Ringen um ein menschenwürdiges Leben.

Ursachen und Auswirkungen von Armut

Gewinner und Verlierer fallen nicht vom Himmel

Unsere Welt ist globalisiert und alle Teile rücken unaufhörlich näher: Das »globale Dorf« ist bestimmt durch einen weltweiten Markt multinationaler Konzerne, weltumspannender Finanzströme und Nachrichtensender. Nicht nur die meisten hochentwickelten westlichen Länder, sondern auch einige Entwicklungsländer gehören zu den Globalisierungsgewinnern; andere allerdings zählen zu den Verlierern. Und, ebenso wie bei uns, sind die Vorteile aus der Globalisierung auch innerhalb aufstrebender Entwicklungsländer sehr unterschiedlich verteilt.

Aufholjagd – durchschnittliches Wachstum der Wirtschaftsleistung in Prozent

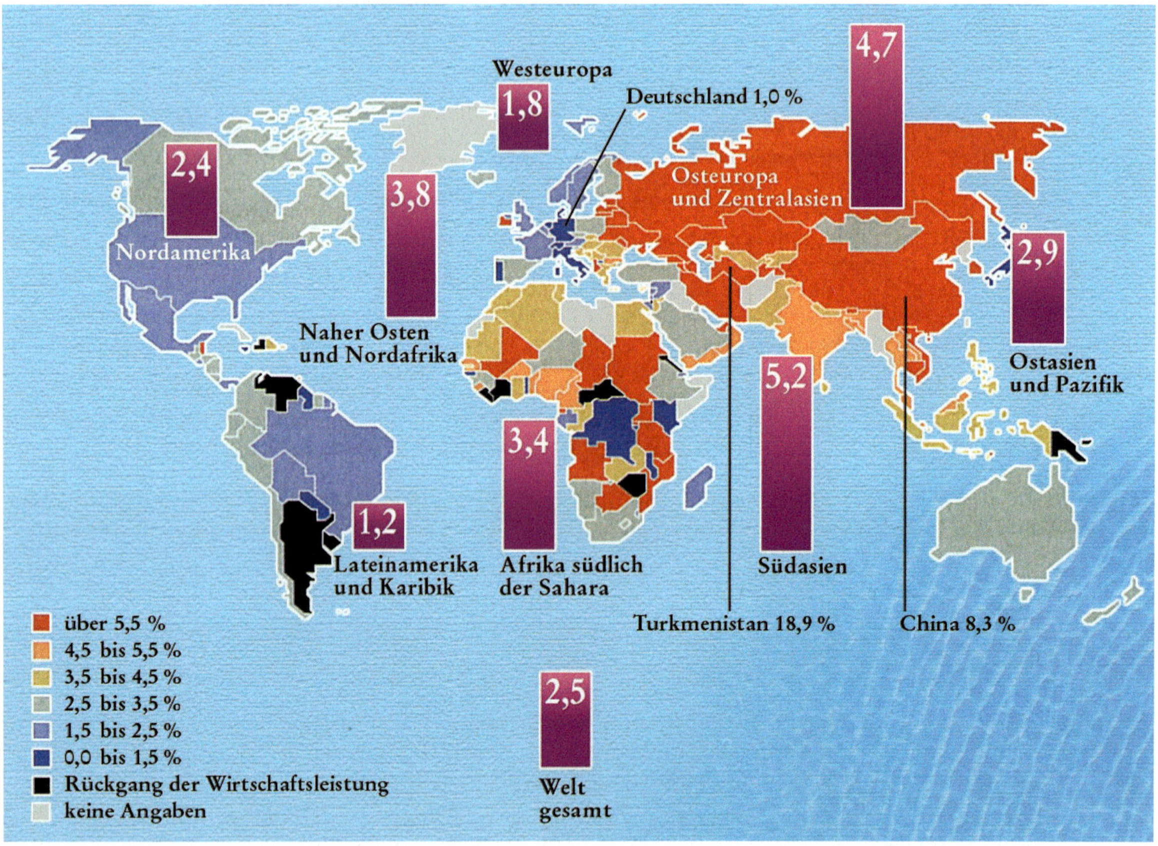

Datenbasis: 2000 bis 2003

Arbeitslosigkeit und Armut sind Zwillinge

Seite 212 ◄

Millionen Menschen haben, so wie Claras Mutter, keine Arbeit. Der Verlust des Arbeitsplatzes bedeutet nicht selten den Beginn eines sozialen Abstiegs.

Das doppelte Gesicht der Globalisierung

Eine Ursache für die wirtschaftlichen Erfolge in vielen Entwicklungsländern sind die billigen Arbeitskräfte. Die arbeitende Bevölkerung – unter ihr auch Kinderarbeiter – erhält oft nur einen Bruchteil der in den Industrieländern üblichen Löhne. Dies ist für viele Unternehmen ein Anreiz, ihre Produktion in solche Länder zu verlagern. Für die arbeitenden Menschen und ihre Familien bedeuten die Entwicklungserfolge ihrer Länder nur teilweise eine Verbesserung ihres Lebensstandards.
Zwar gehen im gleichen Zug auch Arbeitsplätze in den alten Industrieländern verloren. Doch die internationale Arbeitsteilung trägt zu enormen Preissenkungen von immer hochwertigeren Konsumgütern bei – und schafft auch bei uns neue Arbeitsplätze.

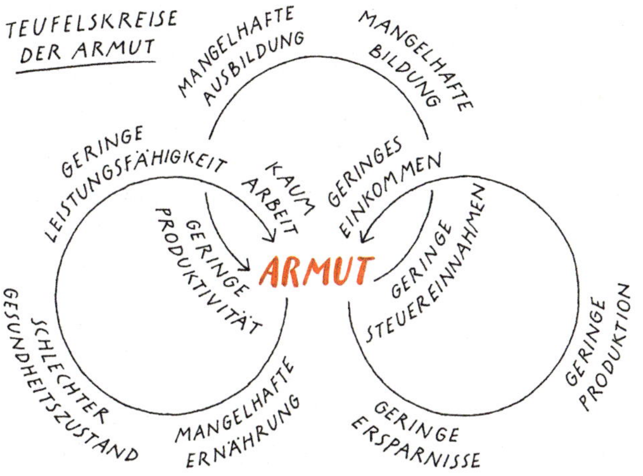

Vom Armutsrisiko sind besonders bedroht: Arbeitslose und junge alleinstehende Arbeitslose, Alleinerziehende, Ehepaare mit drei oder mehreren Kindern, dauerhaft kranke Menschen, Personen mit geringen Fähigkeiten.

Der Armuts- und Reichtumsbericht der Bundesregierung im Internet: http://www.bmas.bund.de (Suchbegriff: »Armuts- und Reichtumsbericht«)

Methode: Durch Armut an den Rand gedrängt? Ein Gruppenspiel

Stimmt es, dass durch Armut Kontakte zu Freunden und Bekannten abbrechen? Sind Arme unerwünscht, weil sie nicht mehr mitmachen können – im Verein, bei Freizeitaktivitäten?

- Bildet einen Kreis – einer oder eine stellt sich in die Mitte: Er oder sie zieht Wollfäden zu den anderen – jeder Wollfaden steht für einen sozialen Kontakt (zu Mitschülern, Wohnungsnachbarn, Freunden) oder für eine Tätigkeit (Arbeiten, Einkaufen, Kinobesuch, Essen gehen, Urlaubsreise), die ihr nacheinander laut nennt.
- Wenn alle Fäden gespannt sind, passiert etwas: Durch plötzliche Arbeitslosigkeit verändert sich das Leben des in der Mitte Stehenden – nichts ist mehr so, wie es einmal war. Einige Fäden werden nun von den Außenstehenden durchgeschnitten, die weggehen, ohne zu sprechen. Was bleibt zum Schluss noch übrig? Welche soziale Beziehung besteht noch?
- Überlegt, wie neue soziale Kontakte hergestellt werden können – und knüpft dann neue Fäden!
- Spielt das Spiel mit wechselnden Rollen – wer nicht mitspielt, ist Beobachter/in. Eure Gefühle und Gedanken bieten Anlass für ein Kreisgespräch: Diskutiert, inwieweit das Spiel mit der Wirklichkeit in eurer Umgebung zu tun hat.

1 Erläutert Chancen und Risiken der Globalisierung.

2 Ist »Armut« bei uns eher eine Frage des persönlichen Gefühls oder ein echter Tatbestand? Begründet eure Meinung.

Die Ärmsten der Armen

In Ländern wie Äthiopien, Kenia, der Demokratischen Republik Kongo und im Nepal haben Hungersnöte in den vergangenen Jahren zugenommen – teilweise aufgrund andauernder Dürren (Äthiopien und Kenia) oder aufgrund von Bürgerkriegen (Kenia, Nepal). Viele Menschen leiden dort unter extremem Hunger; das bedeutet, sie haben höchstens einmal am Tag etwas zu essen; an vielen Tagen gehen sie auch mit völlig leerem Magen schlafen.

Indien	221 Millionen
Subsahara/Afrika	204 Millionen
Asien/Pazifik	156 Millionen
China	142 Millionen
Lateinamerika/Karibik	53 Millionen
Naher Osten/Nordafika	39 Millionen
Osteuropa	28 Millionen
Industrieländer	9 Millionen
Gesamt	852 Millionen

Daten nach dem »Hungerreport« von »Brot für die Welt« (2005).
Von den etwa 852 Millionen notleidenden Menschen leben 815 Millionen in Entwicklungsländern. Derzeit stirbt durchschnittlich irgendwo auf der Welt alle 3,6 Sekunden ein Mensch an Hunger. Alle 191 UN-Mitglieder haben sich verpflichtet, bis 2015 die extreme Armut abzubauen: www.un.org/millenniumgoals (englisch).

»Gerade weil der Hunger auf ganzen Kontinenten fortwährt, obwohl er technisch abgeschafft werden könnte, vermag keiner so recht am Wohlstand sich zu freuen.«
THEODOR W. ADORNO (1903–1969), Philosoph und Soziologe

Formel für das, je nach Alter, ideale Gewicht:
BMI = Körpergewicht (in kg) geteilt durch Größe (in m^2)

Weitere Infos zur Hungergrenze:
www.welthungerhilfe.de

Fachübergreifend (Biologie, Mathematik): Was ist Hunger?
Jeder Mensch braucht ein Mindestmaß an Nahrungsmitteln, um gesund, fit und leistungsfähig zu sein. Nach groben Berechnungen leidet ein Mensch unter Hunger, wenn er pro Tag weniger als 1800 Kilokalorien aufnimmt:

- Wie wird Hunger definiert? Informiert euch im Biologieunterricht genauer über diesen Fragenbereich – z.B. über die »ideale« Körpermassenzahl (»Body-Mass-Index« BMI)
- Finde heraus: Wie viel Nahrungsenergie nimmst du täglich zu dir?
- Wo liegt nach dem Flüchtlingshilfswerk der Vereinten Nationen die Hungergrenze? Dokumentiert eure Ergebnisse.

Die Ursachen für Armut und Hunger sind vielfältig: Kriege und Bürgerkriege, Raubbau an der Natur, ungerechte Wirtschaftsbeziehungen, widrige Umwelteinflüsse (z.B. Klimaschädigung, Wassermangel, Versteppung) – sie alle gefährden die Lebensgrundlage vor allem vieler Afrikaner.

1 Welche Probleme von Luxus und Armut, Leben und Sterben greift Bernd Löbach-Hinweiser in seiner Installation auf? Erzähle und begründe, wie die Arbeit auf dich wirkt.

2 In welchem Zwiespalt sieht Theodor Adorno die Weltgemeinschaft?

3 Informiere dich im Internet über Ursachen von Armut und Hunger.

4 Diskutiert die Frage: Welche Möglichkeiten gibt es, dem Hunger in einigen Weltregionen zu begegnen? Inwiefern ist die »Weltgemeinschaft« hier gefordert – was kann sie tun?

→← Zwischen Ländern und Staaten sowie innerhalb von Gesellschaften gibt es Gewinner und Verlierer der Globalisierung. Bis heute kommen Wohlstand und technischer Fortschritt nur einer großen Minderheit zugute. Sie lebt vornehmlich in den hochentwickelten Industrieländern (vor allem in Nordamerika, West- und Mitteleuropa und Australien). Länder wie z.B. China, Indien und die ostasiatischen »Tiger« stehen allerdings an der Schwelle zum Wohlstand – sie nehmen am globalen Markt teil und gewinnen wirtschaftlich zunehmend an Bedeutung. An den meisten afrikanischen Ländern (insbesondere südlich der Sahara) geht die Globalisierung noch immer weitgehend vorbei. Dort muss die Bekämpfung von Armut und Hunger vordringliches Ziel sein.

Die Welt: ein globales Dorf?

Stellen wir uns einen Augenblick lang vor, die Welt sei […] ein »Dorf«. Nehmen wir an, dieses Dorf hätte 1000 Einwohner und alle Eigenschaften der heutigen Menschheit seien darin in genau demselben Verhältnis vertreten wie in der wirklichen Welt. Wie sähe dieses Dorf aus? […]

Rund 150 Einwohner leben in einer wohlhabenden Wohngegend des Dorfes und etwa 780 in ärmeren Vierteln. […] Das Durchschnittseinkommen pro Kopf beträgt 6000 Dollar jährlich, und es gibt mehr Familien mit mittlerer Einkommenshöhe als dies in der Vergangenheit der Fall war. Aber nur 200 Personen verfügen über 86 Prozent des gesamten Reichtums, während fast die Hälfte der Dorfbewohner sich mit weniger als zwei Dollar pro Tag mühsam am Leben erhalten muss. […]

Die Zahl der Erwachsenen, die lesen und schreiben können, ist zwar gestiegen, aber noch immer sind etwa 220 Dorfbewohner, zwei Drittel davon Frauen, Analphabeten. Von den 390 Einwohnern unter 20 Jahren leben drei Viertel in den ärmeren Gegenden, und viele von ihnen suchen verzweifelt nach Arbeit, die es aber nicht gibt. Weniger als 60 Personen besitzen einen Computer, und nur 24 haben Zugang zum Internet. Mehr als die Hälfte hat noch nie einen Telefonanruf getätigt oder erhalten.

Q Kofi Annan: Bericht des Generalsekretärs der Vereinten Nationen (2000)

Tipp ◂
Informationen zur Entwicklung der Weltbevölkerung: www.unfpa.org/index.htm (englisch)

Wie würde ein Dorf aussehen, in dem alle Bewohner/innen menschenwürdig leben können?

Gut leben – oder verzichten?

»Gut leben« in unserem Dorf heißt nicht, auf Konsum zu verzichten, sondern kritisch zu fragen: Wie viel Konsum tut uns und anderen gut? Dabei kommt es darauf an, zu entscheiden: Was brauchen wir an Lebensnotwendigem? Auch die Lebensinteressen zukünftiger Generationen müssen berücksichtigt werden. In diesem Zusammenhang fordert der amerikanische Ökonom Dennis L. Meadows eine »nachhaltige Entwicklung*« – damit alle Menschen würdig leben können.

Gerecht zusammenleben: Positionen und Motive

Zuteilende und ausgleichende Gerechtigkeit

Bei der Verteilung von materiellen Gütern oder Ämtern unter den Bürgern gilt eine Zuteilung nach dem Verhältnis der Leistung der Bürger zueinander. Doch für den rechtlichen Verkehr der Menschen untereinander zählt die ausgleichende Gerechtigkeit – hier gilt nicht die unterschiedliche Beschaffenheit und Leistung der Personen untereinander, sondern sie werden egalitär behandelt, d. h. als gleiche Partner.

Q Nach ARISTOTELES, griechischer Philosoph (384–322 v. Chr.)

Die Erde ist für alle da

Es ist nicht dein Gut, mit dem du dich gegen den Armen großzügig erweist. Du gibst ihm nur zurück, was ihm gehört. Denn du hast dir nur herausgenommen, was zu gemeinsamer Nutzung gegeben ist. Die Erde ist für alle da, nicht nur für die Reichen.

Q AMBROSIUS, italienischer Kirchenlehrer (340–397)

»Theorie der Gerechtigkeit«*

Soziale und wirtschaftliche Ungleichheiten, etwa verschiedener Reichtum, sind nur dann gerecht, wenn sich aus ihnen Vorteile für jedermann ergeben. Es ist nichts Ungerechtes an den größeren Vorteilen weniger, falls es dadurch auch den nicht so Begünstigten besser geht.

Q JOHN RAWLS, amerikanischer Moral-und Sozialphilosoph (1921–2002)

1 Plant den Bau eines globalen »Dorfes«, in dem es – ander als in dem Gedankenexperiment KOFI ANNANS – gerechter zugeht.

2 Zeichnet für euer Projekt einen Plan mit Skizzen von Gebäuden, Anlagen und Straßen. Berücksichtigt Bereiche für Wohnen, Arbeiten, Einkaufen, Lernen, Freizeit, kulturelles und religiöses Leben, Kontakte zu anderen.

Seiten 62–67 ◂ (Kapitel 3: Werte und Normen)

3 Verständigt euch auf ein Prinzip, nach dem ihr die Güter verteilt. Bezieht die Gerechtigkeitsvorstellungen von Aristoteles, Ambrosius und JOHN RAWLS ein. Erklärt und prüft, was sie jeweils bewirken können.

4 Entwickelt konkrete Maßnahmen, um das Miteinander in der »Dorfgemeinschaft« auch dann frei und gerecht zu gestalten, wenn sich die Bewohner/-innen Einschränkungen unterwerfen müssen.

Verteilungsgerechtigkeit im weltweiten Maßstab: Wie können Produktion, Handel und Kommunikation* organisiert werden, damit für alle Dorfbewohner/innen eine gerechte Teilhabe möglich wird? Das eigene gute Leben (möglichst glücklich und sinnvoll) ist mit dem guten Leben der anderen (solidarisch, fair und gerecht) in Übereinstimmung zu bringen. So stehen Staaten ebenso wie private Einrichtungen in Nord und Süd vor der Aufgabe, immer neu auszuhandeln, wie Gerechtigkeit Eigen- und Mitverantwortung zum gegenseitigen Nutzen aller gefördert werden können.

Seite 81 ◂ Methode: Gedankenexperiment

Lokal handeln – global denken

Mein globaler Kleiderschrank: Beispiel Jeans

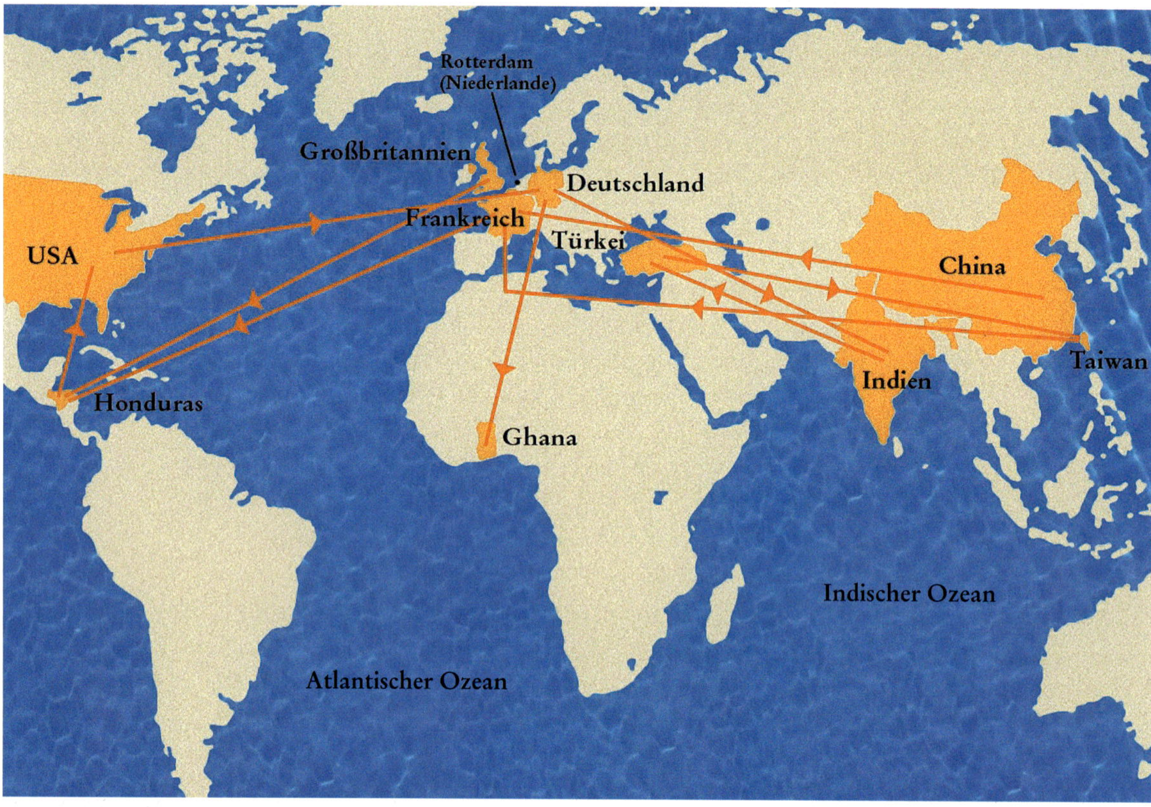

Die langen Wege einer Jeans

Unsere Kleidung legt einen weiten Weg zurück, bevor wir sie im Laden finden und kaufen können. Wenn in Deutschland diese Jeans über den Ladentisch geht, hat sie oder ihre einzelnen Bestandteile bereits 19.000 Kilometer hinter sich. In Indien wird mit Hilfe deutscher Düngemittel und Unkrautvernichtungsmittel Baumwolle angebaut. In der Türkei wird die Baumwolle dann zu preiswertem Garn gesponnen und in Taiwan zu einem Stoff gewebt. In Frankreich wird dieser Stoff mit chinesischen Farbstoffen gefärbt, um dann in Honduras, unter Verwendung von britischen Kurzwaren, zu einer Jeans genäht zu werden. Das Ganze erfolgt im Auftrag einer US-amerikanischen Firma, die die Jeans für den deutschen Markt produziert. Die abgetragene Jeans landet in Deutschland im Altkleidercontainer und wandert von dort nach Rotterdam, von wo aus sie eine niederländische Firma mit Schiff und LKW nach Afrika bringt. Auf dem Altkleidermarkt in Ghana wird sie noch einmal verkauft und weiter getragen.

Fairer Handel – aber wie?

In den Niederlanden und anderswo hat die »Clean Clothes Campaign« (Kampagne für saubere Kleidung) einen Forderungskatalog für fairen Handel erstellt: Dazu zählt das Verbot von Zwangsarbeit, die Bekämpfung der Kinderarbeit und die Freiheit der Arbeitnehmer/innen, sich in Gewerkschaften zusammenzutun. Auch bei uns werden Geschäfte aufgefordert, sich diesen Vorgaben anzuschließen. Unterzeichnende Geschäftsinhaber/innen verpflichten sich, nur solche Kleidungsstücke zu verkaufen, die nach den Fairness-Forderungen dieser Kampagne angefertigt worden sind.

Kampagne für saubere Kleidung

Unter www.saubere-kleidung.de findest du Informationen zu den Arbeitsbedingungen von Arbeiterinnen und Arbeitern in der Textilindustrie: Wähle ein Beispiel aus und berichte.

TRANSFAIR

TRANSFAIR FAIRTRADE

Das neue und das alte Logo. Weitere Informationen zum Verein »Transfair« unter www.transfair.org

Fachübergreifend (Politik, Arbeitslehre): Wie viel Welt (ver)brauchen wir?

Wer ins Internet schaut, findet zahlreiche Vereine, die versuchen, Produktion und Welthandel gerechter zu gestalten:

- Auf welches Handlungsprinzip berufen sich ihre Kampagnen jeweils?
- Sucht Beispiele für gelungene Projekte und stellt diese euren Mitschülern vor. Was ist besonders positiv am geschilderten Projekt, wo seht ihr aber auch Probleme?
- Aktionsvorschlag: Organisiert einen »Fair«-Stand auf dem Schulfest und verbindet eure Infos mit einer Befragung: Kennt ihr fair gehandelte Produkte? Kauft ihr entsprechende Produkte? (Wenn ja, warum? Wenn nein, warum nicht?) Welche Rolle spielen Gebrauchswert, soziales Prestige* und gerechte Produktionsbedingungen für eure Kaufentscheidung?

1 Untersuche deine Jeans: Wo wurde die Hose hergestellt? Wer ist der Produzent? Welche Handelsketten vertreiben deine Jeans? Welche Materialzusammensetzung hat die Hose?

2 Trage den Reiseverlauf der Jeans in die Skizze einer unbeschrifteten Weltkarte ein. Erstelle zu allen Markierungen in der Karte eine kurze Erläuterung (Legende).

3 Stellt die vielerorts in der Textilindustrie herrschenden Arbeitsbedingungen in einer Übersicht zusammen: Diskutiert die daraus resultierenden Probleme und bewertet diese.

4 Informiert euch: Warum sind fair gehandelte Waren teurer als »normale«?

5 Überlegt und argumentiert: Sollten nur die Politiker handeln – oder kann auch jeder Einzelne etwas tun?

Lokal handeln – global denken

Beispiele der Hilfe zur Selbsthilfe

Im September 2005 zogen die Vereinten Nationen Zwischenbilanz bei der Bekämpfung von Armut und Hunger. In einigen Regionen der Welt gibt es Fortschritte, doch in 70 Ländern, die meisten davon in Afrika und Südasien, konnten keine oder nur geringe Erfolge verbucht werden. Die Zahl der an Unterernährung leidenden Menschen stieg in vielen afrikanischen Ländern ebenso an wie im Nahen Osten. Bis 2015 soll vieles besser sein.

Deutsche und tunesische Fachleute bauen gemeinsam eine Anlage zur Trinkwasserversorgung.

Katholisches Waisenhaus in Luanda, Angola – eines von vielen Beispielen kirchlicher Entwicklungshilfe

»Entwicklungspolitik ist die Friedenspolitik des 21. Jahrhunderts.«
WILLY BRANDT, Friedensnobelpreisträger und ehemaliger deutscher Bundeskanzler (1913–1992)

Wasserversorgungsprojekt in Ruanda – finanziert vom Hunsrück-Kreis in Rheinland-Pfalz, dem Partnerland von Ruanda

Von Schülern für Schüler

www.twende.org
www.venrob.org

Mit Unterstützung des Landes Brandenburg haben in den letzten Jahren mehr als 150 deutsche Jugendliche auf der zu Tansania gehörenden Insel Sansibar gelebt und gearbeitet – zusammen mit ihren einheimischen Gastgebern. Durch diese Zusammenarbeit entstanden in sieben Dörfern 67 Klassenräume, Räume für Schulbibliotheken, zwei Kindergärten, drei Mehrzweckgebäude für Frauenkooperativen, ein Fischerboot, drei Theaterstücke sowie – viele Freundschaften, Briefwechsel und Schulkontakte.

Frieden und Entwicklung im globalen »Dorf«?

Meistens gehen Konflikte glimpflich ab – 90 Prozent aller Auseinandersetzungen zwischen Staaten und Interessengruppen verlaufen friedlich; doch zehn Prozent ufern in Gewalt aus. Besonders betroffen sind Teile Afrikas, einige Regionen in Süd- und Mittelamerika sowie in Asien.
Allein 2003 gab es weltweit 218 politische Konflikte, davon 14 Kriege und 21 ernste Krisen*.

»Wir müssen begreifen ...«

[...] dass Wohlstand und politische Stabilität bei uns wesentlich auch davon abhängen, was im Rest der Welt geschieht [...]. Erstens: Jedes Land muss die Rückwirkungen seiner Politik auf die Nachbarn und vor allem auf die Armen dieser Welt berücksichtigen. Zweitens: Die Eigenverantwortung der armen Länder muss gestärkt und nicht geschwächt werden. [...] Viertens: Die Bekämpfung der weltweiten Armut muss in der Zielhierarchie der Industrieländer ganz nach oben rücken. [...] Sechstens: Eine globale Welt braucht ein globales Ethos, also weltweit akzeptierte Grundnormen ethischen Verhaltens.

Q HORST KÖHLER, Bundespräsident (2004)

Deutsche Soldaten wirken mit, den zerbrechlichen »Frieden« in Afghanistan zu sichern.

1 Forscht nach: Werden in eurer Schule, in der Stadt oder in der Region Projekte der Entwicklungszusammenarbeit unterstützt? Erkundigt euch bei der Schulleitung, bei Vereinen, Kirchen oder Eine-Welt-Gruppen.

2 Unterstützt ein Projekt durch eine Informationskampagne oder eine Spendensammlung.

3 Was verstehst du unter »Frieden im globalen Dorf«? Schreibe fünf wichtige Merkmale auf ein Blatt: Sammelt die Antworten und erörtert die Ergebnisse.

4 Diskutiert, ob die Umsetzung der Forderungen von HORST KÖHLER in naher Zukunft realistisch ist: Welche Voraussetzungen müssten erfüllt sein?

5 Dokumentiert eure Ergebnisse für die Visionengalerie von Seite 225.

Entwicklungspolitik bedeutet nicht, Almosen zu verteilen. Vielmehr geht es darum, in der Zusammenarbeit mit staatlichen und privaten Partnerorganisationen aus den Entwicklungsländern vor Ort »Hilfe zur Selbsthilfe« zu leisten. Der Einsatz für Frieden und Entwicklung bleibt auch in Zukunft für alle Beteiligten eine große Herausforderung.
Entwicklungszusammenarbeit ist nicht nur eine Frage von Gerechtigkeit und Solidarität* – sie berührt auch die Sicherheit der hochentwickelten Länder: Kein Teil der Welt kann sich sicher fühlen, wenn die Menschen nicht überall menschenwürdig und sicher leben können.

Eine andere Welt ist möglich!?

Auf dieser Seite findest du Begriffe, die in diesem Kapitel eine wichtige Rolle spielen. Wenn du sie verstehen und mit ihnen umgehen kannst, darfst du sicher sein, mit den Inhalten der vorhergehenden Seiten vertraut zu sein:

ARBEIT ARMUT EINZELNER
ENTWICKLUNG
FREIHEIT REICHTUM
GLOBALISIERUNG
GERECHTIGKEIT
HUNGER KRIEG POLITIK
GRUNDBEDÜRFNISSE
LEBENSSTANDARD FRIEDEN
SELBSTVERANTWORTUNG
SELBSTVERPFLICHTUNG
UNTERNEHMEN

Globalisierung: Chance oder Risiko?

- Erkläre, was die genannten Begriffe mit dem Thema »Globalisierung – Armut und Reichtum« zu tun haben.
- Stelle die Begriffe in einer Mindmap dar – in ihren Beziehungen zueinander. Du kannst auch weitere Ausdrücke ergänzen.
- Besprecht eure Lösungen in der Gesamtgruppe und klärt, was ihr unter bestimmten Begriffen versteht (z.B. »Gerechtigkeit«).
- Diskutiert abschließend: Ist die Globalisierung eine Chance für die weltweite Entwicklung von Lebensmöglichkeiten oder verschlimmert sie eher die bestehenden Verhältnisse?

Demonstration beim Weltsozialforum in Porto Alegre, Brasilien (2005)

Was siehst du inzwischen anders – im Vergleich zu Seite 211 (Aufgabe 3)?

Projekt:
Visionen* von einer anderen Welt – Visionengalerie

Ihr seid in diesem Kapitel einigen globalen Problemen und schwierigen Aufgaben begegnet: Ist eine andere, bessere Welt möglich? Versucht, eure Zukunftsvorstellungen in Bildern oder Zeichnungen auszudrücken.

- Entscheidet, ob ihr einzeln oder in Gruppen arbeiten wollt.
- »Hilfe, ich kann nicht malen!« Manchmal ist Malen mit Ängsten verbunden. Hier werden keine Striche oder Farbtupfer zensiert; wer sich aber lieber schriftlich ausdrücken will, kann seine Vision in Stichworten formulieren, eine kleine Geschichte schreiben oder auch eine Fotocollage gestalten.
- Heftet die Visionen auf Aufsteller oder an die Wand.
- Wenn es die Zeit erlaubt, könnt ihr eine Ausstellungseröffnung planen, um eure Werke anderen vorzustellen: Mitschüler(inne)n, Eltern sowie Freunden und Freundinnen. Vielleicht bedürfen einige Visionen einer Erklärung – dann könnt ihr euch noch besser über Zukunftshoffnungen oder Ängste klar werden. Tauscht euch darüber aus, auf welchen Voraussetzungen die Visionen beruhen.
- Forscht nach, was getan werden kann, damit eure Visionen eintreffen (oder besser nicht eintreten!). Falls in eurer Galerie düstere Visionen überwiegen, sollten dennoch Handlungsansätze herausgearbeitet werden, die verhindern helfen, dass diese Visionen Wirklichkeit werden.

Zum Schluss die Frage: Was können wir – was kann ich – dazu beitragen, damit Kinder, Jugendliche und Erwachsene überall ein menschenwürdiges Leben führen können?

Medientipps

GABRIELE GÖTTLE: Die Ärmsten! Wahre Geschichten aus dem arbeitslosen Leben, Frankfurt/Main: Eichborn Verlag 2000

CD-ROM »basic needs«. Herausgegeben von »Brot für die Welt« in Zusammenarbeit mit dem Institut für Friedenspädagogik, Stuttgart und Tübingen 2003

Wer sich über weitere Aktionsideen informieren will, findet unter www.sozialer-tag.de oder www.unicef.de/kids einige Tipps.

»Der Baum ist wichtiger als die Architektur. So wie Präsident Senghor [aus Senegal] sagte: Wenn jemand ein Haus baut, so muss der Baum, der daneben steht, höher sein als das Haus. Kein Haus darf höher gebaut werden als der Baum, der daneben steht.«

Q Nach Friedensreich Hundertwasser, Maler, Architekt und Ökologe* (1928–2000)

1 Überlegt, ob eine solche Naturnähe, wie sie der Künstler Hundertwasser beschreibt, wirklich zu einem glücklichen Leben gehört: Wie viel Natur, wie viel Wildnis braucht der Mensch?

2 Vielleicht sind »Baumhäuser« nur Luftschlösser – schöne Fantasiegebäude unserer Natursehnsucht, in denen aber kaum jemand Tag für Tag leben wollte? Wie also leben wir glücklich?

3 Wie steht es um die Natur, die sich Menschen – auch bei einem Baumhaus – zu Diensten machen? Gibt es vielleicht sogar ein Recht des Baumes, im Wald wachsen zu dürfen? Immerhin soll es in einigen Gegenden noch im 19. Jahrhundert üblich gewesen sein, sich vor dem Fällen eines Baumes bei dem Baum zu »entschuldigen«.

4 Diskutiert: Was versteht ihr unter einem Leben im Einklang mit der Natur? – Lebt ihr so?

Zehntes Kapitel

Nach uns die Sintflut?

Gefährliche und gefährdete Natur

Käfer-Alarm im Hamburger Hafen

Es ist ein klarer Märztag. Im Hamburger Hafen ist ein Frachter aus China mit einer Ladung Granit eingetroffen. Ein Trupp Hafenarbeiter soll die Ladung bis zum Abend löschen. Pitt, der Vorarbeiter, öffnet die Ladeluke, damit der schwere Entladekran eingesetzt werden kann. Plötzlich fliegt ihm etwas ans Auge. Blitzschnell packt er mit der rechten Hand zu und erwischt den Übeltäter. Er betrachtet ihn sich näher. »Merkwürdig«, denkt er, »solch einen großen und schönen Käfer habe ich hier ja noch nie gesehen. Mit seinen hellen Flecken auf dem schwarz glänzenden Panzer und den langen, bläulich schimmernden Fühlern sieht er richtig klasse aus.« Im Laufe des Tages sieht Pitt noch einige dieser sonderbaren Insekten aus den Holzlatten herauskrabbeln, die die Granitblöcke umgeben.

Zwei Jahre später lesen die Geschwister Milena und Tobias, die beide in einer Jugendgruppe des Naturschutzbundes (NABU) aktiv sind, nebenstehende Kurzmeldung im »Hamburger Tagblatt«.

Rätselhaftes Baumsterben im Neustädter Forst

Eine bisher unbekannte Krankheit hat einen Großteil der Ahorn- und Birkenbäume befallen. Mitten im Sommer verlieren die Bäume die Blätter und die Rinde schält sich vom Stamm. Die Forstwirte stehen vor einem Rätsel.

Als sich zwei Tage später die beiden jungen Naturschützer mit Gleichaltrigen im Neustädter Forst die Baumschäden anschauen, fallen ihnen fingerdicke Löcher in der Rinde vieler Bäume auf. Als sie später auf einer Lichtung Picknick machen, krabbelt Tobias ein seltsamer, großer Käfer am Hosenbein entlang. »Habt ihr den schon mal gesehen?«, fragt er seine Freunde. »Nee, aber guck mal, da sind noch mehr von der Sorte«, antwortet Anna. Thomas holt sein Tierbestimmungsbuch aus dem Rucksack …

90 % des Welthandels laufen über Containerschiffe

Auf großer Fahrt: der asiatische Laubholzbockkäfer

Jugendliche Naturschützer bei einem Arbeitseinsatz

Fachübergreifend (Geografie, Biologie):
Ungebetene »Gäste«

Im Hamburger Hafen werden jährlich mehr als 11.000 Schiffe und fünf Millionen Container gelöscht. In einigen dieser riesigen Stahlkisten befinden sich aber nicht nur Korn, Kakao, Spielzeug oder andere Güter aus außereuropäischen Ländern; gelegentlich »verirren« sich dorthin auch »Waren«, die in Deutschland und anderen europäischen Staaten eigentlich nicht ankommen sollen: Insekten, die bei uns großen Schaden anrichten können. Daher suchen Insekten-Fahnder vor allem in Verpackungshölzern von Schiffsladungen nach ungebetenen Gästen aus Übersee. Einer von ihnen ist der asiatische Laubholzbockkäfer, dessen Larven die heimischen Laubbäume befallen und so schädigen, dass die betroffenen Bäume gefällt und verbrannt werden müssen. Weit weg von seiner ursprünglichen Heimat gibt es keine natürlichen Gegenspieler, die ihn hindern, sogar gesunde Bäume zu besiedeln und abzutöten. Biologen weisen allerdings darauf hin, dass natürliche Lebensräume sich im Laufe der Erdgeschichte immer wieder verändert haben. Tier- und Pflanzenarten kommen und gehen und nur selten löscht ein Parasit* seinen Wirt völlig aus. Ist dies ein Trost?

Was wären wir ohne Lieferungen aus dem fernen Regenwald ?

1 Beschreibe den Zusammenhang, den die Käfer-Geschichte aufzeigt.

2 Vom Rattan-Holz zum Palmöl: Tragt zusammen, welche Rohstoffe die Menschen bei uns zu welchem Zweck aus dem Regenwald beziehen.

3 Nehmt Kontakt zu Naturschutzorganisationen in eurer Umgebung auf und erkundigt euch, wofür sich diese einsetzen und was die jugendlichen Mitglieder tun.

Kapitel 9 ◄ Globalisierung, Seiten 210–225

Schon die Römer veränderten in unserer Region Flora* und Fauna*, indem sie Esskastanien und Äskulapnattern in unser Ökosystem* einschleppten. Seit CHRISTOPH KOLUMBUS in Amerika landete, gibt es zunehmend mehr »Mitfahrgelegenheiten« für Pflanzen und Tiere. Vielfältige und wachsende Bedürfnisse einer Wohlstandsgesellschaft, Tourismus und weltweiter Handel (Globalisierung) haben zur Folge, dass alteingesessene Tiere und Pflanzen von neuen Arten bedrängt und vielleicht sogar verdrängt werden. Natürliche Lebensräume lassen sich aber nicht abschotten – die Natur ist ständig in Bewegung und verändert sich. Der Mensch muss darauf achten, dass sein Handeln nicht die natürlichen Lebensgrundlagen für ihn und die Umwelt zerstört.

Hat Naturschutz Grenzen?

(K)ein Herz für den Laubholzbockkäfer!?

Was fehlt uns, wenn es Naturlandschaften wie diese nicht mehr gibt?

Eine Woche nach der Walderkundung trifft sich die Jugendgruppe des Naturschutzbundes, um über das weitere Vorgehen in Sachen »Käfer und Baumsterben« zu beraten. Alle Beteiligten sind sich einig, dass sie dem Baumsterben auf keinen Fall tatenlos zusehen wollen. Denn sie wissen genau, welche Folgen das Absterben der Bäume für die Tier- und Pflanzenwelt – und für die Menschen hätte. Keiner der jungen Naturschützer glaubt, dass die Natur das Problem der Käfer-Invasion von sich aus lösen und sich die Bäume von selbst wieder erholen können. Doch wie lassen sich die Bäume vor dem Angriff der Käfer schützen, zumal mit jeder Lieferung aus Übersee weitere ungebetene Gäste eingeschleppt werden?

Soll vielleicht der Welthandel eingeschränkt oder sollen gar Lieferungen von Rohstoffen aus dem Regenwald verboten werden? Einige Naturschützer, die sich schon bei einer Unterschriftenaktion gegen die Abholzung der Regenwälder engagiert hatten, sind für solche Einschränkungen.
Ob es noch weitere Handlungsmöglichkeiten gibt? Da meldet sich die 14-jährige Anna zu Wort: »Man sollte die Käfer möglichst schon im Hafen beim Öffnen der Container einfangen und die anderen im Neustädter Forst ausrotten. Der Käfer nimmt doch auch keine Rücksicht auf andere Lebewesen und die Natur!« – Dagegen erhebt sich Protest …

Mitglieder der Naturschutzjugend (NAJU) Wachenheim bei einer Pflanzaktion

Methode: Ein Streitgespräch führen
Zu einem umstrittenen Thema bringt ihr unterschiedliche Standpunkte vor. In der Sache darf hart, in der Form sollte aber fair gestritten werden – nicht die lautstarken, sondern die besseren Argumente sind gefragt.
In der Gesamt- oder in der Kleingruppe erarbeitet ihr zunächst Argumente und Gegenargumente. Danach nehmt ihr Rollenzuweisungen vor (durch Meldung oder Los). Wichtig sind klare Regeln für den Ablauf (aussprechen lassen, aufeinander eingehen, gleiche Redezeit usw.), auf deren Einhaltung ein Gesprächsleiter achtet. Die nicht aktiv Teilnehmenden beobachten den Gesprächsverlauf nach den verabredeten Regeln und geben anschließend ein Feedback.

»Ehrfurcht vor dem Leben« – eine Ethik* der Natur

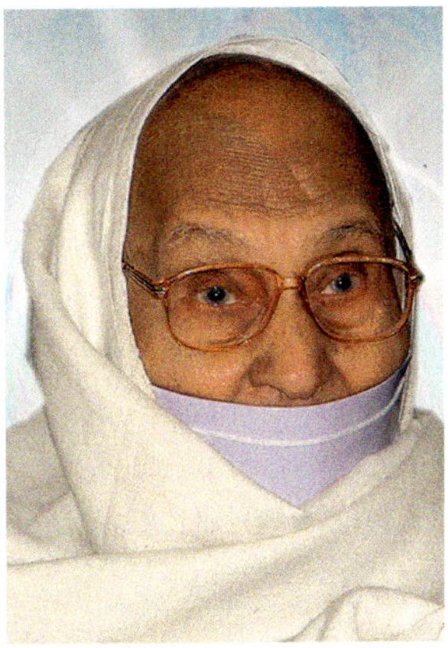

Ein Jaina-Mönch.
Die Anhänger dieser asiatischen Glaubensgemeinschaft wollen kein Lebewesen töten, nicht einmal beim Einatmen. Deswegen tragen sie ein Gesichtstuch.
Ist menschliches Leben denkbar ohne die Verletzung oder Vernichtung anderen Lebens?

Die fundamentale Tatsache des Bewusstseins des Menschen lautet: »Ich bin Leben, das leben will, inmitten von Leben, das leben will.« [...] Als gut gilt ihm: Leben erhalten, Leben fördern, entwickelbares Leben auf seinen höchsten Wert bringen. Als böse: Leben vernichten, Leben schädigen, entwickelbares Leben niederhalten. [...] Ethisch ist er nur, wenn ihm das Leben als solches heilig ist, das der Menschen und das aller Kreatur. [...]

Nun aber sind wir alle dem rätselhaften und grausigen Schicksal unterworfen, in die Lage zu kommen, unser Leben nur auf Kosten andern Lebens erhalten zu können und durch Schädigen, ja auch durch Vernichtung von Leben, fort und fort schuldig zu werden. [...]. Die Natur kennt keine Ehrfurcht vor dem Leben. Sie bringt tausendfältig Leben hervor in der sinnvollsten Weise und zerstört es tausendfältig in der sinnlosesten Weise. [...] Sie leitet Insekten durch Instinkt an, mit ihrem Stachel Insekten anzubohren und ihre Eier in sie hineinzulegen, dass das, was sich aus dem Ei entwickelt, von der Raupe leben und sie damit zu Tode quälen soll. [...]

Die Welt, dem unwissenden Egoismus überantwortet, ist wie ein Tal, das im Finstern liegt; nur oben auf den Höhen liegt Helligkeit. Alle müssen in dem Dunkel leben, nur eines darf hinaus, das Licht schauen: das höchste, der Mensch. Er darf zur Erkenntnis der Ehrfurcht vor dem Leben gelangen, er darf zu der Erkenntnis des Miterlebens und Mitleidens gelangen, aus der Unwissenheit heraustreten, in der die übrige Kreatur schmachtet.

Q Albert Schweitzer, Arzt, Theologe und Philosoph (1875–1965)

Seite 193 ◄ Methode: (Philosophische) Texte verstehen

1 Tragt zusammen, welche Auswirkungen ein Waldsterben für Flora*, Fauna* und Mensch hätte – und welche Rolle der Regenwald für unser Klima spielt.

2 Diskutiert in eurer Klasse das Problem, das die Naturschützer bewegt: Wie sollte in dieser Situation gehandelt werden? Was bedeutet hier »Naturschutz«, welche »Natur« sollte geschützt werden?

3 Erarbeitet die Position Albert Schweitzers: Inwieweit können die Naturschützer daraus Antworten und Anstöße zur Lösung ihres Problems gewinnen?

»Grausiger Egoismus« (Albert Schweitzer) und Konkurrenz der Arten sind in der Natur üblich. Das Bild einer harmonischen, friedvollen und unveränderlichen Natur ist eine romantische Schwärmerei. Der Mensch befindet sich als Teil der Natur zwar in der »Kette der Lebewesen« und muss – schon im eigenen Interesse – darauf achten, dass durch sein Handeln diese Kette nicht reißt; er kann aber mit Vernunft und in Verantwortung auf Naturabläufe Einfluss nehmen und seine Umwelt mitgestalten. Inwieweit wir die Natur als gleichwertigen »Partner« mit Rechten oder gar Würde« ausgestattet ansehen sollen oder müssen, darüber streiten die Menschen – mit Argumenten aus der Ethik* der Religionen und Philosophien.

Mit Tieren umgehen – aber wie?

»Das Tier ist (k)eine Sache – oder?« Meinungen

»Die animalischen Wesen sind der Menschen wegen da, die zahmen zur Dienstleistung und Nahrung, die wilden zur Nahrung und zu sonstiger Hilfe, um Kleidung und Gerätschaften von ihnen zu gewinnen.«
ARISTOTELES, griechischer Philosoph (384–322 v. Chr.)

»Die Tiere sind nur der Menschen wegen erschaffen.«
MARCUS TULLIUS CICERO, römischer Politiker und Philosoph (106–43 v. Chr.)

»Es gibt keinen unpersönlichen Grund, die Interessen von Menschen für wichtiger zu halten als die von Tieren.«
BERTRAND RUSSELL, Mathematiker und Philosoph (1872–1970)

»Es schmerzt mich, dass es nie zu einer Erhebung der Tiere gegen uns kommen wird, der geduldigen Tiere, der Kühe, der Schafe, alles Viehs, das in unsre Hand gegeben ist und ihr nicht entgehen kann.«
ELIAS CANETTI, Schriftsteller (1905–1994)

Tiere vor Gericht

Könnt ihr euch vorstellen, den Laubholzbockkäfer wegen Schädigung menschlicher Lebensgrundlagen anzuklagen? Ein derartiger Gedanke wird euch sicher als völlig absurd oder lächerlich erscheinen.
Im Mittelalter konnte es aber passieren, dass Tiere wegen einer Straftat wie Menschen angeklagt und vor Gericht erscheinen mussten. Ihnen wurden dann Verteidiger zugewiesen, die sie vertraten und Widerspruch gegen Verurteilungen und Bestrafungen einlegen konnten. In Graubünden (Schweiz) sind im Jahr 1659 Würmer einer Ortschaft wegen Kräuter- und Blattfraß angeklagt worden. In einem langwierigen Prozess soll der Anwalt der Würmer schließlich eine Aufenthaltsgenehmigung für die Bodenbewohner ausgehandelt haben. Außer Mäusen und Schlangen, die manchmal Dorfbewohnern zusetzten, standen häufiger Nutztiere wie Schweine, Esel, Schafe und Kühe vor Gericht. Deren Vergehen bestand meistens in einer Verletzung oder – in Ausnahmefällen – auch Tötung von Kleinkindern. Die Einhaltung rechtlicher Regeln sollte den Mitgeschöpfen gerechte Behandlung und Fairness – wie bei »normalen« Gerichtsverfahren – signalisieren und die Tiere von Racheakten an Menschen abhalten.

Gleiches Recht für Tiere?

In der Gegenwart mehren sich die Stimmen, die Tieren oder sogar der Natur insgesamt Rechte wie Menschen einräumen wollen. Würden solche Eigenrechte der Natur anerkannt, wären Lebewesen nicht länger eine »Sache«, mit der man nach Belieben schalten und walten kann. Tiere könnten dann, vertreten durch einen »Anwalt« (zum Beispiel den Vertreter einer Naturschutzorganisation), vor Gericht für die Beachtung ihrer Interessen »klagen«. Neuere Forschungen belegen, dass manche Tiere – zum Beispiel Schimpansen – Mitleid mit Schwachen zeigen, Unterlegenen Trost spenden und zu Hilfsbereitschaft fähig sind. Wenn aber auch Tiere Gefühle entwickeln können und als Lebewesen mit Rechten und Interessen anerkannt werden, dann besitzen sie wie jeder Mensch einen eigenen Wert für sich selbst – unabhängig vom Nutzen, den sie für den Menschen darstellen (etwa als Nahrungsmittel). Dürfen wir unter dieser Voraussetzung Tiere noch für unsere Zwecke gebrauchen?

Tierrechte heute

§ 1 »Zweck dieses Gesetzes ist es, aus der Verantwortung des Menschen für das Tier als Mitgeschöpf dessen Leben und Wohlbefinden zu schützen. Niemand darf einem Tier ohne vernünftigen Grund Schmerzen, Leiden oder Schäden zufügen.«

§ 17 »Mit Freiheitsstrafe bis zu drei Jahren oder mit Geldstrafe wird bestraft, wer
1. ein Wirbeltier ohne vernünftigen Grund tötet oder
2. einem Wirbeltier […] aus Rohheit erhebliche Schmerzen oder Leiden […] zufügt.«

Auszüge aus dem Tierschutzgesetz

Welche Verantwortung haben »wir« für das Tier?

1 Erarbeitet und inszeniert eine Gerichtsverhandlung, in der der Laubholzbockkäfer angeklagt ist – mit Anklageschrift, Verteidigungsrede, unterschiedlichen Interessen, Urteil. Stellt euch in diesem Zusammenhang die Frage, ob Tiere auch Moral haben: Kann ein Tier »böse« sein?

2 Darf man Käfer sammeln und Fliegen klatschen – oder macht man sich strafbar, wenn man dies tut? Hat ein Käfer denselben »Eigenwert« wie zum Beispiel ein Schimpanse?

Schaut zur rechtlichen Klärung in das Tierschutzgesetz.

3 Stell dir vor, die abgebildete Katze sei dein Haustier. Hat dieses Tier einen berechtigten Anspruch an dich wie zum Beispiel ein Kleinkind an seine Eltern? Inwieweit bist du für das Tier verantwortlich und warum?

Die *anthropozentrische* (auf den Menschen bezogene) Ethik* betont die Sonderstellung des Menschen und geht davon aus, dass allein der Mensch vernünftig und moralisch denken und handeln könne. Demzufolge ist die Art und Weise des Umgangs mit der Natur allein an menschlichen Interessen ausgerichtet. Die Natur ist dazu da, dem Wohlergehen des Menschen zu dienen; Tiere werden in dieser Ethik nur insoweit einbezogen, als dies für den Menschen nützlich ist. In der *biozentrischen* (auf das Leben bezogenen) Ethik kann die Natur für sich ein eigenes Recht und eigene Interessen beanspruchen. Eine – häufig von Tierschützern vertretene – Spielart dieser Position grenzt den Bereich des absolut Schützenswerten auf die Tiere ein (»Zoozentrismus«). Eine weitergehende Variante fordert vom Menschen die Gewährleistung eines Daseinsrechts der gesamten Natur einschließlich der Pflanzen oder gar der unbelebten Teile.

Der Mensch als Maulwurf

Bergbau im Mittelalter, nach einer Darstellung von GEORG AGRICOLA (1556)

»Maulwurf« Mensch: berechtigter Vorstoß in die »Eingeweide« von »Mutter Erde«?

Die Natur: in der griechischen Vorstellung eine liebende Mutter, die der Mensch achten und schützen soll – hier auf einem römischen Relief, 9 v. Chr.

Technik gegen »Mutter Erde«

Fernseher, CD-Player, Computer und Handys gehören für uns wie selbstverständlich zum Alltag. Kaum jemand würde diese Geräte als Schädigung der Natur empfinden. Bei Automobilen kommen schon eher Fragen des Naturschutzes auf. Denn um sich immer schneller fortbewegen zu können, greift der Mensch teilweise sehr gewaltig in die natürliche Umwelt ein: Zum Beispiel durchdringen riesige Maschinen mit alles zermalmenden Bohrköpfen Gebirgsmassive, um natürliche Grenzen durch Straßen- und Gleistunnel rascher überwinden zu können. Wie ein Maulwurf bohrt der Mensch riesige Löcher in die Erde, verändert Landschaften und zerstört dabei eine gewachsene Flora* und Fauna*.
Ist diese gewaltsame Erderoberung und Landschaftsverletzung ein unvermeidbarer Preis für unseren Fortschritt? Oder hat auch die unbelebte Natur, also Landschaften und Berge, ein Recht auf Erhaltung ihrer Existenz?
Die Frage, ob es dem Menschen erlaubt sei, tiefer als beim Ackerbau notwendig in die Erde einzudringen, wurde schon in der Antike und im Mittelalter als ethisches Problem diskutiert. Gegner massiver »Erdverletzungen«, wie sie beim Bergbau auftreten, sagten: »Der Abbau von Metallen befördert unter den Menschen nur Habsucht und Krieg. Wie eine Mutter spendet die Natur ihren Kindern all das, was sie brauchen und bringt ihnen das Lebensnotwendige ans Tageslicht – Korn, Früchte und Kräuter. Diese Fürsorge verpflichtet den Menschen, ›Mutter Erde‹ zu achten und ihren Körper nicht durch tiefe Grabungen oder Bohrungen zu verletzen. Wenn die Erde bebt, empört sich Mutter Erde über Verletzungen, die ihr durch Menschen zugefügt werden.«
Der Dichter Paul Schneevogel griff im Mittelalter die antiken Bedenken gegen gewaltige Erdeingriffe auf, indem er sich ein Gerichtsverfahren ausdachte: »Mutter Erde«, gehüllt in ein zerfetztes grünes Kleid, klagt einen Bergmann wegen »Muttermordes« an. Der Bergmann führte zu

seiner Verteidigung an: »Die Erde ist eine böse Stiefmutter; sie versteckt ihren bedürftigen Kindern die Metalle, anstatt sie ihnen freiwillig und offen zur Verfügung zu stellen.« Im Urteilsspruch heißt es, der Mensch bekomme seine Quittung, wenn er die Natur durch seine Eingriffe schädige und verschmutze. – Seit dem ausgehenden Mittelalter werden Ausbeutung und »Beherrschung« der Natur weltweit immer weiter vorangetrieben.

Natur und Technik – eine spannungsreiche Beziehung

»Schmeicheln wir uns nicht zu sehr mit unsern menschlichen Siegen über die Natur. Für jeden solchen Sieg rächt sie sich an uns. [...] Wir beherrschen keineswegs die Natur, wie ein Eroberer ein fremdes Volk beherrscht, wie jemand, der außer der Natur steht.«
FRIEDRICH ENGELS, Unternehmer und Philosoph (1820–1895)

»Technik bedeutet: sich der tierischen Unterworfenheit unter die Naturgegebenheit zu entziehen, davon Befreiung zu gewinnen, Freiheit von der Untertänigkeit, Freiheit zum eigenen Entwurf, zur Gestaltung der Zukunft. [...] Der Mensch ist nicht schlicht hinnehmend, er ist von Natur aus als forschender Mensch angelegt, seinem Wesen nach auch gestaltendes Geschöpf und bearbeitender Mensch.«
FRIEDRICH DESSAUER, Physiker (1881–1963)

Natur wird Technik

Von der Natur lernen hilft, praktische Probleme zu lösen. Schon deswegen lohnt es sich, die Vielfalt der Natur zu erhalten – ihre »Weisheit« ist für den technischen Fortschritt unverzichtbar. Kann man unter dieser Voraussetzung überhaupt von einem Siegeszug der Technik gegen die Natur sprechen?

1 Wie entscheidet ihr den Rechtsstreit zwischen »Mutter Erde« und »Maulwurf Mensch«? Tragt Argumente (Rechte der Natur und Rechte des Menschen) zusammen und diskutiert, unter welchen Bedingungen Eingriffe in Landschaften zulässig sind.

2 Diskutiert an Beispielen (wie der Erfindung des Autos) die Auswirkungen der Technik auf den Menschen und die Natur.

Der Mensch betrachtet die Natur als ein großes Rohstofflager, aus dem er sich immer bedenkenloser und grenzenloser bedient. Mit großem technischen Aufwand wird heutzutage auch im Meeresboden Erdöl gefördert und in allen Regionen der Erde nach Bodenschätzen geforscht – demnächst vielleicht auch in der Antarktis; Landschaften werden autotauglich umgestaltet.
Die Frage ist, ob die so genannte »unbelebte« Natur ausschließlich dem Nutzen und Wohlergehen des Menschen zu dienen hat oder ob sie das Recht auf ein gewisses Maß an Unversehrtheit beanspruchen kann. Immerhin ist die »unberührte« Natur auch ein Traum (und Reisewunsch) vieler Menschen: vielleicht ein Hoffnungsschimmer für »Mutter Erde«?

Welche Natur wollen wir?

Der Mensch ist Mitglied eines Erdhaushalts – einer Gemeinschaft, in der Wasser, Luft, Erde, Mikroorganismen, Pflanzen, Tiere und Menschen in ein Geflecht von Beziehungen und Abhängigkeiten eingebunden sind. Zunehmend erkennt der Mensch, dass er in diesem Haushalt nicht der einzige Bewohner ist und somit auch Rechte und Interessen von Mitbewohnern bedenken und berücksichtigen muss. Dass es hierbei zu Konflikten kommt, ist »natürlich«. Wie aber wird dieser Interessenkonflikt gelöst?
Zwar glauben hierzulande viele Menschen, dass die »Grenzen des Wachstums« erreicht seien und wir mit den natürlichen Ressourcen* – auch im Hinblick auf die nachfolgenden Generationen – sparsamer umgehen sollten. Aber weil diese »Grenze« keine Mauer ist, an die man hart anstößt, ist es schwer zu sagen, ab wann die Belastungsgrenze der Natur überschritten wird. Daher ist eine ökologische* Ethik* notwendig, die Prinzipien für einen haushälterischen Umgang mit der Natur enthält.

Welche Aussage steckt wohl in diesem Cartoon?

Mensch und Natur

1. Überlegt, inwiefern Mensch und Natur aufeinander angewiesen sind. Berücksichtigt dabei folgende Fragen:
   • Was benötigen wir von der Natur? Nennt »Bedürfnisse« und »Interessen« der Natur?
   • Welche Rolle spielt die Natur für euch im Alltag – als Jahreskreislauf, Nahrungsspender, Freizeitraum?
2. Beurteilt das Verhältnis von Mensch und Natur im globalen »Erdhaushalt«: Was ist an unserem Umgang mit der Natur gut, was ist schlecht? Falls der Naturhaushalt gestört ist: Was sind die Risiken und was kann der Mensch gegen diese unternehmen?
3. Findet Gründe dafür und dagegen, ob der Mensch berechtigt ist, in die Natur und ihre Lebensräume einzugreifen: Diskutiert die Stärken und Schwächen der jeweiligen Positionen.
4. Erinnert euch an die umweltethischen Positionen, die ihr kennen gelernt habt und bezieht dann Stellung: Sind alltägliche Tätigkeiten wie Rasen mähen, Blumen pflücken und Waldspaziergänge ethisch vertretbar?
5. Verfasst für eure Mitschüler einen kleinen Ratgeber für den Umgang mit Haustieren.
6. Entwickelt abschließend Leitsätze für den richtigen Umgang mit Natur.

Nach uns die Sintflut?

Vermissen wir Dinosaurier und Dodos (flugunfähige Vögel), die schon lange ausgestorben sind?

In Deutschland gibt es rund 800 Spinnenarten. Was fehlte, wenn davon einige »Ekeltiere« verschwänden? Würde es nicht genügen, ein paar dieser Exemplare in Museen oder Zoos für die Nachwelt aufzubewahren?

Wir tragen nicht nur für unsere Mitmenschen Verantwortung, sondern auch für den Schutz der Natur – diese Aufgabe sollte nicht nur Umweltverbänden überlassen bleiben: Wollt ihr in eurer Umgebung für die Natur aktiv werden? Ein erster Schritt könnte die Durchführung eines Projekts sein – um eure Schulgemeinschaft oder die weitere Umgebung über Gefährdungen der Umwelt und die Bedeutung der Artenvielfalt aufzuklären.

Projekt: Natürliche Vielfalt bewahren – das Artensterben stoppen

In einer biblischen Fluterzählung heißt es, dass Noah von allen Tieren jeweils ein Männchen und ein Weibchen in die Arche aufgenommen hat. Das Leben sollte nach der großen Flut (Sintflut) in seiner ganzen natürlichen Vielfalt weitergehen – und der Mensch auf der Erde nicht allein sein. Was ist eigentlich aus dem Erbe Noahs geworden? Wie gehen wir mit der natürlichen Vielfalt von Pflanzen und Tieren um? Welche Arten verschwinden lautlos aus unseren Landschaften – und damit auf Nimmerwiedersehen von unserem Planeten?

- Recherchiert, welche Pflanzen und Tiere bei uns und in den Regenwaldgebieten gefährdet oder inzwischen ausgestorben sind: Befragt dazu Naturschutzverbände, die in eurer Region aktiv sind.
- Untersucht und notiert Ursachen der Gefährdung von Tier- und Pflanzenarten: Bedenkt, dass ihr immer die Natur als Ganzes im Blick haben müsst. Störche zum Beispiel kommen in Deutschland nicht deswegen so selten vor, weil sie gejagt werden, sondern weil der Mensch ihnen ihre Lebensräume (feuchte Wiesen und Moore) entzogen hat.
- Diskutiert, ob und warum wir das Artensterben aufhalten sollten.
- Dokumentiert die Ergebnisse des Projekts für euch und eure Mitschüler.

Medientipps

Josef H. Reichholf: Die Zukunft der Arten. Neue ökologische Überraschungen, München: C.H. Beck 2005.

www.bmu.de: Auf der Startseite des Bundesumweltministeriums gelangt ihr zu Informationen über die Artenvielfalt in Deutschland.

www.floraweb.de: Das Bundesamt für Naturschutz dokumentiert Veränderungen der Flora* und aktualisiert ständig die »Rote Liste« gefährdeter Pflanzenarten.

Aggression Feindselige Einstellung oder Handlung gegen andere.

Asket Manche Menschen, die sich einer besonderen Lebensaufgabe widmen, bevorzugen eine streng enthaltsame Lebensweise: Einige fasten regelmäßig; andere verzichten auf Besitz und Karriere oder leben keusch. Die freiwilligen Selbstbeschränkungen (Übungen) von Asketen sind häufig religiös motiviert.

Aufklärung Bewegung, die Ende des 17. Jahrhunderts in England entstanden ist und im 18. Jahrhundert das Leben in zahlreichen Ländern Europas und Nordamerikas zu prägen begann. Ihre Anhänger wollten die Menschen aus herkömmlicher religiöser Unwissenheit, Furcht und Abhängigkeit befreien: »Aufklärung ist der Ausgang des Menschen aus seiner selbst verschuldeten Unmündigkeit« (so der Philosoph IMMANUEL KANT).

Dalai Lama bedeutet »Ozean des gelehrten Wissens« und ist seit Jahrhunderten der Ehrentitel des buddhistischen Oberhaupts in Tibet: Der heutige 14. DALAI LAMA wurde 1935 als TENZIN GYATSO geboren und bereits 1940 zum Oberhaupt des Buddhismus in Tibet eingesetzt. Der DALAI LAMA erhielt 1989 wegen seiner friedlichen Bemühungen um die Befreiung Tibets von der chinesischen Besatzung den Friedensnobelpreis. Er gehört zu den bedeutendsten religiösen Persönlichkeiten der Gegenwart.

Definition (auch: definieren) leitet sich aus dem lateinischen »definitio« (Bestimmung) ab: Die Definition ist ein Satzgebilde, das die Bedeutung und die Merkmale einer Sache präzise aufdeckt (Begriffsbestimmung).

Depression(en) Eine seelische Störung, die sich in gedrückter Stimmung (lateinisch »depressio«: Niederdrücken) und gehemmtem Antrieb äußert. Wer an einer Depression erkrankt, verliert seine Lebensfreude sowie das Interesse an anderen Menschen und Dingen. Bei vielen Betroffenen stellt sich Gefühllosigkeit ein.

Diagramm Schematische und vereinfachte Darstellung (Schaubild, Grafik).

Diakonie Jeder tatkräftige Ausdruck christlicher Nächstenliebe für Menschen in Not: z. B. Hilfen für Alte, Kranke, Behinderte, Strafgefangene oder Suchtgefährdete. Allein in den 26 »Diakonischen Werken« der Evangelischen Kirche in Deutschland sind 450.000 Mitarbeiter/innen beschäftigt und 400.000 Ehrenamtliche engagiert.

Diaspora Menschen, die eine Minderheit unter der Mehrheitsbevölkerung bilden, leben in der Diaspora (»Zerstreuung«): z. B. Juden, die unter Christen oder Muslimen leben oder eine kleine Gruppe von Katholiken unter Protestanten.

Empathie Die Bereitschaft und Fähigkeit, sich in die Gedanken und Gefühle anderer Menschen einzufühlen.

Entwicklung, nachhaltige (nach DENNIS L. MEADOWS) Ein international anerkanntes Leitbild, das die »Weltkommission für Umwelt und Entwicklung« 1987 so definiert hat: »Unter dauerhafter Entwicklung verstehen wir eine Entwicklung, die den Bedürfnissen der heutigen Generation entspricht, ohne die Möglichkeiten der zukünftigen Generationen zu gefährden, ihre eigenen Bedürfnisse zu befriedigen und ihren Lebensstil zu wählen. Die Forderung, diese Entwicklung dauerhaft zu gestalten, gilt für alle Länder und Menschen.«

Esoterik (auch: esoterisch) Wörtlich bedeutet das griechische Wort »das innere, verborgene, geheime Wissen«. Heute ist Esoterik ein Sammelbegriff für Menschen, die die innere (»spirituelle«) Entwicklung des Menschen betonen, jedoch keiner herkömmlichen Religion folgen wollen. Esoteriker glauben, dass zur vollständigen Erklärung der Welt Kräfte einbezogen werden müssen, die außerhalb des wissenschaftlich Messbaren stehen.

Ethik (auch: ethisch) befasst sich mit dem kritischem Nachdenken über die Gewohnheiten der Menschen, ihre Sitten (Moral*): Die Ethik fragt nach dem Warum und Wozu des Tuns: Wie gehen Menschen miteinander und mit der Natur um – freundlich oder feindlich, gut oder böse? Inwiefern sind Menschen frei, um wählen und entscheiden zu können? Sind Menschen für ihr Handeln verantwortlich?

Evangelium (auch: Evangelien) Die ersten Christen nannten die Geschichten von Jesus, die sie sich erzählten, Evangelium (»gute Nachricht«). Wer die vier Evangelien niedergeschrieben hat, kann man nicht mehr feststellen – doch sind sie nach herausragenden Jesus-Anhängern benannt worden: MATTHÄUS, MARKUS, LUKAS und JOHANNES.

Fauna ist die altrömische Fruchtbarkeitsgöttin. Hier und heute ist die »Fauna« eine Bezeichnung für die Tiere in einem bestimmten Gebiet.

Flora ist ursprünglich die altrömische Frühlingsgöttin; heute dagegen steht »Flora« für die Pflanzen in einem bestimmten Gebiet.

Goldenes Kalb Nach der Überlieferung der Hebräischen Bibel handelt es sich um die vergoldete Statue eines jungen Stiers, die sich die Israeliten auf ihrer Wüstenwanderung schufen und vorübergehend anstelle des unsichtbaren Gottes JHWH verehrten. Aus Wut und Enttäuschung soll Mose bei der Rückkehr vom Berg Sinai die beiden Gesetzestafeln zerstört haben. Noch heute gilt der »Tanz um das Goldene Kalb« als Symbol für ein übermäßiges Streben nach Reichtum.

Hadith Sammlung überlieferter Aussprüche, Anordnungen und Handlungen, die auf den Propheten MOHAMMED zurückgeführt werden. In ihren schriftlichen Fassungen stammen viele dieser Textzeugnisse aus dem 9. und 10. Jahrhundert. Hadithe gelten den Muslimen als zweitwichtigste religiöse Quelle nach dem Koran.

Harmagedon Geheimnisvolle Bezeichnung für den Berg von Megiddo im heutigen Israel: In Anlehnung an die »Offenbarung des Johannes« (vgl. Offenbarung 16, 16) im christlichen Teil der Bibel glauben einige christliche Gruppen, »Harmagedon« werde einst der Schauplatz eines gewaltigen endzeitlichen Entscheidungskampfes zwischen Gut und Böse sein.

Humanist Alltagssprachlich eine »menschenfreundliche« Person (lateinisch: humanus). In der Philosophiegeschichte gilt ein Humanist als Anhänger einer Bildungsbewegung, die sich an den kulturellen Idealen der griechisch-römischen Antike orientiert. Ihren Höhepunkt erreichte der Humanismus im Spätmittelalter, als sich seine Anhänger (z. B. ERASMUS VON ROTTERDAM) gegen Aberglauben und dogmatische Verhärtungen in der Kirche einsetzten.

Identität Die völlige Gleichheit zweier Dinge: In der Ethik geht es um die Übereinstimmung der persönlichen Ich-Identität (»Wer bin ich?«) mit der Einschätzung durch die Mitmenschen. Gemeint ist letztlich das »Im-Einklang-mit-sich-selbst-leben«.

Ideologie Feste Weltanschauung, Ideal oder System von Wertvorstellungen (griechisch: »Ideenlehre«). Die Anhänger einer Ideologie erheben häufig den Anspruch, dass ihre Überzeugungen vollkommen »wahr« sind.

Initiation (auch: Initiationsritus) Der Übergang eines Menschen in eine neue Lebensphase oder die Einführung in eine neue Gruppe, z. B. Konfirmation oder Jugendweihe. Da die Initiation einer gleich bleibenden Form und einem festgelegten Ablauf folgt, wird sie zumeist feierlich als Übergangs- oder Passage-Ritus begangen.

Inspiration Vom Lateinischen »inspiratio« (Beseelung, Einhauchen von Leben, Ausstatten mit Geist): Gemeint ist ein »Geistesblitz« oder ein besonderes Erlebnis (Begegnung, Reise oder Traum), das neue Ideen hervorbringt.

Islamismus (auch: Islamisten) Religiöse und politische Bewegung unter Muslimen, die den Islam in seiner angeblich »reinen« Ursprünglichkeit wiederherstellen und verbreiten will. Dabei soll das ganze Leben nach der »Scharia« ausgerichtet werden, jener nach islamischer Überlieferung von Gott gesetzten Ordnung (Seite 149).

Islamisten sehen ihre Auslegung des Islam als die einzig richtige an; sie greifen im Kampf gegen Andersdenkende oder »Ungläubige« nicht selten zu gewalttätigen Mitteln (vgl. Seiten 156–157: Missbrauchte Religion).

Kalif(en) (auch: Kalifat) Weltlich-religiöse Herrscher in der muslimischen Welt früherer Zeiten.

Kommunikation ist der sprachliche und nichtsprachliche Umgang bzw. die Verständigung zwischen Lebewesen (insbesondere Menschen).

Kommunion Junge Katholiken werden mit acht Jahren zum Abendmahl (Eucharistie) zugelassen – dieser Akt fällt mit dem Fest der Erstkommunion zusammen. In der Firmung erfahren sie als Jugendliche (mit 12 bis 14 Jahren) eine erneute Bestätigung der Taufe, durch die sie als Erwachsene in die Kirche aufgenommen werden.

Konfirmation Jugendliche, die als Kinder getauft wurden, können sich mit der Konfirmation für ein Leben als evangelische Christen entscheiden. Ab da sind sie vollwertige Mitglieder einer Kirchengemeinde mit fast allen Rechten und Pflichten der Erwachsenen. Auch zum Abendmahl sind sie jetzt ausnahmslos zugelassen. Als Vorbereitung auf die Konfirmation erhalten sie einen mindestens einjährigen kirchlichen Unterricht.

Konklave Verfahren, Ort (»Wahllokal«) und Ablauf der Wahl eines neuen Papstes.

Konsens Zustimmung und Einwilligung zu einer Sache, die manchmal erst nach längeren Verhandlungen erreicht wird (Kompromiss).

Konvention Hier: Übereinkunft oder international verbindliches Abkommen.

Krise(n) Zeiten, die einen Menschen vor Entscheidungssituationen stellen, sind schwierig und manchmal sogar gefährlich – sie können aber auch eine positive Wende einleiten: So heißt es bei dem schwäbischen Dichter FRIEDRICH HÖLDERLIN (1770–1843): »Wo aber Gefahr ist, wächst das Rettende auch.«

Magie (auch: magisch) Eine zeichenhafte (symbolische) Handlung, die bei Menschen oder Gegenständen eine bestimmte Wirkung erzwingen soll.

Märtyrer Ursprünglich das »Blutzeugnis« eines Menschen, der wegen seines christlichen Glaubens den Tod erleidet. In der heutigen Alltagssprache wird der Begriff allerdings vielfach auch von radikal-islamischen Vorstellungen eines »Selbstmord-Terrorismus« geprägt.

Manipulation (auch: manipulieren) bedeutet wörtlich »Handhabung«: der Versuch, bewusst Einfluss auf andere Menschen zu nehmen, um bei ihnen eine gewünschte Reaktion hervorzurufen. Wer manipuliert, verschleiert die Motive des eigenen Handelns und fälscht bei Bedarf bestimmte Informationen, um sich einen unlauteren Vorteil zu verschaffen.

Mediendiagramm Siehe unter Diagramm*.

Meditation (auch: meditieren) Intensives Nachdenken als geistige oder religiöse Übung, bei der eine Zeitlang alles Äußere in den Hintergrund tritt. Eine Meditation kann zu besserer Selbsterkenntnis beitragen.

Menschenrechte Zu den ethischen* Grundlagen des menschlichen Zusammenlebens gehört die Überzeugung, dass alle Menschen von Geburt an bestimmte unantastbare Freiheits- und Gleichheitsrechte haben, die ihnen ein gesichertes und »würdiges« Leben erlauben sollen. Weltweit sind diese Rechte in der »Charta der Vereinten Nationen« zusammengefasst; bei uns sind sie auch im »Grundgesetz« enthalten (»Grundrechte«). Da Menschenrechte immer wieder verletzt werden, ist es eine bleibende Aufgabe, betroffene Opfer – z. B. von Folter und Gewalt – vor Misshandlungen zu schützen.

Messias (auch: messianisch) Hebräisch: »der Gesalbte«. Im alten Israel wurden Könige mit Öl gesalbt, um zu bekräftigen, dass Gott sie »berufen« habe. Traditionell-religiöse Juden erwarten einen Gesandten Gottes, der die Menschen erlösen werde. Christen glauben, dass dieser Messias (griechisch: »Christus«) JESUS VON NAZARETH sei. Liberale Juden setzen auf eine messianische Zeit, deren Ankunft der Mensch durch eigenes gutes Tun unterstützen könne.

Metagespräch »Gespräch über ein Gespräch« – z. B. das klärende Hintergrundgespräch über eine schlecht oder schleppend laufende Diskussionsrunde in der Schule.

Mitzwot Liste von 613 Geboten und Lebensregeln im Judentum: Für religiöse Juden ist die Befolgung möglichst vieler »Mizwot« eine Herzensangelegenheit.

Mobbing Der Modebegriff stammt aus dem Englischen: Dort bedeutet »Mob« so viel wie »Pöbel«. Doch nicht jede Schikane ist schon »Mobbing«: Gemeint ist vielmehr eine andauernde feindselige Handlung mehrerer Menschen gegen einen anderen Menschen – mit dem Ziel, der angegriffenen Person zu schaden, sie aus der Gemeinschaft auszuschließen, zu zermürben oder »fertig« zu machen.

Monotheistisch (auch: Monotheismus) ist der Glaube an einen einzigen Gott. Zu den bekannten monotheistischen Religionen zählen das Judentum, das Christentum und der Islam.

Mythos Geheimnisvolle Geschichte, in denen Menschen und Völker sich in Bildern erklären, woher sie kommen, wohin sie gehen und was ihre Aufgabe auf der Erde ist. Religiöse Mythen sagen z. B. aus, dass die Menschen mit der Welt nicht alles machen dürfen, was sie können, weil ihnen Gott die Welt anvertraut habe.

Ökologisch (auch: Ökologe) Wechselbeziehung zwischen Lebewesen und ihrer Umwelt (Ökosystem*)

Ökosystem Die griechische Wortzusammensetzung bezeichnet einen Lebensbereich von Pflanzen, Tieren und unbelebter Natur, die in vielen Beziehungen zueinander stehen: Tiere nutzen Pflanzen als Wohn- und Nistraum; Vögel und Insekten bestäuben die Blüten der Pflanzen. Ein Ökosystem ist in der Lage, sich selbst zu ordnen und störende Einflüsse auszugleichen. Erst wenn die Eingriffe zu groß werden, kann das ökologische* Gleichgewicht gestört werden. So kann z. B. in einem von Menschen gepflanztem Nutzwald, der nur aus Fichten besteht, ein Schädling viel größeren Schaden anrichten als in einem von Menschen gering beeinflussten Mischwald.

Ökumene (auch: ökumenisch) Griechisch »der bewohnte Erdkreis«. Heute wird unter »Ökumene« das weltweite Bemühen christlicher Kirchen verstanden, ihre Spaltungen in verschiedene Bekenntnisse (= Konfessionen) zu überwinden. So kam es 1948 im schweizerischen Genf zur Gründung des »Ökumenischen Rats der Kirchen«, dem heute mehr als 340 Kirchenbünde angehören.

Okkult (auch: Okkultismus) Die lateinische Bezeichnung »occultus« wird mit »verborgen« übersetzt: Gemeint sind Versuche, Kontakte zum Übersinnlichen oder zur verborgenen Welt der »Geister« aufzunehmen. Dazu zählen magische* Praktiken wie »Gläser- und Tischrücken«, »Pendeln« sowie »automatisches Schreiben«. Bei den angeblichen »Botschaften aus dem Jenseits« stehen zwei Themen im Vordergrund: Was wird in der Zukunft passieren? Lassen sich Kontakte zu Verstorbenen aufnehmen?

Parasit(en) Pflanzen oder Tiere, die als Schmarotzer leben: Sie sähen nicht, aber ernten dennoch.

Pessachfest Feiertage im Frühjahr, die mit dem Genuss allerlei bedeutungsträchtiger Speisen und Getränke einhergehen: Juden erinnern sich dabei an die Befreiung ihrer hebräischen Vorfahren aus Ägypten.
Das Osterfest der Christen wurzelt im Pessachfest.

Pharisäer Angesehene Laienbewegung zur Zeit Jesu, die sich um eine verbindliche jüdische Lebenspraxis bemühte. Von allen Strömungen seiner Zeit stand JESUS den Pharisäern am nächsten.

PLATON (427–347 v. Chr.) war der vermutlich wichtigste Philosoph der Antike. Er schrieb zahlreiche Dialoge auf, in denen sein Lehrer SOKRATES (470/469–399) eine herausragende Rolle spielt. Meist stellte SOKRATES geschickte Fragen, um seine Gesprächspartner zum Nachdenken anzuregen.

Prestige Übernahme des französischen Wortes »prestige«: Ansehen (Ruf) und Geltung, Status und Anerkennung.

Psychoanalyse Im Wortpaar stecken die griechischen Begriffe »Psyche« (Seele) und »Analyse« (Zerlegung): Die Psychoanalyse gilt als eine Methode der Heilbehandlung, in der die Seele eines Menschen enträtselt und therapiert (geheilt) werden soll. Sie wurde um 1900 vom Wiener Arzt SIGMUND FREUD begründet.

Pubertät ist die Zeit der Geschlechtsreife im jugendlichen Alter.

Ressourcen sind Hilfsmittel, die der Mensch zum Leben und Wirtschaften braucht – insbesondere Rohstoffe (Bodenschätze), im weiteren Sinne alle natürlichen Lebensgrundlagen wie Wasser, Luft und Boden.

Sanktion(en) Hier: Strafandrohung oder Zwangsmaßnahme gegen jemanden, dem ein Fehlverhalten vorgeworfen wird.

Schiiten (auch: schiitisch) Zweitwichtigste Strömung im Islam, der heute etwa 10 bis 15 Prozent aller Muslime angehören – vor allem im Iran und Südirak, als Minderheit auch in anderen muslimisch geprägten Ländern.
Nach dem Tode MOHAMMEDS stritten sich seine Anhänger über die Frage, wer künftig die Muslime anführen solle: Die Sunniten* erkannten die vier sogenannten »rechtgeleiteten Kalife« an, während die Schiiten als Nachfolger MOHAMMEDS allein den vierten von ihnen, MOHAMMEDS Schwiegersohn, anerkennen wollten.

Schoah (auch: Holocaust) Das hebräische Wort bedeutet »Katastrophe«. Heute wird damit zumeist der millionenfache Mord an den europäischen Juden während der nationalsozialistischen Gewaltherrschaft bezeichnet.

Schöpfungsmythos Siehe unter Mythos*

Solidarität Solidarität, ein Gefühl der Zusammengehörigkeit, äußert sich in gegenseitiger Unterstützung und Hilfe von Gruppen, Klassen, Staaten, aber auch Einzelpersonen.

Strategie(n) Der Begriff stammt aus der Militärsprache. Im übertragenen Sinne ist »Strategie« die umfassende und langfristige Planung eines Vorhabens, das zu einem vorab festgesetzten Ziel führen soll.

Sucht (auch: Suchterkrankung) Zwanghaftes Verlangen nach etwas, das in Wechselwirkung mit dem Organismus einen angenehmen seelischen und/oder körperlichen Zustand erzeugt. Mit der Zeit steigert sich das Verlangen danach – die Dosis wird erhöht, um dem unangenehmen Zustand zu entgehen, der bei Nichteinnahme auftritt. Wird die Sucht durch einen Stoff (eine Droge) erzeugt, so spricht man von stoffgebundenen Süchten. Allerdings entwickeln manche Menschen auch stoffungebundene Süchte, bei denen die Sucht nicht von der Wirkung einer Droge ausgeht, sondern von Reizen, die man durch Gewöhnung als positiv erlebt (z. B. Arbeitssucht).

Sufismus Eine so genannte mystische Strömung im Islam, die die »Versenkung in Gott« betont. Für ihre Anhänger ist die Hingabe an Gott eine Art innere »Reise«, die sie in Verbindung mit Fasten und nächtlichem Wachen antreten.

Sunniten (auch: sunnitisch) Seit dem 9. Jahrhundert die wichtigste Strömung im Islam, zu der heute mehr als 80 Prozent aller Muslime zählen.

System Abgeleitet aus dem griechischen »Systema«: ein Gebilde, dessen Teile so aufeinander bezogen sind, dass sie eine Einheit (ein Ganzes) abgeben.

Taliban Radikalislamische Bewegung im Grenzgebiet von Afghanistan und Pakistan, die zwischen 1996 und 2001 mit harter Hand weite Teile Afghanistans regierte. Dabei wurden insbesondere Frauen, Andersgläubige und Andersdenkende grausam unterdrückt. Nachdem die Taliban jahrelang terroristischen Gruppen Unterschlupf und Trainingsmöglichkeiten geboten hatten, wurden sie nach dem 11. September 2001 von den USA und ihren Verbündeten im »Krieg gegen den Terrorismus« gestürzt. Seither bemühen sich in Afghanistan gemäßigte Strömungen unter schwierigen Bedingungen, Islam und Demokratie miteinander zu verbinden.

Teen Court Wörtlich »Jugendlichengericht«: Die Idee stammt aus den USA und erlaubt in einigen deutschen Bundesländern älteren Schülerinnen und Schülern, Maßnahmen gegen kleinkriminelle jugendliche Straftäter/innen aussprechen zu dürfen. Einzige Bedingung: Die Täter/innen müssen zunächst vor dem zuständigen Staatsanwalt geständig und reuig gewesen sein. Wenn der oder die Täter/in den Richterspruch des Schülergremiums akzeptiert, ist der Fall abgeschlossen.

Theorie Griechisch »Anschauen«: Wenn Forscher/innen eine »Theorie« aufstellen, haben sie zuvor Beobachtungen oder Versuche durchgeführt. Nach Auswertung aller möglichen Umstände und Ergebnisse können sie ein bisher unbekanntes Rätsel einigermaßen logisch erklären – eine neue Theorie ist geboren.

Tugend Das Wort leitet sich aus dem Mittelhochdeutschen ab (»taugen«). Gemeint ist die »Tauglichkeit« in einer dem Menschen gemäßen Bestimmung – d. h. die Fähigkeit, das Gute aus innerer Überzeugung mit Freude zu tun.

Urvertrauen Jeder Mensch erwirbt bereits in den ersten Lebensmonaten und –jahren ein Gefühl dafür, wem oder was er (nicht) vertrauen kann. Ein Kind entwickelt dieses »Urvertrauen« (Gegensatz: Urmisstrauen), wenn es liebevolle Zuwendung durch Eltern oder andere dauerhafte Bezugspersonen erfährt. Urvertrauen unterstützt das Vertrauen in sich selbst, in andere Menschen und in die Welt: »Ich bin es wert, geliebt zu werden.« – »Ich mag oder liebe dich.« – »Es ist gut zu leben.«

Versöhnung ist ein gegenseitiger Prozess der Annäherung zwischen verfeindeten Menschen oder Menschengruppen. Für die Zukunft kann daraus ein neues, womöglich dauerhaftes Vertrauen zwischen den Beteiligten entstehen. Für die Opfer ist es ungleich schwerer als für ihre ehemaligen Peiniger, den Weg der Versöhnung einzuschlagen.

Vision(en) Mehrdeutiger Begriff: hier sind (erhoffte) Zukunftsvorstellungen gemeint.

WHO Abkürzung für »World Health Organization« (Weltgesundheitsorganisation): Die Einrichtung wurde 1948 von den Vereinten Nationen ins Leben gerufen, um weltweit das Gesundheitswesen zu fördern.

Würde Grundlage und Zweck aller allgemein anerkannten Werte ist der Schutz der menschlichen Würde. Sie drückt sich in einer unantastbaren und einzigartigen Wertschätzung aus, die jedem Menschen zukommt. Manche Naturschützer sind der Meinung, dass auch Tiere das Recht auf eine solche Würde haben sollten.

Zentralrat der Muslime in Deutschland Eine der islamischen Dachorganisationen in Deutschland: Der Zentralrat will die Interessen der Moscheegemeinden, islamischen Vereine und Verbände vertreten. Dem Zentralrat gehören 19 Dachorganisationen mit hunderten Moscheegemeinden an. Dazu gehören u. a. deutsche, türkische, arabische, albanische, bosnische und persische Muslime. Eine andere bedeutende muslimische Dachorganisation in Deutschland ist der Islamrat.

Zionismus Unter dem Eindruck anhaltender Verfolgungen wandern seit Ende des 19. Jahrhunderts Juden nach Palästina/Israel ein, um dort eine sichere Heimat zu finden. Nach 2.000 Jahren der Diaspora* leben heute wieder mehr als 40 Prozent aller Juden in Israel, dem Land der Bibel. Diejenigen Juden, die die Existenz eines jüdischen Nationalstaates unterstützen, werden auch »Zionisten« genannt – nach dem Berg »Zion« in Jerusalem, der seit 3.000 Jahren ein geografischer Mittelpunkt der jüdischen Religion ist.

Zivilcourage bedeutet den »Mut« oder die »Tapferkeit«, sich gegenüber anderen in der Gemeinschaft (außerhalb des Militärischen) aus eigenem Antrieb für etwas einzusetzen oder gegen etwas einzuschreiten.

Zöllner Umstrittene Berufsgruppe von Zollpächtern zur Zeit JESU, die im Auftrag der römischen Besatzungsmacht Steuern eintrieben. Wegen ihrer Neigung, überhöhte Abgaben zu einzufordern, galten sie in der damaligen jüdischen Gesellschaft als korrupt und »unrein«.

Zukunftswerkstatt Die gedankliche »Werkstatt« fußt auf den fantasievollen Ideen des Schriftstellers und Zukunftsforschers ROBERT JUNGK. In der Schule ist die Zukunftswerkstatt als Projektidee bekannt geworden: Schüler/innen und Lehrer/innen, die das Überleben der Menschheit umtreibt, versuchen neue, heute noch »unmögliche« Wege zu beschreiten, die das Leben und die Würde* des Menschen sichern helfen.

Adressen

amnesty international (ai)
Sektion der Bundesrepublik Deutschland
Heerstraße 178
53108 Bonn
Telefon: 0228 98373-0
Fax: 0228 630036
E-Mail: info@amnesty.de
Internet: http://www2.amnesty.de

Archiv der Jugendkulturen
Fidicinstraße 3
10965 Berlin
Telefon: 030 6942934
Fax: 030 6913016
E-Mail: archiv@jugendkulturen.de
Internet: http://www.jugendkulturen.de
Öffnungszeiten: Montag bis Freitag, 10–18.00 Uhr und nach Vereinbarung

Bundeszentrale für gesundheitliche Aufklärung
Ostmerheimer Straße 220
51109 Köln
Telefon: 0221 8992-0
Fax: 0221 8992-300
E-Mail: poststelle@bzga.de
Internet: http://www.bzga.de

Deutsche AIDS-Hilfe
Dieffenbachstraße 33
10967 Berlin
Telefon: 030 690087-0
Fax: 030 690087-42
E-Mail: dah@aidshilfe.de
Internet: www.aidshilfe.de

Evangelische Kirche in Deutschland
Herrenhäuser Straße 12
30419 Hannover
Telefon: 0511 2796-0
Fax: 0511 2796707
E-Mail: info@ekd.de
Internet: www.ekd.de

Humanistischer Verband Deutschlands
Wallstrasse 61–65
10179 Berlin
Telefon: 030 613904-0
Fax: 030 613904-50
E-Mail: hvd@humanismus.de
Internet: http://www.humanismus.de/

Institut für Friedenspädagogik Tübingen
Correnssstraße 12,
72076 Tübingen
Telefon: 07071 920510
Fax: 07071 9205111
E-Mail: kontakt@friedenspädagogik.de
Internet: http://www.friedenspaedagogik.de

Islamrat für die Bundesrepublik Deutschland
Osterather Straße 7
50739 Köln
Telefon: 0221 17049015
Fax: 0221 17049013
E-Mail: webmaster@islamrat.de
Internet:
http://www.islamrat.de

Katholische Kirche in Deutschland
Online-Redaktion
Katholisch.de
Schönhauser Straße 8
50968 Köln
Telefon: 0221 95290313
E-Mail: info@katholisch.de
Internet: www.katholisch.de

Internet-Notruf Deutschland
(bei Problemen mit Schule, Gewalt oder Drogen)
Postfach 101312
45813 Gelsenkirchen
Fax: 0721 15554445
Internet: http://www.schueler-notruf.de
Voicebox: 0721 151554445
(Für Mitteilungen verbleiben 30 Sekunden; Rückruf innerhalb von 48 Stunden zu Festnetznummern – außer samstags, sonntags und an Feiertagen; keine Notrufe!)
Stiftung »kidsmobbing«
Internet: http://www.kidsmobbing.de

terre des hommes
Hilfe für Kinder in Not (internationales Kinderhilfswerk)
Postfach 4126
49031 Osnabrück
Telefon: 0541 7101-0
Fax: 0541 707233
E-Mail: post@tdh.deposttdh.de
Internet: www.tdh.de

Zentralrat der Juden in Deutschland
Leo-Baeck-Haus
Postfach 040207
10061 Berlin
Telefon: 030 284456-0
Fax: 030 284456-13
E-Mail: info@zentralratdjuden.de
Internet: http://www.zentralratdjuden.de

Zentralrat der Muslime in Deutschland
Indestraße 93
52249 Eschweiler
Telefon: 02403 702075
Fax: 02403 702076
E-Mail: service@islammail.de
Internet: http://www.islam.de

Text- und Bildnachweis

Textnachweis

8 Cornelia Funke: Herr der Diebe, Hamburg: Dressler Verlag 2000, S. 5.
10 Söhne Mannheims: Dein Leben. Aus: Album Notiz (30. 8. 2004). Auszug nach einer Internet-Fassung (www.jamiex.de/Discografie/single-deinleben.html) – Linkcheck 24. 4. 2006.
10 Xavier Naidoo: Dieser Weg. Für Elijah, Musik von Philippe van Eecke und Xavier Naidoo. Text von Xavier Naidoo: Edition Wortgewandt/ Hanseatic/ Warner Chappell, auf CD X. Naidoo: Telegramm für X, 2005 naidoo records GmbH.
10 Zitat »Dalai Lama«. Aus: Kultura Postkarten-Kalender 2005 (Juli).
10 Zitat »Werner Bethmann«. Aus: Foto-Postkarte »Steine-Turm am Strand« (© Werner Bethmann).
11 Friedrich Schiller: Gedichte. Hrsg. von Norbert Oellers, Stuttgart: Reclam Verlag 1999, S. 80.
12 Zitat »Lakritzschnecken«. Aus: Susanne Fromm: Arbeitstexte für den Unterricht, Lust am Denken, Texte zum Philosophieren für die Sekundarstufe 1, Stuttgart: Reclam Verlag 2004, S. 10.
12 Antoine de Saint-Exupéry: Der kleine Prinz, Düsseldorf: Karl Rauch Verlag 1952, zitiert nach der 51. Auflage, 1997, S. 66–72 (Auszüge).
13 Nach einem Dialog von Platon. Aus: Platon. Werke, Übersetzung und Kommentar Band V 4, Lysis, Göttingen: Vandenhoeck & Ruprecht 1998, S. 20f, 212b-d.
15 Erich Fried: Was es ist. Aus: Gesammelte Werke. Gedichte 3. Hrsg. von Volker Kaukoreit und Klaus Wagenbach, Berlin: Verlag Klaus Wagenbach 1993, S. 35.
15 Zitat »Lord Byron«. Aus: Ein Zettelkasten kleiner Freundlichkeiten. Hrsg. von Sichtwerke, Idee und Gestaltung C. Winter und H. Rumpel, printDruck GmbH 2002 (1. Aufl.), Karte 21.
15 Alle weiteren Sprichwörter. Aus: Anneliese Müller und Luise Otto Hegemann: Das kleine Sprichwörterbuch, Leipzig: VEB Bibliografisches Institut 1977, S. 78–81.
16 Petra Lenz: Liebes Tagebuch. Originalbeitrag.
17 Gerhard Schöne: Tagebuch. Zitiert aus : Textheft von Gerhard Schöne: Du hast es nur noch nicht probiert (Auszug), Hrsg.: VEB Deutsche Schallplatte Berlin (DDR): Union Druckerei Berlin – nach Aufnahmen vom März 1988 im Stadttheater Meißen.
17 Platon: Phaidros, Reinbek: Rowohlt Verlag 1958 (Auszüge aus 251c-252b).
18 Petra Lenz: HipHop in Berlin. Originalbeitrag.
18 Zeitungsausschnitt »Jesusfreaks«. Aus: Märkische Allgemeine Zeitung, 5. 8. 2001, S. 9.
19 Zitat eines 17-Jährigen. Aus: Klaus Farin und Ingo Weidenkaff, Jugendkulturen in Thüringen, Bad Tölz: Thomas Tilsner Verlag 1999, S. 24.
20 Gesetz über die religiöse Kindererziehung, § 5 (Bundesgesetz in der Fassung vom 12. 9. 1990).
22 Daten zur Wertorientierung auf Basis der Angaben von: Jugend 2006. 15. Shell Jugendstudie. Hrsg. von der Deutschen Shell, Frankfurt/Main: Fischer Taschenbuch Verlag 2006, S. 500.
23 Text von Vanessa Redgrave. Aus: Die Zeit (Hamburg), Nr. 9, 23. 2. 2006, S. 70.
26 Jean de La Fontaine: Sämtliche Fabeln, Mit 255 Illustrationen von Grandville, München: Deutscher Taschenbuch Verlag 1995, S. 15.
27 Fernando Savater: Ethik für Erwachsene von morgen, Frankfurt/ Main: Campus 1993. (Lizenzausgabe für die Bundeszentrale für politische Bildung, Bonn 1993), S. 90f (Auszüge).
28 Info zum Cartoon: Nach dem Jugendrecht, München: Deutscher Taschenbuch-Verlag 2002 (24. Aufl.), S. 172 und 174.
29 Robert Nozick: Anarchie, Staat, Utopia. Aus: Hans-Ludwig Freese: Abenteuer im Kopf. Philosophische Gedankenexperimente, Weinheim: Quadriga Verlag 1995, S. 289f.
30 Petra Lenz: Wenn Essen zur Last wird. Originalbeitrag.
32 Zitat »Plutarch«. Plutarchs Moralia, London/Cambridge 1962, zitiert nach Cord Riechelmann: Seit der Antike fragen wir uns, ob Tiere beseelt sind – und essen sie doch. Lasst sie uns lieben, bevor wir sie schlachten! Aus: Die Zeit, Nr. 10, 2. 3. 2006, S. 7 (ZEIT-Dossier).
33 Bildunterschrift in freier Anlehnung an Cord Riechelmann: Fleisch mit Seele«. Aus: Die Zeit, Nr. 10, 2. 3. 2006, S. 17f, hier S. 18.
33 Koran-Zitat nach der Übersetzung von Adel Theodor Khoury, unter Mitwirkung von Salim Abdullah, Gütersloh: Gütersloher Verlagshaus 1992 (2. durchgesehene Auflage).
40 Zitat »Emel Algan«. Aus: Anne Schönhartung: Eine prominente Muslimin legt ihr Kopftuch ab. Aus: Chrismon. Das evangelische Magazin, 04/2006, S. 49.
42 »Stufen der Vorurteilsbildung«. Nach Zeitlupe, Nr. 33 (Vorurteile). Hrsg. von der Bundeszentrale für politische Bildung, Bonn 1996, S. 4.
43 »Mit Vorurteilen lebt's sich besser – oder?« Frei nach basta. Ein Heft für Jugendliche, 98/99. Hrsg. von der Arbeitsgemeinschaft Jugend & Bildung e. V. in Zusammenarbeit mit dem Bundesinnenministerium, Wiesbaden: Universum Verlagsanstalt 1998, S. 9.
45 »Wenn Mädchen wieder hoffen.« Zusammengefasst nach Informationen von Andrea Böhm: Afghanistan. Tod im Feuer. In: Geo (Hamburg), Nr. 9, September 2005, S. 94–114.

46 Teilweise entnommen aus: Informationen zur politischen Bildung aktuell: Schritte gegen Gewalt, hrsg. von der Bundeszentrale für politische Bildung, Bonn 2000, S. 13 und 12.

48 Zitat »Thomas Hobbes«. Frei nach Thomas Hobbes: Leviathan oder Wesen, Form und Gewalt des bürgerlichen Staates. I. Der Mensch. Hrsg. von Peter Cornelius Mayer-Tasch in der Übersetzung von Dorothee Tidow, Reinbek: Rowohlt Verlag 1965, S. 98.

48 Jean-Jacques Rousseau: Diskurs über die Ungleichheit (1755). Kritische Ausgabe des integralen Textes, übersetzt und kommentiert von Heinrich Meier, Paderborn: Schöningh Verlag, 1993 (3. Aufl.), S. 137 und 149 (leicht gekürzt).

50 Rudolf Hagelstange: Fabeln des Aesop, Ravensburg: Verlag Otto Maier 1976.

51 »Streiten kann Gelingen«. Nach Günther Gugel und Uli Jäger: Welt-Sichten. Die Vielfalt des globalen Lernens. Hrsg. vom Landesinstitut für Schule und Weiterbildung. In Kooperation mit dem Verein für Friedenspädagogik Tübingen, Bönen: Druckverlag Kettler 1999, S. 217f.

52 Regeln zur Streitschlichtung. Aus: www.gutenberggymnasium.de – Linkcheck 30. 5. 2006.

52f Fünf Tipps zum »richtigen« Streiten. Nach Heinz Klippert: Kommunikationstraining, Beltz Verlag: Weinheim/Basel, 9. Aufl. 1995, S. 121.

55 Zitate von Sebastian und Manuel. Aus: Ernst Tugendhat u. a.: Wie sollen wir handeln? Schülergespräche über Moral. Aus dem Spanischen übersetzt von Reinhard Schwemmler, Stuttgart: Reclam Verlag 2004, S. 31 f und 88–91.

56f »Wegschauen um jeden Preis?«. Aus: Anne und Abraham Teuter (Hrsg.): Du gegen Mich. Geschichten über Gewalt von jungen Autorinnen und Autoren, Frankfurt/Main: Alibaba Verlag 1997, S. 7f.

58 Gedankenexperiment nach Ernst Tugendhat: Wie sollen wir handeln? Stuttgart: Reclam Verlag 2004, S. 93.

59 »Projekt: Mit Sportspielen Fairness trainieren«. Nach: Global lernen. Service für Lehrerinnen und Lehrer. Thema: »Fair Play for Fair Life. Hrsg. von der Schulprojektstelle Globales Lernen in Zusammenarbeit mit dem Arbeitskreis Pädagogik und »Brot für die Welt« (Stuttgart/Tübingen), 11. Jahrgang, Nr. 2, 2005, S. 9.

60 Eva Strittmatter: Einst hab ich drei Weiden besungen. Gedichte, Berlin: Aufbau Taschenbuch Verlag 1995 (3. Aufl.), S. 110f.

62 Heidrun Schliebner: Nur so unter Freunden? Originalbeitrag.

63 »Reicht der gute Vorsatz?« Aus: Johannes von Mehling (Hrsg.): Buddhistische Märchen, Leipzig: Insel Verlag 1982, S. 122f.

64 Daten zur Wertorientierung auf Basis der Angaben von: Jugend 2002. 14. Shell Jugendstudie, a. a. O., S. 153 und 15. Shell Jugendstudie, 2006, S. 177.

64 Zitat »Vera Bohle«. Aus: GEO-Wissen, Nr. 35, 2005 (Hamburg), S. 47.

66 Heidrun Schliebner: » … die Wahrheit vielleicht?« Originalbeitrag.

66f »Denkmöglichkeiten erweitern«: Nach Anthony Weston: Einladung zum ethischen Denken, Freiburg im Breisgau: Herder Verlag 1999, S. 49 und 55.

68f Friedrich Schiller: Die Bürgschaft (Ballade): Nacherzählt von Heidrun Schliebner. Textgrundlage: Klassische Dichtung in 22 Bänden, hrsg. von Fritz Martini und Walter Müller-Seidel, Bd. 19, Freiburg: Herder Verlag 1971, S. 169ff.

70 und 71 Heidrun Schliebner: Einer für alle – alle für einen? | Am Tag danach. Originalbeiträge.

72f »Die Arbeiter im Weinberg«. Aus: Das Neue Testament, übertragen von Jörg Zink, Stuttgart: Kreuz-Verlag 1965, S. 53f.

76 Zitat »Susannah Gerngreif«. Aus: Die Zeit, Nr. 10, 2. 3. 2006, S. 72.

77 Zitat einer berufstätigen Mutter. Frei nach Iris Radisch: Der Preis des Glücks. Aus: Die Zeit, Nr. 12, 16. 3. 2006.

80 Zitat »Detlef Horster«. Aus einem Interview. In: GEO-Wissen, Nr. 35, 2005, a. a. O., S. 25.

84f Monika Hermann: Ey Schwuchtel. Aus: Publik-Forum (Oberursel), Nr. 3, 7. 2. 2003, S. 13f.

88 Manfred Berg: Mensch braucht. Originalbeitrag.

90 »Zu hoch getragen?« Aus: Samy Molcho: Körpersprache, München: Goldmann Taschenbuch Verlag 1998, S. 128f.

93 Vereinfachtes Schema des Nachrichtenquadrats: Nach Friedemann Schulz von Thun: Miteinander reden 1. Störungen und Klärungen. Allgemeine Psychologie der Kommunikation, Reinbek: Rowohlt Verlag 1981 (41. Auflage 2005), S. 30.

94 Wilhelm Busch: Max und Moritz, 3. Streich. Aus: Wilhelm Busch o. T., Köln: Lingen Verlag 1971, S. 16.

94f und 96f Manfred Berg: Ende einer Klassenfahrt | Nützliche Vorarbeit? Originalbeiträge.

98 Milinda-Panha. Aus: Jens Soentgen: Selbstdenken! Wuppertal: Peter Hammer Verlag 2003, S. 5 (Auszug).

100 Zitat »Pascal«. Aus: Blaise Pascal: Gedanken. Nach der endgültigen Ausgabe übertragen von Wolfgang Rüttenauer. Mit einer Einführung von Romano Guardini, Birsfelden/Basel: Verlag Schibli-Doppler o. J., S. 48.

100f Mark Twain: Die Abenteuer von Tom Sawyer. Neu übersetzt von Gisbert Haefs, Frankfurt/Main: Verlag Zweitausendeins o. J., S. 269f (Auszug).

104f Manfred Berg: Eine Freundschaft in der Zwickmühle. Originalbeitrag.

106 »Wo kommen die klugen Gedanken her?« Aus: Platon: Sämtliche Werke 4 (Rowohlts Klassiker der Literatur und Wissenschaft). Übersetzt von Friedrich Schleiermacher, Reinbek: Rowohlt Verlag 1974, S. 111–116 (leicht bearbeitete Auszüge).
107 Fernando Savater: Tu, was du willst. Ethik für die Erwachsenen von morgen. Aus dem Spanischen von Wilfried Hof, Frankfurt/Main und New York: Campus Verlag 1998, S. 64.
108 Marcellus Schiffer: Aus der Revue »Es liegt in der Luft«, Berlin 1928, o. S. Zitiert nach Christine Wolfrum und Peter Süß: So wild nach deinem Erdbeermund. Ein Aufklärungsbuch für Jugendliche, München: dtv junior 1996, S. 12.
110 Zitat »Nietzsche«. Nach Friedrich Nietzsche: Menschliches Allzumenschliches. Ein Buch für freie Geister. Erster Band, München: Wilhelm Goldmann Verlag o. J., S. 33.
114 Daten auf Basis der Angaben von: Jugend 2002. 14. Shell Jugendstudie, a. a. O., S. 78.
115 Gekürzte Umfrage nach Ute Pres, Martin Beck, Rita Heil, Dagmar Tischmacher: Konfliktfeld Medien und Gewalt, Weinheim/Basel: Beltz Verlag 1999, S. 68.
115 Zusammenfassung frei nach Niklas Luhmann: Die Realität der Massenmedien, Opladen: Westdeutscher Verlag 1996, 2. Aufl., S. 10 f.
116 f Erich Kästner. Die Ballade vom Nachahmungstrieb. Gesammelte Schriften für Erwachsene, Bd. 1, München: Atrium Verlag 1969.
117 Sachinfo zur Gewalt nach Manfred Spitzer: Vorsicht Bildschirm, Stuttgart: Klett Verlag 2005, S. 163 und 167.
117 »Gewalt durchs Fernsehen«. Nach Allan Guggenbühl: Die unheimliche Faszination der Gewalt. Denkanstösse zum Umgang mit Aggression und Brutalität unter Kindern (Raben–Reihe), Zürich: IKM Guggenbühl AG 1993, S. 46 (gekürzt und leicht verändert).
117 Nach Manfred Spitzer: Vorsicht Bildschirm, a. a. O., S. 196.
118 Werbetext »Video Games«, 12/1992. Zitiert nach Ute Pres u. a.: Konfliktfeld Medien und Gewalt, a. a. O., S. 161.
119 Nach Manfred Spitzer: Vorsicht Bildschirm, a. a. O., S. 236 und 237.
120 Nach Susanne Fülscher: Fever, Freiburg: Herder Verlag 1999, S. 56f (Auszüge).
122 Text zum Werbeplakat. Aus: Ausstellungsprospekt »Was betet ihr an?« Ausstellung im Rheinischen Landesmuseum Bonn. 2. Juni – 21. August 2005 (www.was-betet-ihr-an.de) (leicht bearbeitet).
122 Zitat »Sabrina«. Aus: Die Zeit (Hamburg), 18. 8. 2005, S. 49.
122f Schülerzitate. Aus: Schüler 2005. Auf der Suche nach Sinn. Woran Kinder und Jugendliche heute glauben, Seelze: Erhard Friedrich Verlag 2005, S. 5 f und 22 f (leicht gekürzt und bearbeitet).
123 Zitat »Lukas Hänsch«. Aus: Unveröffentlichter Ausstellungskatalog, Bonn 2005 (www.gymnasium-lindlar.de/projektanb/wettbew.pdf).
124 Aus dem Film »Angriff der Bilder – Paul Virilio im Kampf um die Wahrnehmung« von Jochen Köhler und Hanns-Christoph Koch. Aus: WDR (Köln), 17. 4. 1994, Manuskript der Redaktion Feature, Dokumentarfilme, Gespräche, Dr. Michael Rabe, S. 14 ff (gekürzt und leicht bearbeitet).
127 Max Frisch: Tagebuch 1946–49, Frankfurt/Main: Suhrkamp Verlag 1950, S. 297.
131 Otto H. Frank und Mirjam Pressler (Hrsg.): Die Tagebücher der Anne Frank, deutsch von Mirjam Pressler, Frankfurt/Main: S. Fischer Verlag 1988 (©) – zitiert nach Anne Frank: Tagebuch, Frankfurt/Main: Fischer Taschenbuch Verlag 1996, S. 249 (Auszug).
131 Yoram Kaniuk: Der letzte Berliner. Aus dem Hebräischen von Felix Roth, München: List Verlag 2002, S. 61 f.
132 Nach Lea Fleischmann: Schabbat. Das Judentum für Nichtjuden verständlich gemacht, Hamburg: Rasch und Röhring Verlag 1994, S. 13–15 und 193.
132 Zitate »Shira Berg«. Aus: Shira Berg: Religiöse Praxis, in: Judentum verstehen. Sympathie-Magazin, Nr. 38. Hrsg. vom Studienkreis für Tourismus und Entwicklung, Ammerland/Starnberger See 1997, S. 18.
133–135 Maria Greifenberg: Daniel C. – ein Junge feiert Bar-Mizwah. | Interview mit Hellmut Stern. Originalbeiträge.
137 Zitat »Schalom Ben-Chorin« (Eisenach 1986). Aus: Schalom Ben-Chorin: Von Angesicht zu Angesicht (Beiträge zum Gespräch zwischen Judentum und Christentum), Weimar: Wartburg Verlag 2000, S. 7.
139 Zitat »Stuttgarter Schuldbekenntnis«. Aus: Herbert Michaelis und Ernst Schrapler (Hrsg.): Ursachen und Folgen. Vom deutschen Zusammenbruch 1918 und 1945 bis zur staatlichen Neuordnung Deutschlands in der Gegenwart (Bd. 23), Berlin o. J., S. 307 f.
139 Zitat »Dietrich Bonhoeffer«. Nach Otto Dudzus: Dem Rad in die Speichen fallen. In: Wolf-Dieter Zimmermann (Hrsg.), Begegnungen mit Dietrich Bonhoeffer. Ein Almanach, München: Chr. Kaiser Verlag 1984, S. 66 ff.
139 Jörg Zink: Die Bergpredigt – Vision für das 21. Jahrhundert, In: Publik-Forum, Dossier, April 2004, S. X.
141 Wortlaut »Christen glauben« (zweite Affirmation) nach Ulrich Schmitthenner (Hrsg.): Arbeitsbuch für Gerechtigkeit, Frieden und Bewahrung der Schöpfung (Ökumenischer Informationsdienst), Frankfurt/Main 1990, S. 144 f (bearbeitet und gekürzt).

142 Warum »Konfi-Unterricht«? Zitiert nach Christina Sticht. Aus: http://www.goethe.de/ges/rel/thm/cid/de113667.htm (leicht bearbeiteter Auszug vom Mai 2004 – Linkcheck 14.3.2006).
143 Zitat »Johanna K.« Originalbeitrag (gekürzt).
144 Ralf-Uwe Beck: Als Reisender in einem arabischen Land. Originalbeitrag (2005).
145–148 und 156 f Koran-Zitate nach der Übersetzung von Adel Theodor Khoury, unter Mitwirkung von Salim Abdullah, Gütersloh: Gütersloher Verlagshaus 1992 (2. durchgesehene Auflage).
148 Texte von Seyran Ates und Yasemin Karakasoglu. Aus: Publik-Forum, Dossier, Januar 2004, S. V und VI.
149 Interview mit Luise Becker. Aus: Publik-Forum, Dossier »Islam«, 2005, S. XI (bearbeiteter und gekürzter Auszug).
152 Traktat Kidduschin 49 b (Babylonischer Talmud).
155 Mohammeds Ausspruch unter: http://www.ekbo.de/AWW/relunt.pdf (Linkcheck: 12.04.2006).
156 Aufruf des Papstes Urban II: Zitiert nach Georges Tate:, Die Kreuzritter, Ravensburg 1994, S. 173.
156 Zitat »Radulfus Niger« (1188). Zitiert nach Georges Tate, a.a.O., S. 173.
157 »Schlage hart ...«. Zitat Mohammed Atta. Aus: Udo Ulfkotte: Propheten des Terrors. Das geheime Netzwerk der Islamisten, München: Wilhelm Goldmann Verlag 2001, S. 81.
157 Koranzitat. Aus: Sure 28,77.
157 Pressemitteilung des Zentralrats der Muslime in Deutschland e.V. vom 16.9. 2001: http://www.zentralrat.de/2602.php (Linkcheck: 14.3.2006).
159 Zitate «Obiora Ike« Aus: Publik-Forum, Nr. 5, 11. März 2005, S. 51 f.
160 Peter Schreiner, Bhagavadgita II, 26, Düsseldorf: Benziger Verlag 1991, S. 61.
160 Gleichnis des Alter Sadhu: Nach Walter Tebbe (Hrsg.): Quellentexte zum Religionsunterricht. Außerchristliche Religionen der Gegenwart, Göttingen: Vandenhoeck & Ruprecht 1976. S. 92.
161 Zitat »Sheila Advani«. Aus: Brigitte (Hamburg), Nr. 25, 1990, S. 90.
163 Zitat »Martin Luther King«. Aus: Mahatma Gandhi mit Selbstzeugnissen und Bilddokumenten dargestellt von Heimo Rau, Reinbek: Rowohlt Taschenbuch Verlag 1970, S. 136.
165 Zitat »Sansgri Götzfried«. Aus: Brigitte, Nr. 25, 1990, S. 86.
166 Bericht Katharina (»Junge Menschen auf der Suche«). Aus: www.jugendtreffen.info/?kategorie=intaize0507KathIsaHH (bearbeitet und gekürzt). Link-Check 14.3.2006.
167 Bericht Benjamin. Aus: http://www.schekker.de/25/ 1397.html (Online-Jugendmagazin des Presse- und Informationsamtes der Bundesregierung), Nr. 25, Juli/August 2005 (bearbeitet und gekürzt). Linkcheck 14.3.2006.
169 Zitat »Margot Käßmann«. Aus: Christus-Pavillon, Kloster Volkenroda, hrsg. von der Stiftung Volkenroda, Gnadenthal: Präsenz-Verlag 2003, S. 14.
174–180 Unter Verwendung des EZW-Archivs, Berlin.
181 Arthur Schopenhauer: Parapsychologische Schriften. Einführung von Hans Bender, Basel und Stuttgart: Schwabe 1961, S. 35.
185 Andrea: Mensch. Aus: Zwischen nicht mehr und noch nicht. Im Auftrag des Humanistischen Verbandes Deutschlands hrsg. von Patricia Block, Berlin: März 2004 (9. veränderte Aufl.), S. 59.
186 f Irina Korschunow: Die Sache mit Christoph, München: Deutscher Taschenbuch Verlag 1980 (3. Aufl. 1993). S. 5 f und 10 f (Auszüge).
187 Informationen über Selbsttötungen nach Angaben des Jugendhilfevereins »Neuhland«: http://www.neuhland.de/haupt/html/fa_fs.htm (Linkcheck 10.4.2006).
188 »Hassan segelt vor den Mangroven«. Aus: Geolino (Hamburg), Nr. 2, Februar 2005, S. 6 f.
189 Zitat »The Untouch«. Aus: Leopold Neuhold: Familie, Freunde, Feuerstuhl. Was Jugendlichen heilig ist. In: Schüler 2005, a.a.O., S. 23.
189 Zitat »Nietzsche«. Zitiert nach: Viktor E. Frankl: ... trotzdem Ja zum Leben sagen. Ein Psychologe erlebt das Konzentrationslager, München: Deutscher Taschenbuch Verlag 2000, 20. Aufl., S. 124.
189 Zitat »Montesquieu«. Aus: Meine Gedanken. Auswahl, Übersetzung und Nachwort von Henning Richter, München: Deutscher Taschenbuch Verlag 2001, S. 276.
189 Zitat »Kant«. Aus: Immanuel Kant: Köche ohne Zunge. Notizen aus dem Nachlass. Auswahl und Vorwort von Jens Kulenkampff, Göttingen: Steidl Verlag 1997, S. 77.
190–192 Thomas Nagel: Was bedeutet das alles? Eine ganz kurze Einführung in die Philosophie, Stuttgart: Reclam Jun. 1990, S. 80–83 (drei Auszüge; S. 192 bearbeitet).
191 Erich Kästner: Das Eisenbahngleichnis. Aus: Erich Kästner, Gesammelte Schriften für Erwachsene, Bd. 1, München: Atrium Verlag 1969, S. 257 f (Auszug).
193 Nach Jörg Zirfas: Pädagogik als Lebenskunst. Über Glauben, Glück und Sinn. In: Schüler 2005, a.a.O., S. 78.
195 Johann Wolfgang Goethe: Der Zauberlehrling. In: Werke. Hamburger Ausgabe in 14 Bänden. Hrsg. von Erich Trunz, Bd. 1, München: C. H. Beck Verlag 1974, S. 276–279.

Text- und Bildnachweis

195 Dietlind Fischer: Horoskope, Heilsteine und Feng-Shui. In: Schüler 2005, a. a. O., S. 91.
196 Kerstin Wohne: Ersatzritual? Jugendweihe, Jugendfeier. In: Schüler 2005, a. a. O., S. 27.
197 Zitat »Micha«. Aus: Schüler 2005, a. a. O., S. 27.
197 Zitate »Katharina« und »Simon«. Aus: Patricia Block, Christian John, Regina Malskies: Einmal im Leben! Ein Elternratgeber zur JugendFEIER/Jugendweihe. Hrsg. vom Humanistischen Verband Deutschlands. Landesverband Berlin, Berlin 2001, S. 17 und 19.
197 Frei nach Jugend 2002. 14. Shell Jugendstudie. Hrsg. von der Deutschen Shell, Frankfurt/Main: Fischer Taschenbuch Verlag 2002, besonders S. 214ff.
197 Zitat »Hans Jonas«. Aus: Hans Jonas: Das Prinzip Verantwortung. Versuch einer Ethik für die technologische Zivilisation, Frankfurt/Main: Suhrkamp Verlag 1984, S. 184.
198 »Besuch im Urwald«. Nach: Zwischen nicht mehr und noch nicht. Im Auftrag des Humanistischen Verbandes Deutschlands hrsg. von Patricia Block, Berlin: März 2004 (9. veränderte Aufl.), S. 76–78.
198f »Strenge Auswahl in Indien«. Nach Dela Kienle. In: Geolino (Hamburg), Nr. 12, Dezember 2002, S. 52–56.
199 Zitat »Montesquieu«. Aus: Montesquieu: Meine Gedanken. Auswahl, Übersetzung und Nachwort von Henning Ritter, München: Deutscher Taschenbuch Verlag 2001, S. 128.
200f Francois Lelord. Hectors Reise oder die Suche nach dem Glück, München: Piper Verlag 2004, S. 142f und 169ff (Auszüge).
201 Zitat »Aristoteles«. Aus: Nikomachische Ethik, Buch X, Stuttgart: Reclam Verlag 1969, S. 285.
202 Nach Sandra Adler: »Ich bin todkrank, meiner Mutter ist das egal«. Aus: Mädchen (Osnabrück), 17. November 2004, S. 58f (gekürzt und leicht bearbeitet).
204 Matthias Claudius: Kriegslied, 1778 (Auszug). Aus: http://gutenberg.spiegel.de/claudius/gedichte/kriegsli.htm (Linkcheck 21.4.2006).
205 Bertrand Russell: Wofür ich gelebt habe. Aus: Christoph Fehige, Georg Meggle, Ulla Wessels: Der Sinn des Lebens, München: Deutscher Taschenbuch Verlag 2000, S. 356f (gekürzt).
205 Zitat »Simone Weil«. Aus: »Die Entwurzelung ist bei weitem die gefährlichste Krankheit der menschlichen Gesellschaft«. Ausstellung der Friedensbibliothek in Berlin-Brandenburg, o. J., S. 54 (vgl. Simone Weil: Die Einwurzelung, München: Kösel Verlag 1956).
205 Hans Christoph Buch: Falsche Lehren aus Europas Historie. In: Die Welt (Berlin), 9.4. 2003.
206 Joachim Ringelnatz: Fern in den Wolken. In: Und auf einmal steht es neben dir. Gesammelte Werke, Berlin: Karl H. Henssel Verlag 1964, S. 11f.
206 Umfragedaten auf Basis der Angaben von: Jugend 2000. 13. Shell Jugendstudie, Bd. 1. Hrsg. von der Deutschen Shell, Opladen: Leske + Budrich 2000, S. 166f.
207 Viktor Frankl: Sinn des Lebens. Aus: Christoph Fehige, Georg Meggle, Ulla Wessels: Der Sinn des Lebens, München: Deutscher Taschenbuch Verlag 2000, S. 122.
207 Epikur: Brief an Menoikeus. In: Von der Überwindung der Furcht. Hrsg. und übersetzt von Olof Gigon, München: Deutscher Taschenbuch Verlag 1991, S. 101.
208 Zitat »Rabbi Sussja«. Nach Schalom Ben-Chorin: Die Frage der Fragen. In: Richard Riess (Hrsg.), Drei Zeilen trage ich mit mir. Worte, die ein Leben begleiten, Freiburg: Herder Verlag 1995. S. 17ff.
209 »Sie lebt, was ich nicht leben konnte«. Ein Gespräch zwischen Großmutter und Enkelin, deren Welten nicht verschiedener sein könnten. In: Die Zeit, Nr. 13, 23.3.2006, S. 69 (Auszüge).
212 Bericht »Gudissa«. Nach: Brot für die Welt/Institut für Friedenspädagogik (Hrsg.): Global Lernen: Gesichter des Hungers, Stuttgart/Tübingen, Ausgabe 1, 2005, S. 8.
216 Datenbasis nach dem »Hungerreport«. Aus: Brot für die Welt (Hrsg.), a. a. O., S. 1f.
216 Zitat »Theodor W. Adorno«. Aus: Erziehung und Mündigkeit. Vorträge und Gespräche 1959–1969. Hrsg. von Gerd Kadelbach, Frankfurt/Main: Suhrkamp Verlag 1975, S. 20.
218 Kofi Annan: Wir, die Völker. Die Rolle der Vereinten Nationen im 21. Jahrhundert. Hrsg. vom Informationszentrum der Vereinten Nationen, Bonn 2000, S. 12f.
219 Frei nach Aristoteles: Nikomachische Ethik. Buch V, Stuttgart: Philipp Reclam jun. 1969, S. 119–152.
219 Zitat »Ambrosius«. Aus: Erhard Meueler: Soziale Gerechtigkeit, Düsseldorf: Patmos Verlag 1971, ohne Seitenzahl (Eröffnungsseite).
219 John Rawls: Der Hauptgedanke der Theorie der Gerechtigkeit. Aus: Eine Theorie der Gerechtigkeit, Frankfurt/Main: Suhrkamp Verlag 1975, S. 32.
220 »Mein globaler Kleiderschrank«. Frei nach Tobias Reichet/James Desai: Die Welthandelsdebatte. Eine Herausforderung für den fairen Handel, hrsg. von Misereor u. a., Aachen 1999, S. 13.
223 Horst Köhler: »Wir müssen begreifen …«. Aus: Das Parlament (Bonn), Nr. 19, 3. Mai 2004, S. 6 (gekürzt).
226 Zitat nach Friedensreich Hundertwasser. Aus: Das Hundertwasser Haus, Wien 1985, S. 20.

231 Albert Schweitzer: Die Ehrfurcht vor dem Leben. Grundtexte aus fünf Jahrzehnten, hrsg. von Hans Walter Bähr, München: C. H. Beck 2003 (8. Aufl.), S. 21 f und 32 ff.
232 Zitate »Aristoteles«, »Cicero« und »Bertrand Russell«. Aus: Manuela Linnemann (Hrsg.): Brüder – Bestien – Automaten. Das Tier im abendländischen Denken, Erlangen: Harald Fischer Verlag 2000, S. 17, 19 und 295.
232 Zitat »Elias Canetti«. Aus: Elias Canetti: Die Provinz des Menschen. Aufzeichnungen 1942–1972, München: Carl Hanser Verlag 1973, S. 149.
233 Tierschutzgesetz (Auszüge). Aus: Website des Bundesjustizministeriums: http://bundesrecht.juris.de/tierschg/index.html (Linkcheck 14.3.2006).
235 Zitat »Friedrich Engels«. Aus: Friedrich Engels: Anteil der Arbeit an der Menschwerdung des Affen, in: MEW Werke, Bd. 20, Berlin-Ost: Dietz Verlag 1973, S. 451 ff.
235 Zitat »Friedrich Dessauer«. Aus: Friedrich Dessauer: Streit um die Technik, Frankfurt/Main: Verlag Josef Knecht 1956, S. 184 u. 141.
238 Immanuel Kant: Beantwortung der Frage: Was ist Aufklärung? In: Berlinische Monatsschrift, 12. Stück, Dezember 1784, S. 481.
238 Zitat zur »nachhaltigen Entwicklung«. Aus Franz Nuscheler: Lern- und Arbeitsbuch Entwicklungspolitik, Bonn: Verlag J. H. W. Dietz Nachf., 4. völlig neu bearbeitete Auflage 1995, S. 262.
240 Friedrich Hölderlin: Patmos. Dem Landgrafen von Homburg, in: Hölderlin. Sämtliche Werke, 2. Bd.: Gedichte nach 1800, Stuttgart 1953, S. 187.

Text- und Bildnachweis

Bildnachweis
Titel © ZB-Fotoreport (Hintergrund); Sebastian Schobbert, Berlin
8 www.fotoplatforma.pl
10 o.: Gerhard Medoch, Berlin; Mi.: Jahner Images /© F1 ONLINE (www.f1online.de); u.: © Werner Bethmann, Bielefeld
11 AKG-images
12 © Interfoto/Barth
13 Tobias Schneider, Berlin
14 Alle Wege führen zu dir. Landschaften der Liebe, Frankfurt/Main, Eichborn Verlag 2001 (Legende reduziert)
15 © Georg Schönharting /buchcover.com
16 © Emanuel Ammon /AURA (info@aura.ch)
17 © Jürgen Hofmann, Gelsenkirchen
18 Mi.: L.J. Bergwerff, Niederlande
21 Gerhard Medoch
22 Karsten Schöne, Köln
23 © dpa-Report /Stephanie Plick
25 o.: © alimdi.net /Ulrich Niehoff; u.: © Das Fotoarchiv/Jan Potente
26 © Uli Jäger, Rottenburg
27 © Bilderbox (03.09.2001)
29 © Glazer-Naudé /www.atelier-glazer.de
30 o.: Avenue Images GmbH; u.: picture-alliance /akg-images/Erich Lessing (2)
31 o.: © Gonzalez /laif; u.: © Picture-alliance /empics
32 © Alexander Volkmann
33 © Okapia KG, Germany
35 Julia Sewing, Bonn
36 o.li.: Fotografie: Christiane Breuer; u.: PA /dpa /AFP
36/37 o.: © dpa-Bildarchiv
37 © dpa-Bildarchiv (2)
40 © Anne Schönharting /Ostkreuz
43 Gerhard Medoch
44 o.: © REUTERS /Rafiquar Rahman; u.: © dpa-Report
47 © Christa Fischer, Berlin
48 © dpa
51 Claudia Schwimmer, Eisenach
52 Gutenberg-Gymnasium, Erfurt
54 o.: Rebekka Barth, Eisenach; u.: www.berlin-message.com
55 © Rainer Streußloff /Intro010415051342
57 © dpa–Report
58 AKG
59 Weißer Ring, © Ingrid Weber
60/61 Hintergrund © Susanne Scheffer, Berlin
62 Verein Jugendhilfe Region 10 e.V. (Kriminalpädagogisches Schülerprojekt »Fallschirm«, Ingolstadt)
64 Markus Dlouhy /Das Fotoarchiv
65 Archiv VWV
66 © Detlef Krebs, Neuss
68 © Visum
69 Johannes Stephan Schlögl, Innsbruck
70 © Stefan Bungert /Laif
71 © Missio Aktion Schutzengel
73 © akg-images
75 Gerhard Medoch
76 u.: Bildagentur-online
79 li.: Laif; re.: © Mark Peterson, USA, Washington D. C. (Laif)
80 Andreas Teichmann, Fotografie Essen
82 © dpa
83 o. li.: Terre des Femmes; o. re.: © dpa-Fotoreport; u.: Picture-alliance /KPA (© WÜSTE Film, Fotografin: Kerstin Stelter)
84 o.: © Jürgen Hofmann, Gelsenkirchen; u.: © Christoph Eckelt, Berlin
85 © dpa-Fotoreport
86 Archiv VWV
87 © ZB-Special, Picture-Alliance
88 Elizabeth Roberts (2)
89 u. re.: Ethical Tourism /Philippe Lissac (www.relivision.com)
90 o.: © dpa-Report; Mi.: Hartwig Lohmeyer/JOKER; u.: Wendy Kloke, Berlin
91 u.: pa /KPA Copyright
92 Artothek
94 o.: Wilhelm Busch: Max und Moritz, 3. Streich; u.: Benny Andrews
95 o.: pa /dpa-Fotoreport; u.: Gerhard Medoch
96 AKG
97 Thomas Koehler /photothek.net
99 AKG
100 o.: Associated Press, AP /Samir Mizban; u.: © Sebastian Bolesch, Berlin
102 photothek
103 pa /dpa /dpaweb – dpa-Report
104 AKG
105 Gerhard Medoch
106 o.: BPK; Mi.: Museum of Fine Arts, Boston
108 Archiv Frank Schneider, Berlin
109 © dpa-Fotoreport /Wilhelm Leuschner
110 AKG
113 Elizabeth Roberts
122 o.: fotofinder.net /Eckel, J.; u.: Poster der Sommerakademie, Rheinisches Landesmuseum Bonn, 2005
123 o.: Rheinisches Landesmuseum Bonn /Foto: S. Taubmann
125 Gerhard Medoch
126 Bridgeman Art Library, 18.04. 2006
127 o.: © face to face, www.facetoface.de; u.: Manfred Leiter, München
128 Margrit Schmidt, Berlin
129 AKG
131 o. li.: Walter Zadek, Holon (Israel); o. re. und u.: AKG
132 Margrit Schmidt
133 © Daniel C. (privat)
134 o.: © Aufbau Taschenbuch Verlag GmbH, Berlin 2002 (3); u.: Hellmut Stern, Berlin (privat)
136 © Cover Brunnen Verlag Gießen; © LFI D009 ITC photoselection (nur für Jesus von Nazareth)
137 Picture-alliance /akg-images / Erich Lessing
139 picture-alliance /KPA
140 akg /Erich Lessing
141 © epd-bild /Thomas Lohnes
142 o.: © Katharina Roth (privat); u.: picture-alliance /KPA /Rößler, Friedemann
143 © Matthias Kirsten (privat)

144 Picture-alliance /dpa /dpaweb © dpa-Report
145 © epd-bild /version
146 Martin Kloke, Berlin (privat)
147 © dpa-Bildarchiv
148 o. li.: VISUM; o. re.: © dpa-Bildarchiv; u.: © Butzmann /Laif
149 © dpa-Bildarchiv
150 © dpa-Fotoreport
151 © Sijmen Hendriks /Laif
152 © Michael Füsgen, Ratingen
153 li.: Picture-Alliance /Photoshot; re.: Archiv VWV
154 li.: © Michael Füsgen; o. re.: www.relivision.com /Friedrich Stark; u.: © Bernd Kohlhas /zefa /Corbis
155 © Michael Füsgen (2)
156 o.: ullstein bild; li. u.: Archiv VWV; re. u.: AKG-Images
157 AP Photo /Ted S. Warren, Pool
158 o. re.: © Reuters; u.: Archiv VWV
159 epd /Michael Jespersen
160 © Rainer Kiedrowski/Bildarchiv Monheim
161 o.: KPA/HIP; u.: © Jochen Tack Fotografie
162 The Illustrated London News, 3rd May 1930, Picture Library, London (www.bridgeman.co.uk)
163 © dpa-Bildarchiv
164 o.: © Bildagentur-online/ H. Westheim; u.: © dpa-Report
165 © dpa-Fotoreport
166 o.: Wikipedia /(Michael König); u.: www.relivision.com/Thomas Lohnes
167 o.: © epd-bild /Thomas Lohnes; u.: © epd-bild /Harald Krille
169 epd-bild
170 Archiv Cornelsen
171 u.: © dpa-Fotoreport
172 Harald Lamprecht (privat)
174 Gerhard Medoch
175 © epd-bild /Thomas Lohnes
176 © Andreas Fincke, Berlin
178 o.: Archiv Cornelsen; u.: Andreas Fincke
179 Archiv VWV
180 Nikos Giakoumidis, Stringer/ Associated Press, AP
182 © Andreas Fincke
184 © AKG-Images
187 li.: Knackfuss, Mai-Inken/Keystone; Mi.: © SUPERBILD /John Powell; re.: © SHEHZAD NOORANI /Still Pictures
188 Anzenberger/Claudia Aranda
189 © dpa-Fotoreport
191 akg-images /Erich Lessing
192 © VG Bild Kunst (Archiv Cornelsen)
193 Frank Welke, Berlin
194 © Cinetext
196 © Caro Fotoagentur/Andreas Bastian
197 www.fotofinder.net
198 li.: © Roland Garve; re.: © Prashant Panjiar /Anzenberger
202 © Joerg Lanteime, Kassel
203 und 204 © Sebastiao Salgado/ Amazonas images (5)
205 © dpa-Report
206 o.: Archiv Cornelsen; u.: Gerhard Medoch
208 picture-alliance /akg-images
209 Alex Trebus, Berlin
210/211 (Hintergrund) © Astrofoto/ NASA; © Astrofoto /W. T. Sullivan
211 BMZ, Bonn
212 o. li.: picture-alliance /ZB; o. Mi.: © Mike Schroeder /argus; o. re.: © Mike Schroeder /argus
216 picture-alliance /dpa /dpaweb (epa afp Longari)
217 li.: © Mark Godfrey /The Image Works/VISUM; re.: © Günter Kiepke/Naturbild/OKAPIA
220 Gerhard Medoch
221 li.: Transfair (www.transfair.de); re.: Kampagne für saubere Kleidung (www.saubere-kleidung.de)
222 o. li.: © dpa-Bildarchiv; o. Mi. und u.: © dpa Bilderdienste
223 © Bundeswehr Bildarchiv (2)
225 Laif
226 Elizabeth Roberts
227 Mike New, Ottawa (Kanada)
228 li.: Gerhard Medoch; Mi.: bildagentur-online; re.: Tobias Koreng, Wachenheim
229 Gerhard Medoch
230 li.: Gerhard Medoch; re.: Tobias Koreng
231 Archiv VWV
232/233 Grandville (Jean-Ignace-Isidore Gérard): Aus dem Staats-und Familienleben der Tiere (1842)
233 Anna-Leanka Koreng, Wachenheim
234 o. li.: pa /KPA /HIP; o. re.: pa/ dpa-Report; u.: Fratelli Alinari, Florenz
235 li.: blickwinkel /H. Schmidbauer; re.: Pa /dpa
237 blickwinkel /H. Schmidbauer

Text- und Bildnachweis

Werke der bildenden Kunst

11 Gerhard von Kügelgen, Friedrich Schiller (Porträt-Gemälde), um 1808/09, nach Schiller Bildnissen um 1795/1800 (Frankfurt am Main, Freies deutsches Hochstift)
30 li. u.: Sandro Botticelli, Die Geburt der Venus, um 1482 (Florenz, Galleria degli Uffizi); re. u.: Auguste Renoir, Badende nach dem Bad, 1876 (Wien, Neue Galerie in der Stallburg)
58 Henri Matisse, Der Tanz, 1909/10 (Sankt Petersburg, Eremitage), © Succession H. Matisse /VG Bild-Kunst, Bonn 2006
73 Rembrandt Harmenszoon van Rijn, Das Gleichnis von den Arbeitern im Weinberg , 1637 (St. Petersburg, Staatliche Eremitage)
86 René Magritte, Die persönlichen Werte, 1951/52 (New York, Museum of Modern Art), © VG-Bild-Kunst, Bonn 2006
92 Salvadore Dali, Der Schlaf, 1937 (Christie's London 3708), Salvador Dali, Gala-Salvador Dali Foundation
96 Jan van Scorel, Der Turmbau zu Babel (Leihgabe der Galleria dell'Accademia Venedig) Ca' d'Oro, Galleria Franchetti)
99 René Magritte, L'empire des lumiéres (Das Reich der Lichter), 1954 (Mr. and Mrs. Ahmet Ertegun Collection), © VG-Bild-Kunst, Bonn 2006
104 Theodor Hosemann, Herkules, Kreidelithographie, koloriert 1841 (Illustration: Hellas und Rom. Erzählungen aus der Geschichte des Altertums)
106 Terracotta-Skulptur »Kochunterricht«, Griechenland ca. 500–75 v. Chr. (Boston, Museum of Fine Arts)
110 Edvard Munch, Friedrich Nietzsche, Gemälde, 1906 (Oslo, Munch Museet), The Munch Museum /The Munch Ellingsen Group /VG Bild-Kunst, Bonn 2006
126 Aus dem Totenbuch des Ani, ca. 1250 v. Chr., bemalter Papyrus, ca. 1297–1185 v. Chr. in Ägypten (London, British Museum)
129 Marc Chagall, Der brennende Dornbusch. Aus der Folge »Die Geschichte des Exodus« (Paris, Centre Georges Pompidou), © VG-Bild-Kunst, Bonn 2006
131 Felix Nussbaum, Jaqui auf der Straße, 1944 (Sammlung der Niedersächsischen Sparkassenstiftung), © VG-Bild-Kunst, Bonn 2006
137 o. Kuppelmosaik, 11. Jahrhundert (Klosterkirche von Daphni, Griechenland)
184 Caspar David Friedrich, Blick aus dem Atelier des Künstlers (rechtes Fenster), um 1805/06 (Wien)
191 Joseph William Turner, Regen, Dampf und Geschwindigkeit (The great Western Railway), 1844 (London, National Gallery)
192 Ernst Fuchs, Moses vor dem brennenden Dornbusch, 1956 (Wien, österreichische Galerie)
206 Johannes Grabmayer, Jüngstes Gericht, 1493 (Klagenfurt)
208 Auguste Rodin, Der Denker, 1904 (Paris)

Illustrationen

Hans Wunderlich, Berlin (12, 20, 22, 24 o./u., 28, 32, 34, 38, 39, 41, 42 o./u., 46 o./u., 50, 53, 56, 64, 72, 74, 76 o., 78, 91 o., 93, 97, 98, 101, 111, 114, 115, 119, 123 u., 124, 130, 137 u., 140, 152, 157, 168, 173, 181, 182 u., 190, 195, 200/201, 208, 212, 213, 215, 218, 224, 236/237)

Fotografiken, Collagen und Karten

Gerhard Medoch, Berlin (10, 21, 75, 105, 121, 125, 128, 150/151, 158 li., 174, 176 u., 206, 214, 220, 229); Elizabeth Roberts, Berlin (8/9, 18, 19, 36/37, 50 o., 60/61, 88/89, 112/113, 116, 117, 118, 126/127, 170/171, 182 li. o., 184/185, 210/211, 226/227)

Trotz sorgfältiger Recherchen konnten einige Text- und Bildquellen nicht eindeutig ermittelt werden. Wir bitten darum, gegebenenfalls vorliegende Rechte beim Verlag geltend zu machen.

Redaktion: Dr. Martin Kloke, Meike Roth-Beck (Kapitel 1 bis 3)
Bildbeschaffung und -recherche: Susanne Scheffer

Künstlerische Beratung: Frank Schneider
Illustrationen: Hans Wunderlich
Umschlaggestaltung und Collagen: Elizabeth Roberts
Karten und Fotografiken: Gerhard Medoch
Layoutkonzept: Wladimir Perlin
Layout und technische Umsetzung: Marina Goldberg

www.cornelsen.de

1. Auflage, 1. Druck 2007/06
Alle Drucke dieser Auflage sind inhaltlich unverändert und können im Unterricht nebeneinander verwendet werden.

Druck: CS-Druck CornelsenStürtz, Berlin

ISBN 978-3-464-64704-2 (Ausgabe Westliche Bundesländer)
ISBN 978-3-06-120049-7 (Ausgabe Östliche Bundesländer)

Inhalt gedruckt auf säurefreiem Papier aus nachhaltiger Forstwirtschaft.